本项目由深圳市宣传文化事业发展专项基金资助

"深圳这十年"
改革创新研究特辑

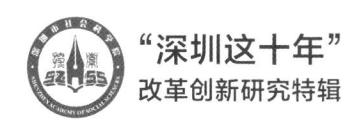

李朝晖 著

# 新时代深圳法治先行示范城市建设的理念与实践

中国社会科学出版社

## 图书在版编目（CIP）数据

新时代深圳法治先行示范城市建设的理念与实践 / 李朝晖著 . —北京：中国社会科学出版社，2023.2

（"深圳这十年"改革创新研究特辑）

ISBN 978-7-5227-1173-7

Ⅰ.①新… Ⅱ.①李… Ⅲ.①社会主义法制—研究—深圳 Ⅳ.①D927.653.00

中国版本图书馆 CIP 数据核字（2022）第 242971 号

| 出 版 人 | 赵剑英 |
|---|---|
| 责任编辑 | 李凯凯　彭 丽 |
| 特约编辑 | 马婷婷 |
| 责任校对 | 王 龙 |
| 责任印制 | 王 超 |

| 出　　版 | 中国社会科学出版社 |
|---|---|
| 社　　址 | 北京鼓楼西大街甲 158 号 |
| 邮　　编 | 100720 |
| 网　　址 | http://www.csspw.cn |
| 发 行 部 | 010-84083685 |
| 门 市 部 | 010-84029450 |
| 经　　销 | 新华书店及其他书店 |
| 印　　刷 | 北京明恒达印务有限公司 |
| 装　　订 | 廊坊市广阳区广增装订厂 |
| 版　　次 | 2023 年 2 月第 1 版 |
| 印　　次 | 2023 年 2 月第 1 次印刷 |
| 开　　本 | 710×1000　1/16 |
| 印　　张 | 19.25 |
| 字　　数 | 275 千字 |
| 定　　价 | 119.00 元 |

凡购买中国社会科学出版社图书，如有质量问题请与本社营销中心联系调换

电话：010-84083683

版权所有　侵权必究

# 作者简介

李朝晖，女，福建福州人，毕业于武汉大学法学院，现为深圳市社会科学院政法研究所所长、研究员，主要研究方向为证券法、信息法、地方法治、基层治理等，曾出版《证券市场法律监管比较研究》《个人征信法律问题研究》等专著，主持编撰《深圳蓝皮书：深圳法治发展报告》8部，参与《和谐城市论》《以质取胜——全方位提升"深圳质量"研究》等十多部著作编撰，在《法学评论》《学术研究》等期刊上发表论文数十篇，完成数十项课题调研报告，多项成果获省部级奖项。

# 内容简介

《新时代深圳法治先行示范城市建设的理念与实践》一书认为，法治先行示范城市建设是习近平法治思想在深圳的具体实践。全书系统梳理了党的十八大以来，深圳推进全面依法治市，建设法治先行示范城市的探索和创新实践。全书从法治先行示范城市建设目标的形成过程和法治建设各方面，展开深圳法治建设中统筹领导、规则先行、自我规制、促进公正、尚法有序、技术赋能、保障创新、守护环境、样本示范的理念与具体实践，展现深圳法治建设中先行性、系统性、共建性、自觉性和智慧化、精细化等实践特征，并对相关问题进行展望和思考。

《深圳这十年》
编委会

顾　　问：王京生　李小甘　王　强

主　　任：张　玲　张　华

执行主任：陈金海　吴定海

主　　编：吴定海

总序一

# 突出改革创新的时代精神

在人类历史长河中,改革创新是社会发展和历史前进的一种基本方式,是一个国家和民族兴旺发达的决定性因素。古今中外,国运的兴衰、地域的起落,莫不与改革创新息息相关。无论是中国历史上的商鞅变法、王安石变法,还是西方历史上的文艺复兴、宗教改革,这些改革和创新都对当时的政治、经济、社会甚至人类文明产生了深远的影响。但在实际推进中,世界上各个国家和地区的改革创新都不是一帆风顺的,力量的博弈、利益的冲突、思想的碰撞往往伴随着改革创新的始终。就当事者而言,对改革创新的正误判断并不像后人在历史分析中提出的因果关系那样确定无疑。因此,透过复杂的枝蔓,洞察必然的主流,坚定必胜的信念,对一个国家和民族的改革创新来说就显得极其重要和难能可贵。

改革创新,是深圳的城市标识,是深圳的生命动力,是深圳迎接挑战、突破困局、实现飞跃的基本途径。不改革创新就无路可走、就无以召唤。作为中国特色社会主义先行示范区,深圳肩负着为改革开放探索道路的使命。改革开放以来,历届市委、市政府以挺立潮头、敢为人先的勇气,进行了一系列大胆的探索、改革和创新,不仅使深圳占得了发展先机,而且获得了强大的发展后劲,为今后的发展奠定了坚实的基础。深圳的每一步发展都源于改革创新的推动;改革创新不仅创造了深圳经济社会和文化发展的奇迹,而且使深圳成为"全国改革开放的一面旗帜"和引领全国社会主义现代化建设的"排头兵"。

从另一个角度来看,改革创新又是深圳矢志不渝、坚定不移的命运抉择。为什么一个最初基本以加工别人产品为生计的特区，变成了一个以高新技术产业安身立命的先锋城市？为什么一个最初大学稀缺、研究院所数量几乎是零的地方，因自主创新而名扬天下？原因很多，但极为重要的是深圳拥有以移民文化为基础，以制度文化为保障的优良文化生态，拥有崇尚改革创新的城市优良基因。来到这里的很多人，都有对过去的不满和对未来的梦想，他们骨子里流着创新的血液。许多个体汇聚起来，就会形成巨大的创新力量。可以说，深圳是一座以创新为灵魂的城市，正是移民文化造就了这座城市的创新基因。因此，在经济特区发展历史上，创新无所不在，打破陈规司空见惯。例如，特区初建时缺乏建设资金，就通过改革开放引来了大量外资；发展中遇到瓶颈压力，就向改革创新要空间、要资源、要动力。再比如，深圳作为改革开放的探索者、先行者，向前迈出的每一步都面临着处于十字路口的选择，不创新不突破就会迷失方向。从特区酝酿时的"建"与"不建"，到特区快速发展中的姓"社"姓"资"，从特区跨越中的"存"与"废"，到新世纪初的"特"与"不特"，每一次挑战都考验着深圳改革开放的成败进退，每一次挑战都把深圳改革创新的招牌擦得更亮。因此，多元包容的现代移民文化和敢闯敢试的城市创新氛围，成就了深圳改革开放以来最为独特的发展优势。

40多年来，深圳正是凭着坚持改革创新的赤胆忠心，在汹涌澎湃的历史潮头劈波斩浪、勇往向前，经受住了各种风浪的袭扰和摔打，闯过了一个又一个关口，成为锲而不舍的走向社会主义市场经济和中国特色社会主义的"闯将"。从这个意义上说，深圳的价值和生命就是改革创新，改革创新是深圳的根、深圳的魂，铸造了经济特区的品格秉性、价值内涵和运动程式，成为深圳成长和发展的常态。深圳特色的"创新型文化"，让创新成为城市生命力和活力的源泉。

我们党始终坚持深化改革、不断创新，对推动中国特色社会主义事业发展、实现中华民族伟大复兴的中国梦产生了重大而深远的影响。新时代，我国迈入高质量发展阶段，要求我们不断解放思想，坚持改革创新。深圳面临着改革创新的新使命和新征程，市委市政府推出全面深化改革、全面扩大开放综合措施，肩负起创建社会主义现代化强国的城市范例的历史重任。

如果说深圳前40年的创新，主要立足于"破"，可以视为打破旧规矩、挣脱旧藩篱，以破为先、破多于立，"摸着石头过河"，勇于冲破计划经济体制等束缚；那么今后深圳的改革创新，更应当着眼于"立"，"立"字为先、立法立规、守法守规，弘扬法治理念，发挥制度优势，通过立规矩、建制度，不断完善社会主义市场经济制度，推动全面深化改革、全面扩大开放，创造新的竞争优势。在"两个一百年"历史交汇点上，深圳充分发挥粤港澳大湾区、深圳先行示范区"双区"驱动优势和深圳经济特区、深圳先行示范区"双区"叠加效应，明确了"1+10+10"工作部署，瞄准高质量发展高地、法治城市示范、城市文明典范、民生幸福标杆、可持续发展先锋的战略定位持续奋斗，建成现代化国际化创新型城市，基本实现社会主义现代化。

如今，新时代的改革创新既展示了我们的理论自信、制度自信、道路自信，又要求我们承担起巨大的改革勇气、智慧和决心。在新的形势下，深圳如何通过改革创新实现更好更快的发展，继续当好全面深化改革的排头兵，为全国提供更多更有意义的示范和借鉴，为中国特色社会主义事业和实现民族伟大复兴的中国梦做出更大贡献，这是深圳当前和今后一段时期面临的重大理论和现实问题，需要各行业、各领域着眼于深圳改革创新的探索和实践，加大理论研究，强化改革思考，总结实践经验，作出科学回答，以进一步加强创新文化建设，唤起全社会推进改革的勇气、弘扬创新的精神和实现梦想的激情，形成深圳率先改革、主动改革的强大理论共识。比如，近些年深圳各行业、各领域应有什么重要的战略调整？各区、各单位在改革创新上取得什么样的成就？这些成就如何在理论上加以总结？形成怎样的制度成果？如何为未来提供一个更为明晰的思路和路径指引？等等，这些颇具现实意义的问题都需要在实践基础上进一步梳理和概括。

为了总结和推广深圳的重要改革创新探索成果，深圳社科理论界组织出版《深圳改革创新丛书》，通过汇集深圳各领域推动改革创新探索的最新总结成果，希冀助力推动形成深圳全面深化改革、全面扩大开放的新格局。其编撰要求主要包括：

首先，立足于创新实践。丛书的内容主要着眼于新近的改革思维与创新实践，既突出时代色彩，侧重于眼前的实践、当下的总结，同时也兼顾基于实践的推广性以及对未来的展望与构想。那些已经产生重要影响并广为人知的经验，不再作为深入研究的对象。这并不是说那些历史经验不值得再提，而是说那些经验已经沉淀，已经得到文化形态和实践成果的转化。比如说，某些观念已经转化成某种习惯和城市文化常识，成为深圳城市气质的内容，这些内容就可不必重复阐述。因此，这套丛书更注重的是目前行业一线的创新探索，或者过去未被发现、未充分发掘但有价值的创新实践。

其次，专注于前沿探讨。丛书的选题应当来自改革实践最前沿，不是纯粹的学理探讨。作者并不限于从事社科理论研究的专家学者，还包括各行业、各领域的实际工作者。撰文要求以事实为基础，以改革创新成果为主要内容，以平实说理为叙述风格。丛书的视野甚至还包括那些为改革创新做出了重要贡献的一些个人，集中展示和汇集他们对于前沿探索的思想创新和理念创新成果。

第三，着眼于解决问题。这套丛书虽然以实践为基础，但应当注重经验的总结和理论的提炼。入选的书稿要有基本的学术要求和深入的理论思考，而非一般性的工作总结、经验汇编和材料汇集。学术研究需强调问题意识。这套丛书的选择要求针对当前面临的较为急迫的现实问题，着眼于那些来自于经济社会发展第一线的群众关心关注的瓶颈问题的有效解决。

事实上，古今中外有不少来源于实践的著作，为后世提供着持久的思想能量。撰著《旧时代与大革命》的法国思想家托克维尔，正是基于其深入考察美国的民主制度的实践之后，写成名著《论美国的民主》，这可视为从实践到学术的一个范例。托克维尔不是美国民主制度设计的参与者，而是旁观者，但就是这样一位旁观者，为西方政治思想留下了一份经典文献。马克思的《法兰西内战》，也是一部来源于革命实践的作品，它基于巴黎公社革命的经验，既是那个时代的见证，也是马克思主义的重要文献。这些经典著作都是我们总结和提升实践经验的可资参照的榜样。

那些关注实践的大时代的大著作,至少可以给我们这样的启示:哪怕面对的是具体的问题,也不妨拥有大视野,从具体而微的实践探索中展现宏阔远大的社会背景,并形成进一步推进实践发展的真知灼见。《深圳改革创新丛书》虽然主要还是探讨深圳的政治、经济、社会、文化、生态文明建设和党的建设各个方面的实际问题,但其所体现的创新性、先进性与理论性,也能够充分反映深圳的主流价值观和城市文化精神,从而促进形成一种创新的时代气质。

**写于 2016 年 3 月**
**改于 2021 年 12 月**

# 总 序 二

# 中国式现代化道路的深圳探索

党的十八大以来，中国特色社会主义进入新时代。面对世界经济复苏乏力、局部冲突和动荡频发、新冠肺炎病毒世纪疫情肆虐、全球性问题加剧、我国经济发展进入新常态等一系列深刻变化，全国人民在中国共产党的坚强领导下，团结一心，迎难而上，踔厉奋发，取得了改革开放和社会主义现代化建设的历史性新成就。作为改革开放的先锋城市，深圳也迎来了建设粤港澳大湾区和中国特色社会主义先行示范区"双区驱动"的重大历史机遇，踏上了中国特色社会主义伟大实践的新征程。

面对新机遇和新挑战，深圳明确画出奋进的路线图——到2025年，建成现代化国际化创新型城市；到2035年，建成具有全球影响力的创新创业创意之都，成为我国建设社会主义现代化强国的城市范例；到21世纪中叶，成为竞争力、创新力、影响力卓著的全球标杆城市——吹响了新时代的冲锋号。

改革创新，是深圳的城市标识，是深圳的生命动力，是深圳迎接挑战、突破困局、实现飞跃的基本途径；而先行示范，是深圳在新发展阶段贯彻新发展理念、构建新发展格局的新使命、新任务，是深圳在中国式现代化道路上不懈探索的宏伟目标和强大动力。

在党的二十大胜利召开这个重要历史节点，在我国进入全面建设社会主义现代化国家新征程的关键时刻，深圳社科理论界围绕贯彻落实习近平新时代中国特色社会主义思想，植根于深圳经济特区的伟大实践，致力于在"全球视野、国家战略、广东大局、深圳担当"四维空间中找准工作定位，着力打造新时代研究阐释和学习宣传习近平新时代中国特色社会主义思想的典范、打造新时代国际传播典范、打造新时代"两个文明"全面协调发展典范、打造新时代文化高质量发展典范、打造新时代意识形态安全典范。为此，中共深圳市委宣传部与深圳市社会科学联合会（社会科学院）联合编纂《深圳这十年》，作为《深圳改革创新丛书》的特辑出版，这是深圳社科理论界努力以学术回答中国之问、世界之问、人民之问、时代之问，着力传播好中国理论，讲好中国故事，讲好深圳故事，为不断开辟马克思主义中国化时代化新境界做出的新的理论尝试。

伴随着新时代改革开放事业的深入推进，伴随着深圳经济特区学术建设的渐进发展，《深圳改革创新丛书》也走到了第十个年头，此前已经出版了九个专辑，在国内引起了一定的关注，被誉为迈出了"深圳学派"从理想走向现实的坚实一步。这套《深圳这十年》特辑由十本综合性、理论性著作构成，聚焦十年来深圳在中国式现代化道路上的探索和实践。《新时代深圳先行示范区综合改革探索》系统总结十年来深圳经济、文化、环境、法治、民生、党建等领域改革模式和治理思路，探寻先行示范区的中国式现代化深圳路径；《新时代深圳经济高质量发展研究》论述深圳始终坚持中国特色社会主义经济制度推动经济高质量发展的历程；《新时代数字经济高质量发展与深圳经验》构建深圳数字经济高质量发展的衡量指标体系并进行实证案例分析；《新时代深圳全过程创新生态链构建理念与实践》论证全过程创新生态链的构建如何赋能深圳新时代高质量发展；《新时代深圳法治先行示范城市建设的理念与实践》论述习近平法治思想在深圳法治先行示范城市建设过程中的具体实践；《新时代环境治理现代化的理论建构与深圳经验》从深圳环境治理的案例出发探索科技赋能下可复制推广的环境治理新模式和新路径；《新时代生态文明思想的深圳实践》研究新时代生态文明思想指导下实现生态与增长协同发展的深圳模式与路径；《新时代深圳民生幸福标杆城市建设研究》提出深圳民生幸福政策体系的分析框架，论述深圳"以人民幸福为中心"的理论构建与政策实践；《新时代深圳城市文明建设的理念与实践》阐述深圳"以文运城"的成效与经验，以期为未来建设全球标杆城市充分发挥文明伟力；《飞地经济实践论——新时代深汕特别合作区发展模式研究》以深汕合作区为研究样本在国内首次系统研究飞地经济发展。该特辑涵盖众多领域，鲜明地突出了时代特点和深圳特色，丰富了中国式现代化道路的理论建构和历史经验。

《深圳这十年》从社会科学研究者的视角观察社会、关注实践，既体现了把城市发展主动融入国家发展大局的大视野、大格局，也体现了把学问做在祖国大地上、实现继承与创新相结合的扎实努力。"十年磨一剑，霜刃未曾试"，这些成果，既是对深圳过去十年的总结与传承，更是对今天的推动和对明天的引领，希望这些成果为未来更深入的理论思考和实践探索，提供新的思想启示，开辟更广阔的理论视野和学术天地。

栉风沐雨砥砺行，春华秋实满庭芳，谨以此丛书，献给伟大的新时代！

2022 年 10 月

# 目 录

引言 法治先行示范城市建设是习近平法治思想在
深圳的实践 …………………………………………… (1)

第一章 统筹领导：法治先行示范城市建设目标的
形成与部署 …………………………………………… (13)
  第一节 法治先行示范城市目标的提出 ………………… (13)
  第二节 法治先行示范城市建设的推进 ………………… (18)
  第三节 法治先行示范城市建设的实践特征 …………… (26)

第二章 规则先行：用足用好特区立法权完善制度体系 …… (36)
  第一节 完善立法工作机制 ……………………………… (36)
  第二节 坚持立法决策与改革决策相结合 ……………… (48)
  第三节 不断探索立法引领推动制度创新 ……………… (54)
  第四节 继续推进高质量法规制度供给 ………………… (59)

第三章 自我规制：建设一流法治政府 …………………… (67)
  第一节 以法治政府建设指标体系引领法治政府建设 …… (68)
  第二节 约束权力与提升服务并重 ……………………… (70)
  第三节 创新与规范同步提升决策科学化民主化 ……… (82)
  第四节 自我监督与社会监督共同规制政府行为 ……… (92)
  第五节 走向政府治理法治化 …………………………… (100)

第四章 促进公正：全面推进司法改革 …………………… (109)
  第一节 司法改革的必要性与经验积累 ………………… (110)

## 第二节　率先全面推进司法改革 …………………………… (114)
## 第三节　持续深化司法体制综合配套改革 ………………… (120)
## 第四节　积极探索司法参与社会治理 ……………………… (125)
## 第五节　完善司法体制机制始终在路上 …………………… (135)

## 第五章　尚法有序：建设模范法治社会 ……………………… (137)
### 第一节　加强法治社会建设的紧迫性 ……………………… (137)
### 第二节　推动社会主义法治文化成为城市主流文化 ……… (142)
### 第三节　探索完善社会领域立法 …………………………… (150)
### 第四节　社会组织广泛参与法治建设 ……………………… (162)
### 第五节　完善法律服务体系 ………………………………… (167)

## 第六章　技术赋能：发展智慧法治平台 ……………………… (179)
### 第一节　智慧技术为法治发展打开空间 …………………… (180)
### 第二节　数字政府建设提升政府法治化水平 ……………… (184)
### 第三节　智慧法院提高司法质效 …………………………… (194)
### 第四节　智慧检务优化检察工作 …………………………… (200)
### 第五节　信息和智能技术赋能法律服务 …………………… (203)
### 第六节　块数据促进基层治理智能化 ……………………… (206)
### 第七节　加强智慧法治的统筹发展 ………………………… (207)

## 第七章　保障创新：筑造知识产权保护高地 ………………… (211)
### 第一节　制定最严知识产权保护法规 ……………………… (211)
### 第二节　创新提升知识产权执法水平 ……………………… (214)
### 第三节　持续加强知识产权司法保护 ……………………… (218)
### 第四节　统筹构筑知识产权保护社会协同机制 …………… (222)
### 第五节　加快建设知识产权保护高地 ……………………… (228)

## 第八章　守护环境：创新生态法治建设 ……………………… (231)
### 第一节　推进生态环境全链条保护立法 …………………… (231)
### 第二节　强化环境法规实施 ………………………………… (236)

第三节　创新环境生态司法保护 …………………………（241）

**第九章　样本示范：探索前海中国特色社会主义**
　　　　**法治示范区** …………………………………………（247）
　第一节　前海深港现代服务业合作区成立初期的法治
　　　　　创新与探索 ……………………………………………（248）
　第二节　叠加自由贸易区功能之后的法治发展 ……………（257）
　第三节　服务"一带一路"倡议和粤港澳大湾区建设的
　　　　　法治探索 ………………………………………………（263）
　第四节　前海社会主义法治示范区的最新探索与展望 ……（270）

**结语　全面提升公众的法治获得感** ………………………（275）

**参考文献** ………………………………………………………（283）

**后　记** …………………………………………………………（289）

# 引言　法治先行示范城市建设是习近平法治思想在深圳的实践

"法治兴则国兴，法治强则国强"[①]，法治在国家治理中居于重要地位。改革开放以来，在中国特色社会主义建设过程中，在中国共产党领导下，中国人民不断创新探索，坚持走中国特色社会主义法治道路，中国特色社会主义制度和法律制度不断完善，成为新时代中国特色社会主义建设的重要保障。党的十八大以来，以习近平同志为核心的党中央提出全面依法治国，并作出一系列重大决策部署，深刻回答了中国特色社会主义法治建设的一系列重大理论和实践问题。2020年11月召开的中央全面依法治国工作会议明确了习近平法治思想在全面依法治国中的指导地位。习近平法治思想内涵丰富、论述深刻、逻辑严密、系统完备，是马克思主义法治理论中国化最新成果，是全面依法治国的根本遵循和行动指南,[②]是新时代引领法治中国建设的思想旗帜。深圳正是在中央全面依法治国战略部署下，遵循习近平总书记关于法治建设的重要论述精神，持续推进法治城市建设，使法治成为经济特区发展的重要保障。法治先行示范城市建设是习近平法治思想的深圳实践。

**一　建设法治先行示范城市是以习近平为核心的党中央对深圳提出的新要求新任务**

2021年5月25日，中央全面依法治国委员会印发《关于支持深圳建设中国特色社会主义法治先行示范城市的意见》（以下简称

---

① 参见中共中央《法治中国建设规划（2020—2025年）》。
② 中共中国法学会党组：《用习近平法治思想引领法治中国建设》，《中国法学》2021年第1期。

《法治先行示范城市意见》)。《法治先行示范城市意见》结合深圳城市发展需要和法治建设实际,从城市制度体系、法治政府、司法、社会治理、营商环境、群众对法治满意度、涉港澳法治交流合作七个方面对深圳提出了"七个率先"[①]的重点任务。深圳各界普遍认为,这是继 1992 年全国人大常委会授予深圳经济特区立法权之后,深圳法治建设历史上又一具有里程碑意义的大事[②],将在未来较长一段时间为深圳法治城市建设引航,推动深圳在全面依法治国新征程中发挥好先行先试、引领示范作用。

早在 2012 年 12 月,习近平总书记在党的十八大后来到深圳前海调研时就鼓励前海要在建设中国特色社会主义法治示范区方面积极探索,先行先试。根据总书记的要求,十年来,前海积极推进法治方面的创新探索,形成了一批可复制、可推广的法治经验。2020 年 10 月 14 日,习近平总书记在深圳经济特区建立 40 周年庆祝大会上的讲话中总结了经济特区 40 年改革开放、创新发展积累的十条宝贵经验,其中有一条就是"必须坚持科学立法、严格执法、公正司法、全民守法,使法治成为经济特区发展的重要保障"。这既是对深圳经济特区过往 40 多年法治建设实践的肯定,也是对深圳未来法治发展的要求。

《法治先行示范城市意见》印发后,2021 年 9 月,深圳召开市委全面依法治市工作会议,对法治先行示范城市建设进行总动员,部署了《深圳市建设中国特色社会主义法治先行示范城市的实施方

---

① 七个率先包括:率先形成中国特色社会主义法治城市制度体系,率先基本建成法治政府,率先形成全面彰显公平正义的社会主义司法文明环境,率先构建市域社会治理新格局,率先形成国际一流市场化、法治化、国际化营商环境,率先健全增强人民群众法治获得感、幸福感和满意度的机制制度,率先健全涉外涉港澳法治交流合作机制。

② 该事件入选 2021 年"深圳十大法治事件",为居首事件。2022 年 5 月,由深圳市委政法委、深圳市全面依法治市委员会办公室、深圳市法学会、深圳市普法办评选的 2021 年度深圳市"十大法治事件"结果揭晓,中央支持深圳建设中国特色社会主义法治先行示范城市、深圳出台国内数据领域首部综合性立法——《深圳经济特区数据条例》、深圳政协创建立法协商地方标准、深圳中院裁定个人破产示范性案件、深圳检察机关推行企业合规改革"五个一"工作模式、深圳公安打造失联人员查找中心、《深圳经济特区城市更新条例》落地实施、深圳高标准建设前海深港国际法务区、深圳海关助力移动通信企业参与国外技术立法、深圳率先设立证券仲裁中心等十件事件入选。

案（2021—2025 年）》（以下简称《法治先行示范城市实施方案》），将落实"七个率先"目标的 23 项重点工作细化为 266 项具体任务，逐项明确责任部门和完成时间表。会议还要求建立实施方案的责任落实体系、评价指标体系和督促考核体系，形成实施方案和三个配套体系组成的"1+3"推进机制。与此同时，深圳市委以法治先行示范城市建设实施方案为总抓手，推动编制了"十四五"时期法治深圳建设的规划文件《法治深圳建设规划（2021—2015 年）》以及相配套的《深圳法治政府建设实施方案（2021—2025 年）》《深圳法治社会建设实施方案（2021—2025 年）》，形成法治先行示范城市建设的总蓝图、路线图和任务书。深圳市委还将法治先行示范城市建设与"双区"建设、"双改"示范①等重大国家战略一体推进、整体落实，全方位推进习近平法治思想在深圳的具体实践。

## 二 习近平法治思想是深圳建设法治先行示范城市的根本遵循

全面依法治国是新时代坚持和发展中国特色社会主义的基本方略，在"五位一体"总体布局中具有基础性、引领性、支撑性作用②，是"四个全面"战略布局的重要组成部分。深圳是在落实全面依法治国战略中统筹推进法治城市建设的。作为全国最早提出依法治市的城市，早在 1994 年就率先在全国开展依法治市工作试点，并提出建设现代化国际性社会主义法治城市的目标。至党的十八大召开前，深圳依法治市工作已经实行 18 年，提出了建设现代法治城市的目标。但这一阶段深圳依法治市和法治城市建设工作更多处于"摸着石头过河"的探索状态，主要是由政府各部门根据本领域发展和管理需要，自发性地开展立法以及政府法治、社会法治建设，系统性不强；在依法治市工作的领导体制和工作机制方面，虽然也是由市委领导，但主要由市人大推进，各方的协调配合不足，虽持

---

① "双区"指粤港澳大湾区、中国特色社会主义先行示范区，"双改"指深圳综合改革试点、全面深化前海合作区改革开放。
② 王晨：《习近平法治思想是马克思主义法治理论中国化的新发展新飞跃》，《中国法学》2021 年第 2 期。

续推进取得一定进展，但力度仍明显不足。

党的十八大提出推进全面依法治国战略后，特别是党的十八届四中全会后，在习近平总书记关于法治的系列讲话精神指导下，根据中央有关文件要求，深圳依法治市工作明显加速、系统性增强，市委先后主导制定了建设一流法治城市重点工作方案、法治中国示范城市建设实施纲要等文件，持续深入推进全面依法治市。中央全面依法治国委员会成立后，深圳成立了市委全面依法治市委员会，依法治市工作全面提升。中央全面依法治国工作会议明确习近平法治思想指导地位后，深圳市委组织全市上下认真学习领会习近平法治思想，遵循"十一个坚持"[①]和正确处理好政治和法治、改革和法治、依法治国和以德治国、依法治国和依规治党的关系[②]的要求，系统梳理全面依法治市工作。

《法治先行示范城市意见》印发后，深圳以习近平法治思想为根本遵循，研究部署实施方案。《法治先行示范城市实施方案》就"七个率先"以及保障措施部署的63项工作举措，均从习近平法治思想的核心要义、科学方法出发，重视加强和改善党领导法治建设，确保法治城市沿着正确的方向发展；坚持以人民为中心，法治城市建设为了人民、依靠人民；重视发挥法治在城市治理中的基础性作用，推进城市治理现代化；按照统筹法治与改革的要求，发挥好法治引领和推动改革的作用；服务"五位一体"总布局，以法治引领、规范经济、政治、社会、文化、生态协调发展；认真贯彻新发展理念，以法治方式推进创新、协调、绿色、开放、共享发展；加强法治建设的统筹，一体建设法治城市、法治政府、法治社会；立法、执法、司法和法治文化建设同步推进，努力完善法治体系。在深圳市委的统一领导和统筹协调下，深圳立法决策与改革决策逐渐同步，执法体制机制加快完善，司法综合责任制建设加速，公共法律服务体系建设和普法工作明显增强，法治人才队伍不断壮大，快速向着法规制度体系完备、法治实施体系高效、法治监督体系严

---

① 习近平：《坚定不移走中国特色社会主义法治道路 为全面建设社会主义现代化国家提供有力法治保障》，《求是》2021年第5期。
② 习近平：《加强党对全面依法治国的领导》，《求是》2019年第4期。

密、法治保障体系有力的目标迈进，努力为中国法治城市建设提供深圳样本，为法治中国建设提供深圳智慧。

### 三 习近平法治思想的核心要义和科学方法是深圳打造法治先行示范城市的行动指南

习近平法治思想是博大精深、内在融贯的理论体系，深刻回答了为什么实行全面依法治国、怎样实行全面依法治国等一系列重大问题[①]，深圳推进全面依法治市、建设中国特色社会主义法治先行示范城市，正是依循习近平总书记关于依法治国的系列讲话精神，始终按照中国特色社会主义的要求，坚持正确的政治方向、按照正确的方法论稳步推进。

坚持加强和改善党领导法治建设，确保法治城市沿着正确的方向发展。习近平总书记在省部级主要领导干部学习贯彻党的十八届四中全会精神全面推进依法治国专题研讨班上的讲话中指出："我们必须牢记，党的领导是中国特色社会主义法治之魂，是我们的法治同西方资本主义国家的法治最大的区别。"[②] 深圳市委深刻认识到，全面依法治市、建设法治先行示范城市是国家全面依法治国总方略在深圳的落实，必须坚持党的全面领导，由党领导法治城市建设的全过程各方面，制定法治城市建设的规划、方案，领导立法、政府法治建设、司法改革和法治文化建设，支持社会主义法治创新发展，确保法治工作的正确方向。

坚持中国特色社会主义法治道路，打造中国特色社会主义法治先行示范城市。习近平总书记明确指出："全面推进依法治国必须走对路。要从中国国情和实际出发，走适合自己的法治道路，决不能照搬别国模式和做法，决不能走西方宪政、三权鼎立、司法独立

---

[①]《习近平法治思想概论》编写组：《习近平法治思想概论》，高等教育出版社2021年版，第75页。

[②] 习近平：《在省部级主要领导干部学习贯彻党的十八届四中全会精神全面推进依法治国专题研讨班上的讲话》(2015年2月2日)，载中共中央文献研究室编《习近平关于全面依法治国论述摘编》，中央文献出版社2015年版，第35页。

的路子。"①"中国特色社会主义制度是中国特色社会主义法治体系的根本制度基础,是全面推进依法治国的根本制度保障。中国特色社会主义法治理论是中国特色社会主义法治体系的理论指导和学理支撑,是全面推进依法治国的行动指南。"②深圳在法治建设过程中,大量学习借鉴了国际经验。但深圳也时刻注意中国国情和深圳市情,特别是党的十八大以来,深圳逐渐改变过去简单借鉴国际法治理论或现行制度、机械地将法治国家或地区的现行制度嵌入的做法,统筹法治城市建设的共性和中国特色的个性,在法治建设中既学习和借鉴世界上优秀法治文明的成果,更重视发扬社会主义优势,走中国特色的法治城市建设之路,着力于运用法治解决中国问题,形成自己的法治体系。

坚持以人民为中心,始终牢记法治城市建设为了人民、依靠人民。习近平总书记指出,"全面依法治国最广泛、最深厚的基础是人民,必须坚持为了人民、依靠人民""推进全面依法治国,根本目的是依法保障人民权益"。③这是"以人民为中心"发展思想在法治领域要求,也是习近平法治思想的根本立场。深圳推进法治城市建设过程中,始终坚持站稳人民立场,一方面着力以法治方式保障人民权益,用法治保障高质量发展、高水平治理、高品质生活,并解决好法治建设中群众反映较为集中、较为强烈的问题,努力让人民群众在每一项法规制度、每一项执法决定、每一宗司法案件中都感受到公平正义;另一方面,以法治充分保障市民、企业和社会组织在政策制定和城市治理中的参与权利,不断拓展法治建设中的公众参与途径和方式,探索建立完善立法、法律实施各环节增加公众参与决策和监督机会的体制机制,依靠人民发展法治,完善社会主义法治体系。

坚持立法、执法、司法和法治文化建设同步推进,努力完善法

---

① 习近平:《在中央全面依法治国委员会第一次会议上的讲话》(2018年8月24日),《论坚持全面依法治国》,中央文献出版社2020年版,第229页。
② 参见习近平《关于〈中共中央关于全面推进依法治国若干重大问题的决定〉的说明》,2014年10月20日在中国共产党第十八届中央委员会第四次全体会议上。
③ 习近平:《坚定不移走中国特色社会主义法治道路 为全面建设社会主义现代化国家提供有力法治保障》,《求是》2021年第5期。

治体系。《中共中央关于党的百年奋斗重大成就和历史经验的决议》明确了全面推进依法治国总目标是建设中国特色社会主义法治体系、建设社会主义法治国家。中国特色社会主义法治体系包含立法、执法、司法和守法各环节，要求形成完备的法律规范体系、高效的法治实施体系、严密的法律监督体系、有力的法治保障体系、完善的党内法规体系的具体目标任务。党的十八大以来，深圳按照"科学立法、严格执法、公正司法、全民守法"的要求，在完善立法体制机制、用足用好特区立法权和设区的市立法权制定完善法规制度体系的同时，积极推进法治政府建设，率先完成司法改革任务，发展法治文化，开展制定地方党内法规试点，法治城市、法治政府、法治社会一体推进，法规制度体系不断完善，政府依法行政、依法执法水平能力不断提高，司法公正权威性持续增强，地方党内法规制定探索推进，领导干部依法治理和管理城市的意识和能力持续提升，全民守法的激励约束机制逐渐形成，成为全国法治环境最好的城市之一。

按照统筹法治与改革的要求，发挥好法治引领和推动改革的作用。习近平总书记 2014 年在中央全面深化改革领导小组会议上强调："凡属重大改革都要于法有据。在整个改革的过程中，都要高度重视运用法治思维和法治方式，发挥法治的引领和推动作用，加强对相关立法工作的协调，确保在法治轨道上推进改革。"改革创新是深圳的根，深圳的魂，也是深圳的使命。深圳的改革创新不仅限于经济领域，而是全方位的，是经济、社会、政治、文化各领域的相互回应和促进。改革开放以来，深圳不但是经济社会改革的先行者，也是法治建设的排头兵。在深圳经济特区 42 年发展历史中，深圳总是能够根据当时的形势，在法治建设中及时有效回应经济社会发展中出现的新情况，以法治方式解决新问题，适应深圳经济和社会的发展，在发展法治的同时不断提升城市治理水平。特别是党的十八大以来，深圳始终坚持以法治保障各项改革的推进，以改革推进法治建设，及时通过立法将成熟的改革经验和行之有效的改革举措固定下来，以法治的稳定性和强制力保障改革措施规范实施、有效落地。得益于法治与改革发展一路相伴、相辅相成、相得益彰，营造良好的法治化营商环境，近年来深圳多次被评为营商环境最好的中国城市。可以说，深圳经济特区成立以来的高速发展既是改革创新的结果，也是践行法治的结果；党的十八大以来，深圳高质量发展，既是持续深化改革、创新发展的结果，也是持续加强法治建设、不断巩固法治优势的结果。

**四 "五位一体"总体布局的要求在深圳法治建设中得到全面体现**

习近平总书记强调："依法治国是坚持和发展中国特色社会主义的本质要求和重要保障，是实现国家治理体系和治理能力现代化的必然要求。我们要实现经济发展、政治清明、文化昌盛、社会公正、生态良好，必须更好发挥法治引领和规范作用。"[1] 党的十八大以来，深圳始终重视以法治思维和法治方式统筹推进经济建设、政治建设、社会建设、文化建设、生态文明建设"五位一体"总体布局，发挥法治在经济社会各方面发展中的引领和规范作用。

在保障和引领经济发展方面，通过不断完善法治化营商环境，激发了社会的创新活力、发展动力，培育了中兴、华为、腾讯、万科、中国平安、招商银行、大疆、大族激光、比亚迪、迈瑞、华大基因等一大批具有全球竞争力的世界一流企业，并形成了以电子通信、互联网、人工智能、无人机、新能源汽车、生物医药等领域为主的具有国际竞争力的企业和产业集群。

在推动政治文明建设方面，立法体制机制不断完善，公众参与立法的方式、途径持续增多，立法民主协商制度建立并不断完善，立法的科学性、民主性得到增强。政府和司法机关主动自我限权、提质增效，法治政府建设一直走在全国前列，政府法律顾问等多个项目获得法治政府奖，是法治政府建设典范城市。司法改革走在全国前列，司法领域诸多改革创新为"率先、首次、第一"，司法作为公平正义最后一道防线的作用越筑越牢。

---

[1]《习近平关于全面依法治国论述摘编》，中央文献出版社2015年，第4—5页。

在保障和促进文化发展方面，通过立法理顺文化体制，推进文化建设，促进文化产业和文化事业发展，使文化已成为城市的核心竞争力。将社会主义核心价值观融入法治建设，以文明行为条例等立法推动市民文明行为养成，加强城市精神文明建设。推进法治文化建设，不断加强普法，率先健全"谁执法谁普法"责任制，培育、提升市民法治素养，形成法治的社会支持体系，"务实尚法"是新时代深圳精神。

在保障和推进社会建设方面，以法治创新社会治理体制。习近平总书记强调："法治兴则国家兴，法治衰则国家乱。什么时候重视法治、法治昌明，什么时候就国泰民安；什么时候忽视法治、法治松弛，什么时候就国乱民怨。"[①] 深圳是一个人口超过1000万人的超大城市，党的十八大以来仍处于人口数量急剧膨胀期，到第七次全国人口普查时已经达到1756万人。人口的快速增长对社会建设提出巨大挑战，一方面社会治安动态化程度高、社会治理难度大；另一方面人口快速增长导致城市公共服务供给跟不上。根据习近平总书记对探索超大城市治理模式的要求，深圳充分发挥法治在社会治理中的作用，并充分利用信息和智能技术，推进基层法治、智治、共治协同发展，以法治思维和法治方式深化改革、推动发展、化解矛盾、维护稳定。通过教育、健康、养老、体育等方面立法，促进基本公共服务优质均等发展，保障民生幸福。

在保障生态文明建设方面，建立全链生态环境保护体系。习近平总书记在多个场合反复强调"绿水青山就是金山银山"。由于土地面积小，经济密度高，单位土地面积承载的经济活动量高，深圳较早面临"四个难以为继"[②] 问题，承受了较大的生态环境压力。因此，深圳深刻领会到习近平总书记强调的"绿水青山就是金银

---

① 《习近平关于全面依法治国论述摘编》，中央文献出版社2015年，第8页。
② 2005年，深圳市委三届十一次全体会议对当时深圳发展面临的制约因素进行了解剖，指出原有"速度深圳"发展模式面临"四个难以为继"的制约：一是土地、空间有限，剩余可开发用地仅200多平方公里，按照传统的速度模式难以为继；二是能源、水资源难以为继，抽干东江水也无法满足速度模式下的发展需要；三是按照速度模式，实现万元GDP需要更多的劳动力投入，而深圳已经不堪人口重负，难以为继；四是环境容量已经严重透支，环境承载力难以为继。

山"的核心要义,党的十八大以来深圳一方面坚持质量引领、创新驱动、转型升级、绿色低碳的发展路径,使质量高、结构优、消耗低成为深圳经济发展的新常态;与此同时,坚持同步推进生态环境法治建设,不断加强和完善生态环境保护、污染防治、能源资源充分利用等方面的立法、执法和司法,完善生态环境法规制度体系、执法体系和司法体系。立法方面,制定并不断修订完善生态环境保护条例以及水土保持、饮用水源保护、海域污染防治、空气污染防治、噪声污染防治、河道管理、生态公益林保护、机动车排污治理、循环经济促进、碳排放管理、绿色建筑等专项环境法规,与其他法规中的绿色要求、环保条款等构成的多层次多方面的生态环境保护、促进绿色生产和消费法规制度体系。执法方面,不断增强环境行政执法针对性,探索了公开道歉承诺、按日计罚等处罚方式,促使环境违法责任者认识违法危害和及时纠正违法行为。司法方面,设立了专门的环境法庭,增强环境司法权威性,有效保障城市生态系统安全,促进经济、社会和生态环境的可持续发展,努力打造人与自然和谐共生的美丽中国典范。

### 五 新发展理念在深圳法治建设中得到切实贯彻

习近平总书记在党的十八届五中全会上讲话中强调,实现"十三五"时期发展目标,破解发展难题,厚植发展优势,必须牢固树立并切实贯彻创新、协调、绿色、开放、共享的发展理念。这是关系我国发展全局的一场深刻变革。完整、准确、全面地贯彻新发展理念,要有系统的思维,要统筹推进,而法治是统筹推进的重要方式。深圳在法治建设中坚持贯彻新发展理念、体现新发展理念,同时以法治方式推进、保障新发展理念的落实。在"双区"建设中,坚持以法治思维和法治方式推动新发展理念的落实,激发发展新活力;同时以新发展理念推动法治发展,保障经济社会在新常态下取得新发展。

一是坚持以法治方式保障创新发展。改革创新是深圳的根和魂。党的十八大以来,深圳继续发扬敢闯敢试的精神,用足用好特区立法权,在原改革创新促进条例等已有法规的基础上,制定和修改完善了知识产权保护条例、科技创新条例、个人破产条例等法规，持续推进政府法治建设和司法改革，提升政府管理服务水平和司法公信力，优化法治化营商环境，不断夯实创新发展的法治基础，为建设具有全球影响力的创新创业创意之都提供坚实的法治保障。

二是坚持以法治方式解决协调发展。协调发展主要解决发展不平衡问题。党的十八大以来，深圳针对社会发展滞后于经济发展、人的素养滞后于城市现代化、区域发展不平衡等问题，以法治促进教育、医疗、养老、残疾、妇女儿童事业、城市文明等同步发展、协调发展，实现经济、社会、文化协调发展和区域协调发展，并携手周边城市共建世界级大都市圈，发挥好粤港澳大湾区核心引擎作用。

三是坚持以法治方式促进绿色发展。绿色发展追求人与自然和谐共生，实现可持续的发展。深圳较早地探索建立了一套绿色生产和消费的法律制度，在绿色发展理念下，认真践行绿水青山就是金山银山的理念，一方面不断完善环境立法体系，增强环境执法的实效性、提升环境司法的权威性、激发市民参与生态环境保护积极性；与此同时，通过循环经济、绿色建筑、绿色金融等相关立法，促进经济社会绿色低碳发展，以法治促进人与自然和谐共生的美丽中国典范城市建设，做可持续发展先锋。

四是坚持以法治方式扩大开放发展。深圳是改革开放的窗口，是中国主动拥抱世界、主动融入世界与国际接轨的前沿阵地。党的十八大以来，深圳积极服务和参与国家"一带一路"建设、主动投身粤港澳大湾区建设，学习借鉴国际制度和国际规则，加强自贸区法律制度建设，制定前海深港现代化服务业合作区条例、前海蛇口自由贸易试验片区条例等法规，探索发展涉外法律服务，发展前海深港国际法务区，建设国际商事争议解决中心，构建立足中国、面向全球的更高水平的开放法治格局。

五是坚持以法治方式实现共享发展。共享发展是社会主义的本质要求。党中央提出新发展理念后，深圳更加重视发展中在追求速度和效率的同时，兼顾公平、重视公正，以立法推动社会建设，保障市民平等享受公共服务，共享社会发展成果，拓宽市民、企业和社会组织参与社会事务和城市管理的机会，打造更加公平正义的法治环境、共建共治共享的社会治理格局，建设民生幸福城市。

# 第一章　统筹领导：法治先行示范城市建设目标的形成与部署

党的十八大以来，深圳市委坚持以习近平新时代中国特色社会主义思想为指导，践行习近平法治思想，落实中央赋予深圳先行先试的使命和要求，积极统筹领导全市推进法治建设，从建设一流法治城市、法治中国示范城市的自觉行动，到落实中央赋予的"法治城市示范"战略定位和支持深圳建设社会主义法治先行示范城市的要求，不断强化对法治建设各领域的领导，统筹全市法治建设，出台了一批法治先行示范建设的文件和一批体现改革创新、先行示范的法规，推动深圳成为全国首批法治政府建设示范市，率先全面完成司法体制改革任务，前海中国特色社会主义法治示范区建设亮点纷呈，法治先行示范城市特征开始显现。

## 第一节　法治先行示范城市目标的提出

"法治先行示范城市"作为建设目标是在2021年5月中央全面依法治国委员会印发的《法治先行示范城市意见》中明确的，但法治先行示范城市建设的实践早在此前已经持续推进。党的十八大以来，在习近平总书记关于法治的系列重要讲话论述精神引领下，深圳市委持续高标准谋划法治城市建设，提出建设一流法治、法治中国示范城市，推进法治先行示范建设的实践，为法治先行示范城市建设奠定了良好基础。

### 一　积极推进"一流法治城市"建设

深圳市委一直把法治建设放在事关深圳发展全局和践行特区使

命的战略位置，历次党代会都对法治建设做出部署。早在2010年深圳市第五次党代会报告就提出了"加强法治城市建设，营造一流法治环境"的目标任务，并就如何加强法治城市建设，对立法、执法、法治政府建设、司法、法治文化等方面做了具体部署。[①] 党的十八大后，深圳市委多次全会上提到"一流法治环境"。

党的十八大和十八届三中全会就推进法治中国建设部署了新任务、提出了新要求。为贯彻落实中央精神和习近平总书记关于法治建设的重要论述精神，2013年12月3日，深圳召开了全市加快建设一流法治城市工作会议。会议明确提出把加强法治作为全局性、战略性任务，把建设一流法治作为深圳全面深化改革突破口。会议印发了《深圳市加快建设一流法治城市工作实施方案》，决定从2013年12月开始，至2015年年底，分三个阶段开展一系列专项行动推进一流法治城市建设，力争到2015年年底取得阶段性成效。专项行动内容既涵盖领导干部法治素养和依法行政能力提升，也包含市民法律素养提升；既增加公众参与立法渠道，也包含规章规范性文件的清理；既涵盖政府执法和服务水平的提升，也针对实施效果不理想的法规开展全面实施专项行动；既推进司法体制机制改革，也开展司法公开专项行动；既加强党委、政府决策合法性审查，也通过人大法律监督、行政问责、法治政府考核、诉讼监督等方面全方位加强对权力监督。建设一流法治城市的明确提出和实施方案的具体落实，激发了全市人民共同投身于法治建设，努力以一流法治增创特区发展新优势，奋力开创特区事业发展新局面。

同年年底召开的深圳市委五届十八次全会再次强调，要不断增创"法治化"环境的新优势，在日益多元的社会环境中，法治化是最大"公约数"，要落实好"一流法治城市"建设工作的实施方案，并从立法机制创新、执法监督、法治政府建设、司法体制机制改革等方面提出具体要求，积极推进城市治理体系和治理能力现代化，努力形成"安全有序可预期"的发展环境，使"一流法治"成为深圳经济特区新时期最为显著、最为核心的竞争优势。

---

① 详见中共深圳市委第五次党代会报告《努力当好科学发展排头兵加快建设现代化国际化先进城市》，2010年5月23日。

2014年1月深圳市委出台的《中共深圳市委贯彻落实〈中共中央关于全面深化改革若干重大问题的决定〉的实施意见》进一步提出加快建设一流法治城市的改革任务,"让一流法治成为深圳经济特区新时期更为显著的特质,成为城市最具竞争力的创新创业环境和建设现代化国际化先进城市的坚强保障"。

党的十八届四中全会后,根据《中共中央关于全面推进依法治国若干重大问题的决定》,2014年10月深圳市委五届十九次全会专门下发《贯彻落实党的十八届四中全会精神加快建设一流法治城市的重点工作方案》和配套的立法质量提升、法治政府建设、司法体制改革、全民普法守法、法治工作队伍建设、反腐倡廉6个专项工作的实施方案(即"1+6"方案),以期推动一流法治城市建设进一步取得突破性进展。

2015年2月,深圳市委、市政府印发《中共深圳市委 深圳市人民政府贯彻落实习近平总书记重要批示精神 努力在"四个全面"中创造新业绩的决定》(深发〔2015〕1号文件),要求深圳勇当全面依法治国的尖兵,按照中央依法治国、依法执政、依法行政共同推进以及法治国家、法治政府、法治社会一体建设的要求,加快推进一流法治城市建设,确立法治在城市治理中的基础性、规范性、保障性作用。

2015年5月21日,中国共产党深圳市第六次代表大会报告提出"率先落实全面依法治国各项任务,加快建成公平公正安定有序的一流法治城市"的目标任务,并以单独一大部分部署一流法治城市建设,从提升立法质量、法治政府建设、司法改革、打造前海中国特色社会主义法治示范区、法治社会建设五个方面提出了工作要求。一流法治城市建设的目标逐渐深入人心,建设路径和具体任务日益明晰。

## 二 加快打造"法治中国示范城市"

2017年,在全面总结梳理一流法治城市建设成效和经验的基础上,深圳市委六届五次全会提出建设"法治中国示范城市"战略目标。同年3月,深圳市委全面依法治市工作领导小组第一次会议审议并原则通过了《法治中国示范城市建设实施纲要（2017—2020年）》，并于同年8月正式印发，目标是到2020年基本建成法治中国示范城市。实施纲要明确了新时期法治深圳建设的指导思想、总体目标、工作原则等重要内容，从立法、法治政府、司法、法治社会、前海中国特色社会主义法治建设示范区等方面进行部署，并从党委依法执政能力建设、法治建设工作机制、法治队伍建设等方面提出保障措施。这是深圳市委认真学习贯彻习近平总书记关于全面依法治国的重要讲话精神、落实中央和广东省有关部署要求而做出的战略选择和提出的战略目标，从城市未来发展的核心竞争力认识法治，在打造法治中国示范城市中增创城市未来竞争新优势。2017年12月底，深圳市建设法治中国示范城市工作会议召开，会议强调了坚定不移走中国特色社会主义法治道路，加快建设法治中国示范城市，塑造一流法治优势，推动深圳率先建设社会主义现代化先行区。

中央全面依法治国委员第一次会议后，2018年10月，深圳市委印发了《关于学习贯彻中央全面依法治国委员会第一次会议精神的工作方案》，扎实推进法治中国示范城市建设，努力打造社会主义现代化法治先行区。方案明确了全面依法治市的重点工作，并提出加强督促检查，制定出台《深化全面依法治国实践、努力打造社会主义现代化法治先行区"1+10+1"系列工作方案及配套指标体系》，并全面运用该指标体系开展测评的要求，以充分发挥考核在法治建设中的指引和规范作用，使法治中国示范城市建设不仅有要求、有部署，而且确保有反馈、有考核，各项工作得到切切实实的落实。建设法治中国示范城市成为深圳坚定不移要完成的目标任务。

### 三 深度聚焦"法治城市示范"建设

2019年8月，中共中央、国务院发布《关于支持深圳建设中国特色社会主义先行示范区的意见》（以下简称《先行示范区意见》），这是新时代中国特色社会主义建设背景下指导深圳未来发展的纲领性文件。《先行示范区意见》对深圳提出"法治城市示范"

战略定位，要求深圳全面提升民主法治建设水平、优化政府管理和服务、促进社会治理现代化，率先营造彰显公平正义的民主法治环境。9月17日，深圳市委六届十二次全会聚焦学习贯彻《先行示范区意见》，讨论了《深圳市建设中国特色社会主义先行示范区的行动方案（2019—2025年）》（同年12月正式印发），对标《先行示范区意见》提出了五个率先的重点任务。其中的"率先营造彰显公平正义的民主法治环境"，重点要求用足用好深圳经济特区立法权，营造稳定公平透明、可预期的国际一流法治化营商环境，以及高质量编制2020—2025年五年立法规划和年度立法计划，修订前海深港现代服务业合作区条例等法规，深化司法体制综合配套改革，争取设立金融、知识产权等专门法院，建立完备的法律监督体系等具体任务。

2020年12月深圳市委六届十七次全体会议审议通过的《中共深圳市委关于制定深圳市国民经济和社会发展第十四个五年规划和二〇三五年远景目标的建议》，明确了到二〇三五年，深圳要成为"法治城市示范"的远景目标，并提出在社会主义法治建设上走在前列、勇当尖兵的主要发展目标，还就优化市场化法治化国际化营商环境提出了具体要求。

**四 部署"法治先行示范城市"建设**

2021年5月25日，中央全面依法治国委员会印发了《关于支持深圳建设中国特色社会主义法治先行示范城市的意见》，围绕法治先行示范城市建设的关键重点，部署了"七个率先"和保障措施共23项任务。以中央文件形式正式明确深圳建设法治先行示范城市的目标与重点任务。9月，深圳召开市委全面依法治市工作会议，对法治先行示范城市建设进行总动员，强调加强党对法治建设的集中统一领导，健全党领导法治建设的体制机制；要求市委全面依法治市委员会牵头抓总，各级党政主要负责同志带头攻坚突破。会议部署了《深圳市建设中国特色社会主义法治先行示范城市的实施方案（2021—2025年）》，将落实"七个率先"目标的重点工作细化为63项工作举措、266项具体任务，逐项明确牵头领导、牵头单位和责任单位以及完成时限。会议还要求建立实施方案的责任落实体系、评价指标体系和督促考核体系,形成"1+3"推进机制。

与此同时,深圳市委以法治先行示范城市建设实施方案为总抓手,编制"十四五"时期法治深圳建设的规划文件《法治深圳建设规划(2021—2015年)》以及相配套的《深圳市法治政府建设实施方案(2021—2015年)》《深圳市法治社会建设实施方案(2021—2025年)》,为把深圳建设成为习近平法治思想的生动实践地和精彩演绎地绘就了路线图。

## 第二节　法治先行示范城市建设的推进

《中共中央关于全面推进依法治国若干问题的决议》指出,"党的领导是中国特色社会主义的最本质特征,是社会主义法治最根本的保证。把党的领导贯彻到依法治国全过程和各方面,是我国社会主义法治的一条基本经验。""必须坚持党领导立法、保证执法、支持司法、带头守法,把依法治国基本方略与依法执政基本方式统一起来,把党总揽全局、协调各方同人才、政府、政协、审判机关、检察机关依法依章程履行职能、开展工作统一起来。"即党在依法治国中发挥着总揽全局、协调各方的领导核心作用。地方党委在本地区法治建设中也要发挥总揽全局、协调各方的领导核心作用。深圳市委高度重视对法治工作的领导,对全面依法治市和法治城市建设进行总体部署,领导法治各主要领域创新推进、先行先试。

### 一　加强党对立法工作的领导

党对法治工作的领导体现在立法方面,是要完善党对立法工作中重大问题决策的程序,从国家层面看,凡立法涉及重大体制和重大政策调整的,必须报党中央讨论决定;由此,地方立法中的重大体制和重大政策调整,则必须报地方党委讨论决定。党的十八大以来,深圳市委高度重视加强党对立法工作的领导,围绕新时代党领导立法工作"领导什么""怎么领导"的根本性问题积极探索实践,确保立法工作严格贯彻落实党的路线方针政策和党中央决策部署，通过立法保障党的政策有效实施，使立法工作沿着正确政治方向不断前进。

（一）重视对立法工作的部署

深圳历次党代会、市委全会和一些市委重要会议均会对立法工作提出要求。2013年1月召开的市委五届十三次全会第一次会议在部署2013年重点工作安排时，要求加强立法工作组织协调，充分发挥特区立法优势，加快重点领域创新性立法，以高质量立法促改革、促发展、促稳定。2013年12月深圳市委、市政府出台的《深圳市加快建设一流法治城市工作实施方案》，在各阶段均有对立法工作的要求，例如，第一阶段在"开展前海法治化国际化营商环境建设提速"专项行动中，要求"依托特区立法优势，争取全国人大支持，在前海加快建立与国际接轨的商事法律体系"；第二阶段在"扩大公众有序参与立法渠道"专项行动中，要求"通过媒体、网络征集立法选题、公开立法进程和立法资料，听取公众意见，并建立意见分析采纳和反馈制度"。第三阶段在"加强党委、政府决策合法性审查"专项行动中，要求以行政规章、规范性文件备案为抓手，推进政府决策规范化、法治化。

2014年11月深圳市委出台的《贯彻落实党的十八届四中全会精神，加快建设一流法治城市的重点工作方案》的"1+6方案"，其中《立法质量提升工作实施方案》的重点要求是充分发挥市人大及其常委会在立法工作中的主导作用，进一步优化立法体制机制，明确工作分工，落实职责要求，使全市立法质量显著提高、立法格局更加完善、立法实效全面提升、法治权威明显增强，为全面深化改革提供有力法治保障。

2015年5月深圳市第六次党代会再次将加强和改进深圳立法工作作为重点工作任务，重申要创新立法机制，更好发挥人大立法主导作用。再次明确要加强党对立法工作的领导，加快健全立法规划计划编制、法规草案集中起草、人大代表参与立法等制度，加强和改进政府立法制度建设，完善立法程序，加快重点领域立法步伐，更好满足和服务全方位改革发展的需要。

此后的历次重要会议、重要活动，深圳市委都反复强调加强党对人大立法工作的领导，强调围绕"双区"建设和深圳综合改革试点，用足用好经济特区立法权，加强重点领域和新兴领域立法，领导出台了一批具有全国首创性和引领性，体现改革创新、先行示范的法规。

（二）出台文件支持人大主导立法

党的十八大报告提出"健全有立法权的人大主导立法工作的体制机制，发挥人大及其常委会在立法工作中的主导作用"后，深圳市委积极研究发挥人大及其常委会在立法工作中主导作用的方式和路径，2014年9月出台了《中共深圳市委关于进一步发挥人大及其常委会在立法工作中主导作用的意见》。这是全国首部关于人大主导立法的专门文件。该意见在立法规划和计划制定、法规起草、法规议案审议、法规实施和监督、民主立法等立法各环节全方位开展创新，在强化人大立法职能、发挥人大在立法中的主导作用的同时，探索政府、政协、企业、社会组织、市民等各类主体有序参与立法的新途径、新形式，建立起"人大主导，多方参与"的立法新机制。

（三）出台文件支持开展立法协商工作

党的十八届四中全会明确要求，"健全立法机关和社会公众沟通机制，开展立法协商，充分发挥政协委员、民主党派、工商联、无党派人士、人民团体、社会组织在立法协商中的作用"。为落实这一要求，深圳市委于2016年6月印发了《关于在市政协开展立法协商工作的意见》，决定在深圳市政协开展立法协商工作。截至2021年年底，深圳市政协围绕市人大、市政府立法计划和重要地方性法规开展立法协商，向市委报送立法协商建议报告22份，所提建议80%被采纳，民主立法作用得到有效发挥。在总结提炼多年立法协商工作经验基础上，2021年深圳市政协创新性地将标准化理念和方法引入立法协商工作领域，对立法协商工作流程进行了梳理，编制了《深圳市政协立法协商工作规范》，按地方标准制定程序经市场监督管理局立项、公示、评审，修改完善后于2021年年底正式发布，成为全国第一个立法协商地方标准。地方标准的制定，进一步完善了立法协商工作机制，固化立法协商工作成功经验，促进了立法协商工作的体系化、规范化、制度化。

（四）建立党委法律顾问制度加强法治领导力

2016年12月23日，深圳市委举行首批5名法律顾问聘任仪式，正式启动市委法律顾问工作。2017年在市委办公厅文件法规处正式加挂市委法律顾问室牌子，使这一制度得到巩固完善。市委法律顾问以位置超然和专业优势，为市委领导地方立法、制定重大文件、完善决策机制、推动改革发展等提供专业服务，增强了市委领导法治建设的能力。

（五）建立立法工作把关机制

随着中国特色社会主义进入新时代和党中央国务院赋予深圳建设中国特色社会主义先行示范区的任务，2020年深圳市委探索建立了把好政治首关机制，积极探寻党领导深圳先行示范区建设"立什么法""怎么立法"的方向性问题，完善党对立法工作中重大问题决策的程序。推动立法决策与改革决策相衔接，涉及重大体制和重大政策调整的立法事项等，由市委同步研究、同步决策。实行立法规划计划把关制度，市人大常委会编制五年立法规划，制订年度立法工作计划，要事前提请市委研究同意。创新立法项目审核把关流程机制，在市委常委会年度工作要点中列明重点立法项目，明确立法项目必须由市人大常委会党组、市政府党组提请市委审定并经市委法律顾问室前置审核。完善法规规章审核把关工作机制，对提请市委审定的项目由市委法律顾问室按"一法一审核意见"的方式提出审核意见。

## 二 扎实推进法治政府建设

党的十八大以来，特别是十八届四中全会以来，深圳市委高度重视加强党对法治政府建设工作的领导，并要求市、区政府及其工作部门党组要在市委的领导和部署下，加强和改进对本区、本部门法治政府建设工作的领导，认真贯彻落实中央关于加快建设法治政府的各项要求，主动采取措施扎扎实实推进法治政府建设，深入研究、及时解决法治政府建设过程中遇到的各种问题，努力打造一流法治政府。

(一) 重视领导干部法治意识和法治思维的提升

领导干部是全面推进依法治国的重要组织者、推动者、实践者，在法治建设中起关键作用。一方面领导干部具有法治思维、制度意识、自觉依法办事，在党政机关中、在社会上形成依法办事的风气，带动整个党政机关乃至整个社会信仰法律；与此同时，领导以法治方式办理事情、解决问题的能力，直接影响法治的进程。深圳高度重视对领导干部的普法教育和法治思维养成，以及以法治方式深化改革、推动发展、化解矛盾、维护稳定的能力培养。2013年1月，深圳市委五届十三次全会在部署2013年重点工作安排时对法治政府建设，强调的是"增强以法治思维、法治手段管理经济社会事务的能力"。2014年10月深圳市委五届十九次全会也强调了要不断增强法治意识，并要求各级领导干部带头遵守宪法法律，切实提高运用法治思维和方式推动改革发展的能力和本领，善于运用法律手段处理经济社会事务，协调各种社会矛盾和利益关系，做到重大行政决策、行政审批等程序正当、依法依规。在"1+6方案"中也明确了建设法治政府要提升运用法治思维和法治方式深化改革、推动发展、化解矛盾、维护稳定能力。近年来更建立健全了领导干部法治考评机制，制定完善了党政工作部门及区委区政府主要负责人"述法"工作实施细则，并将法治能力和依法履职情况作为领导班子年度考核和领导干部考察内容，以考评促能力素质提升，取得良好效果，领导干部法治素养得到较大提升。此后，深圳还建立党政主要负责人履行推进法治建设"第一责任人"制度，并从2018年开始每年均在全市开展党政主要负责人履行推进法治建设第一责任人情况书面报告工作，19个市委部门和34个市政府工作部门和11个区的主要负责人均要做报告。通过抓住主要领导的责任制，促使其增强做好法治工作的意识，把本部门本领域法治建设全面抓紧抓实。

(二) 重视对行政权力的规范

习近平总书记强调："制度的生命力在于执行。要强化制度执行力，加强制度执行的监督，切实把我国制度优势转化为治理效能。"制度执行力的强化，一方面要求增强各级党委和政府以及领导干部的制度意识，使其善于在制度的轨道上推进各项事业。同时，由于意识的提升是一个过程，而且个体对制度的理解能力不可避免地存在差异，提升制度执行力还必须将制度法律化，通过明确政府边界，处理好政府与市场和社会的关系，规范行政权力和政府行为，使广大党政领导和公职人员在法律的指引和规范下，正确执行制度，实现国家和社会的有效治理。

党的十八大以来，深圳市委持续推进行政管理体制改革，推动依法规范、约束行政权力，始终要求各级党委和政府各部门党组领导本地区、本单位推进依法决策、政务公开、强化行政权力监督等工作，探索建立权责统一、权威高效的依法行政体制，努力把深圳打造成为全国"行政透明度最高、行政审批事项最少、行政服务最优"的城市。2014年10月深圳市委五届十九次全会印发的《法治政府建设专项工作实施方案》，要求进一步依法加快转变政府职能，试点建立"权力清单""责任清单""负面清单"，推进机构、职能、权限、程序、责任法定化。2015年2月出台《中共深圳市委深圳市人民政府贯彻落实习近平总书记重要批示精神努力在"四个全面"中创造新业绩的决定》，提出争当全面依法治国的尖兵，要求大力推进依法行政，按照"职能科学、权责法定、执法严明、公开公正、廉洁高效、守法诚信"的要求，率先建成法治政府。2015年5月深圳市第六次党代会再次强调要全面推进依法行政、率先建成法治政府，并就提升政府决策法治化水平、建立行政执法新机制、强化对行政权力的制约和监督等方面做出要求。2016年，市委市政府制定出台《贯彻落实〈法治政府建设实施纲要（2015—2020年）〉的重点工作安排》，提出了今后一段时期深圳法治政府建设着力推进的7方面共63项具体工作任务，并明确了每项任务的责任单位和完成时限。2018年10月深圳市委印发的《关于学习贯彻中央全面依法治国委员会第一次会议精神的工作方案》，在法治政府建设方面，提出健全依法决策机制，全面深化行政执法公示制度、执法全过程记录制度和重大执法决定法制审核制度，严格规范公正文明执法，让权力在"阳光"下运行。

深圳的法治政府建设得到各界的认可。近十年，深圳三次获得中国政法大学法治政府研究院发布的"中国法治政府奖"。2018年，获得"法治政府建设典范城市"称号。2020年8月，中央依法治国办公室公布关于第一批全国法治政府建设示范地区和项目命名的决定，深圳荣获"全国法治政府建设示范市"称号，成为首批获评的全国法治政府建设示范地区。

### 三 深化司法领域改革

早在2010年中共深圳市第五次代表大会就提出要"深化司法体制和工作机制改革，优化司法职权配置，规范司法行为，率先探索建立公正高效权威的社会主义司法制度"。2013年1月10日，市委五届十三次全会第一次会议部署2013年重点工作安排时也要求，"深化司法体制改革，强化司法权威，落实司法为民，不断提升司法公信力，努力让群众感受到法治的公平正义"。党的十八届三中全会后不久的2014年1月21日，深圳出台了《中共深圳市委贯彻落实〈中共中央关于全面深化改革若干重大问题的决定〉的实施意见》，提出"深化司法体制改革"的任务，对审判权和检察权行使、审判管理体制改革、审判公开机制、法官职业化改革等多项改革提出要求。当年，深圳市委常委会通过了《深圳市法院工作人员分类管理和法官职业化改革方案》《深圳市检察机关工作人员分类管理和检察官职业化改革方案》《深圳市改革检察权运行机制完善检察官办案责任制实施方案》《深圳市法检系统司法警察分类管理改革实施方案》，并形成"完成一批、启动一批、储备一批"的良好推进态势。2015年深圳市第六次党代会、2021年的第七次党代会，继续部署深化司法领域重点改革，在司法改革任务全部落地后，持续推进司法体制综合配套改革纵深推进。深圳市委还在很多具体领域出台专门文件支持司法工作的开展。例如，2018年11月，深圳市委市政府发布《关于支持检察机关依法开展公益诉讼工作的通知》，支持检察机关依法推进公益诉讼工作，并把配合检察公益诉讼工作纳入行政机关绩效考评体系。2020年4月，深圳市委专门出台《关于加强人民法院司法建议工作的意见》《关于加强人民检察院检察建议工作的意见》，这是全国首个地方党委专门就司法建议、检察建议制定规范性文件，在市委层面统筹谋划和推进司法建议和检察建议工作，并建立市委定期听取司法建议专题报告、检察建议专题报告的制度，以高度的重视形成司法建议、检察建议对政府各部门的刚性约束。

### 四　推进法治文化建设

深圳是最早提出法治文化建设的城市。早在 2010 年中共深圳市第五次代表大会上，深圳首次就提出加强法治文化建设。此后的多次市委全会和历次党代会反复强调培育和发展法治文化，在全社会树立法治意识、培育法治精神，形成自觉学法、守法、用法的良好氛围。2014 年 11 月深圳市委市政府专门出台《全民普法守法工作实施方案》，就构建社会普法教育机制，推动领导干部带头学法、模范守法，提升市民法治素养，深入开展典型案例法治宣传教育，积极运用现代传媒开展法治宣传教育，建设社会主义法治文化，大力推进基层依法治理等七方面进行了部署。深圳市委认为，推进全民普法守法，是依法治国的一项长期性、基础性工作，必须坚持不懈抓实抓好。为此，深圳市委提出要健全立体化社会化的普法大格局，持续实施"公民法律素质提升资助计划"，使法治文化成为特区的主流文化，使法治精神成为特区精神的坚强内核，法治真正成为全社会的核心价值追求。六届深圳市委的六年期间，法治逐渐成为深圳社会共识和基本准则。2020 年，务实尚法被确定为新时代深圳精神。

### 五　统筹社会治理法治化

基层是城市的根基，基层治理是城市的基石。作为新兴城市、移民城市，深圳基层治理面临的问题与内地其他城市不同，社区组织结构不同、人口结构不同，加强基层治理在城市治理中的重要性更为突出。深圳市委一直将基层治理放在工作的重要位置，谋划探索适合深圳特点的基层治理模式。《中共中央关于坚持和完善中国特色社会主义制度　推进国家治理体系和治理能力现代化若干重大问题的决定》发布后，根据"健全党组织领导的自治、法治、德治相结合的城乡基层治理体系"的要求，深圳进一步加强基层治理的法治化，把法治作为基层治理最基本的手段，通过法治统筹各种社会力量，协调基层各种关系，规范基层社会行为，完善社会多元共治的法律机制，使各类基层组织、社会主体循法而为，依法而治，市民合法权益得到有效保障，形成良好的基层社会秩序。

### 六　建设前海中国特色社会主义法治示范区

"前海可以在建设具有中国特色的社会主义法治示范区方面积极探索，先行先试。"2012年12月，习近平总书记视察深圳前海时作出如是重要指示。作为国家批复的唯一一个中国特色社会主义法治示范区，深圳市委一直重视领导和推动前海在法治创新方面走在全国前列，2014年1月21日，《中共深圳市委贯彻落实〈中共中央关于全面深化改革若干重大问题的决定〉的实施意见》，对推进前海体制机制创新和打造前海社会主义法治示范区提出了一系列具体要求，2015年深圳市第六次党代会提出要完善涉外法规体系，借鉴香港、面向国际，积极探索与国际惯例接轨的体制机制，率先构建符合自贸区发展与改革创新要求的法规体系。2019年8月，中共深圳市委全面依法治市委员会第一次会议审议通过《前海落实〈粤港澳大湾区发展规划纲要〉法治建设行动方案（2019—2022年）》，明确粤港澳大湾区背景下前海法治建设的路线图、责任人和时间表。十年来，前海在司法改革、涉外法律服务、国际争议解决等方面取得大量进展，营造了良好的国际化、法治化营商环境。

## 第三节　法治先行示范城市建设的实践特征

党的十八大以来，在习近平总书记关于建设中国特色社会主义法治体系重要论述和习近平法治思想指导下，深圳市委领导全市推进全面依法治市，取得突出成就，法治成为深圳这座城市的显著特质。建设法治先行示范城市是中央对深圳提出的新要求，也是深圳的自觉行动。深圳在法治建设中呈现出先行性、系统性、全面性、智慧化、精细化、持续性、开放性、共建性、交融性和自觉性的特点，具有先行示范意义。

**一 先行性：先行改革与法治创新互促共进**

深圳这座城市因改革而生，改革创新是深圳的根、深圳的魂；同时，深圳经济特区以经济特区条例这一法律形式而诞生，是依法设立的城市，法治与改革始终相伴相随。党的十八大以来，深圳更加坚定地以法治方式促进改革与发展，以改革精神统领法治建设，按照中央有关精神全面深化改革、全面推进依法治市，在改革中全面提升法治建设水平。坚持立法决策与改革决策紧密结合，立法工作与改革工作同频共进，加强新兴领域、重点领域、社会民生领域率先探索立法创新；率先推进机构改革和"放管服"改革，用法治规范政府与市场和社会的边界，提升政府运作效率；率先推进司法改革，提升司法公正权威，努力营造稳定公平透明可预期的国际一流法治化营商环境、和谐稳定的社会生活环境、彰显公平正义的民主法治环境。

具体而言，深圳在立法方面，重视用足用好特区立法权，根据改革的需要，开展创新性立法，党的十八大以来，率先制定居住证条例、全民阅读促进条例、医疗条例、质量条例、科技创新条例、知识产权保护条例、优化营商环境条例、生态环境保护条例、绿色金融条例、个人破产条例、矛盾纠纷多元解决条例等50多部法规，为国家立法探路。在政府法治方面，率先开展"放管服"改革，率先制定"三张清单"，率先开展商事登记制度改革、行政复议制度改革、街道综合执法改革，率先建立"双随机+执法全过程记录"行政执法模式、统一的行政执法和行政监督平台，法治政府建设考核指标体系、政府法律顾问制度等多项创新获得"中国法治政府奖"，被评为"法治政府典范城市"，2020年获中央依法治国办颁发的"全国法治政府建设示范市"的称号。在司法改革方面，深圳率先启动法官检察官职业化改革、审判权检察权运行机制改革、法院人员分类改革，率先全面推进司法综合责任制改革，率先基本解决执行难、率先推进智慧法院、智慧检务工作等,是被评为全国法院司法改革示范案例数量最多的城市。社会法治方面,率先建设法治文化、率先绘制"法治地图"、率先推行"一社区一法律顾问"、率先探索建立统一地址库、率先打造合规示范区。可以说,深圳经济特区的高速发展既是改革创新的结果,也是践行法治的结果。

## 二 系统性:从完善城市治理体系和治理能力现代化视角发展法治

城市治理体系是一个复杂的系统,城市治理能力的提升需要从多维度推进,法治是现代城市治理体系的重要组织部分。党的十九大报告指出"全面依法治国是国家治理的一场深刻革命",说明了法治在国家治理中的重要性。十九届四中全会通过的《中共中央关于坚持和完善中国特色社会主义制度 推进国家治理体系和治理能力现代化若干重大问题的决定》对推进国家治理体系和治理能力现代化作出了系统的阐述,总结了我国国家制度和国家治理体系的显著优势,提出了推进国家治理现代化的总目标和具体目标要求,其中一个显著优势"坚持全面依法治国,建设社会主义法治国家,切实保障社会公平正义和人民权利的显著优势",其中有一条具体目标要求是"坚持和完善中国特色社会主义法治体系,提高党依法治国、依法执政能力"。中央文件精神为深圳完善城市治理体系、提升城市治理能力指明了方向。党的十八大以来,特别是十九届四中全会以来,深圳加强全面依法治市,加快法治城市建设,在顶层制度设计上更加重视结合法治,把法治与党的领导制度、人民当家作主制度、行政体制、经济制度、文化制度、民生保障制度、社会治理制度、生态文明制度等方方面面结合起来,从完善城市治理体系和治理能力现代化高度发展法治。一方面,发挥法治在城市治理中的基础作用,积极以法治理念系统性重塑城市治理体系和治理规则,不断提升城市治理法治化水平,努力把社会主义法治优势转化为国家治理效能。与此同时,发挥法治与其他目标要求相互促进、互为完善的作用,将治理现代化所要建立的各项制度,所要达到的目标要求,作为法治发展的支撑。以法治方式加强对权力运行的监督和制约，同时又通过不断完善监督体系，加强权力运行的监督和制约保障法治建设顺利推进。通过不断完善法治更好地保障人民当家做主，同时又通过公众的广泛参与从细节上完善法治。法治的发展与完善维护了社会稳定和国家安全，同时共建共治共享社会治理方式的推进，也为法治发展开拓了空间。正是这样站在国家治理体系和治理能力现代化的高度，深圳将法治建设与公共权力运行的制度化和规范化、广泛的公众参与和社会公共治理、提高治理效率等统筹发展、协调推进，并将这样的理念渗透到立法、政府法治、司法、法治社会建设各方面，体现到各项具体制度中去，通过一项项微观改革、流程再造，完善制度，保障经济社会平稳、高效运转。

### 三 全面性：立法、政府法治、司法、社会法治同时推进

法治建设涉及立法、执法、司法、守法各环节，其中科学立法是前提、严格执法是关键、公正司法是最后的防线和保障、全民守法是基础，必须同时推进。在我国法治建设初期，主要解决"有法可依"问题，立法是整个法治建设的重点。"有法必依""执法必严""违法必究"虽也同时在推进，但受重视程度显然不如立法。随着立法的逐渐完善，对执法、司法、守法的重视程度逐渐提高。党的十八大以来，深圳在法治建设过程中，在继续用足用好特区立法权、较大的市"双立法权"以及政府立法权，开展创新性立法和城市治理所需要的各项法规规章，完善社会主义法规制度体系的同时，高度重视政府法治建设，朝着建设一流法治政府的目标迈进；率先推进司法改革，建立公正权威的司法体系；重视发展法治文化、公共法律服务体系和法律服务行业，加强基层治理法治化，建设模范法治社会，法治建设各环节、各领域全面发展、齐头并进，法治城市、法治政府、法治社会一体推进，不断完善法治体系。

### 四 智慧化：充分运用信息和智能技术发展智慧法治

面对法治发展中一些重要的法治理念和改革要求在旧的工作模式下转化为现实遇到了一定困难、法治发展的提升空间受到限制的问题，作为科技创新型城市的深圳主动利用自身优势，探索法治建

设与智慧城市建设、数字政府建设相结合,将互联网、大数据、云计算、区块链、物联网、人工智能等信息与智能技术广泛运用于法治领域,发展智慧法治,对城市法治化水平的提升产生乘数效应[①]。新技术支持下的工作方式创新、流程再造、信息处理、数据分析以及由此开发的全程留痕、远程办公办案、智慧办事等,使法治发展中较长一段时间困扰的立法和决策中公众参与不足、严格程序与提高效率矛盾、法院检察院案多人少和同案不同判、公共法律服务需求与供给不匹配、科学决策所依赖的信息不足等问题迎刃而解,多维度需求同时得到满足,多方面问题同时得到解决。立法中的微信听证,商事登记中的"一证多照",行政审批中的"秒报""秒批",市场监管中的"云上稽查",法院办案中的类案在线办理系统、移动微法院、鹰眼执行综合平台、E送达,多元纠纷解决中的"云上仲裁"、调解协议远程司法确认,基层治理中的"五码关联"块数据库,等等,增加了立法和决策公众参与的机会和便利性,提高了行政服务和市场监管的效率,提升行政执法的规范化、监督的及时有效性,司法的公正公开和效率,基层治理的精准性,法治建设质效同时得到大幅提升。

## 五 精细化:不断从细节上完善法治

法治不仅需要宏大的体系建构,也需要丰富的微观细节使之得以顺畅运行。无论是立法体制机制,还是执法司法工作机制,都要通过细节的完善使其顺畅。因此,提高法治化水平不仅要重视实体法律的完善,也要重视程序的完善。这种完善不是框架式的,而是细致到每一个环节,每一个环节的设计都要考虑实施效果,防止因为程序不完善而无法实施,成为"废法"。近十年来,深圳法治发展过程中还有一个很明显的特点是注重从微观、细节和程序上创新和完善法治实施机制,通过更多细致的法律制度设计、更多的法治微观改革、更多的行政流程再造和更多的司法为民便民措施,提升法律制度实施效果和公众满意度。立法方面,从追求有法可依向注

---

[①] 李朝晖:《2018年深圳法治发展特征及2019年展望与建议》,载罗思主编《深圳法治发展报告(2019)》,社会科学文献出版社2019年版,第18页。

重提升立法质量和立法精细化转变，努力追求形成"良法"体系；法治政府建设方面，坚持规范行政权力与政府流程再造并重，通过不断在细节上完善程序，建立高效顺畅的行政运行机制；司法方面，通过重新梳理流程和标准化，构建精致司法；社会法治方面，制定基层管理和公共服务的规范、指引，加强数据分析、需求分析，提升基层治理和公共服务的精准性。在这一过程中，深圳重视以"深圳标准"为引领，通过制定标准，细化法规制度，使之具有更强的可操作性。这十年来，深圳行政部门、司法部门除制定的内部工作规范、标准、指引外，还制定了大量地方标准，仅2019年以来两年多时间，深圳市通过市场监管部门立项、评审通过并发布的地方标准就达250多项，包括各种公共服务指南、工作规范、技术规程、管理要求等。这些标准的制定和实施，优化了法治体系的毛细血管系统，为法治体系的良性运作提供末梢支撑。

**六　持续性：因时因势不断修正完善法规制度**

法治城市不是一朝能建成，需要持续推进。深圳自经济特区建立之初就重视法治建设，深圳市委在历次党代会和全会都对法制（法治）建设提出要求和目标。党的十八大以来，深圳依法治市工作不断推进，法治城市建设不断升级，从现代法治城市、一流法治城市、法治中国示范城市，到被中央赋予法治城市示范的战略定位、支持建设社会主义法治先行示范城市的要求，以远大目标为动力，推动法治建设始终走在全国前列。在具体方面，对每一项改革创新，哪怕是基层细致具体的微改革，都重视在实施中不断进行梳理、去芜存菁、发现亮点，不断提炼经验、优化升级、从过往中再起序章，不断再上新台阶，并逐渐汇聚形成体系，推进改革与法治互促共进，引领深圳法治建设持续创新，一路向前，营造良好的法治环境。2019年《中国营商环境与民营企业家评价调查报告》显示，深圳营商环境综合评分居全国第二，其中深圳法治环境指数得分81.49，位居全国第一。正是良好的法治环境，保障了改革有序推进，营造了创新创业完整生态，创造了公正公平安全稳定的社会环境，使深圳发展成为我国影响力最大、现代化程度最高的经济特区，法治正在成为深圳发展的核心竞争力。

### 七 开放性：重视吸收借鉴国内外适用的法治成果

作为改革开放的窗口，学习借鉴国际经验通过改革推进发展是经济特区成立之初的天然要求和使命。在通讯和信息还不发达的八十年代初对于毗邻香港的深圳，在这方面具有很大的区位优势。深圳经济特区成立40年多来，在经济改革走在全国前列的同时，在法治建设方面也取得了巨大的成就，很重要的原因是学习借鉴境外经验，特别是香港的经验，进行适应经济发展需要的制度探索。从最初学习借鉴香港经验制定经济法规规章，到后来学习借鉴国际经验范围扩大到政府运作、城市管理、司法等更广泛的领域。深圳逐渐形成一个习惯，每一项改革方案的提出、每一项法律制度的制定，都会看看其他法治国家或地区相应的法律是怎么定的，具体制度所建立的机制怎么运行的，有无经验值得我们学习，有无教训我们必须吸取。可以说，深圳法治建设的历史也是一个学习借鉴国际经验的历史。

随着我国法治体系框架逐渐形成，特别是党的十八大以来，随着全面依法治国战略和社会主义法治理论的提出，以及中央对全面依法治国的部署，在习近平法治思想的指导下，深圳深刻认识到，法治体系没有统一的具体模式，世界各国均是在历史演进中逐步形成完善自己的法治体系的，学习借鉴境外经验要根据中国国情、深圳市情，吸收其中符合中国实际的方面，按照社会主义法治特点和改革发展需要进行具体的制度设计，学习借鉴法治经验时视域更广了、研究更深了。在学习借鉴境外经验方面，我国香港的法律仍是学习借鉴主要对象，其他除美国、新加坡这两个以往主要学习对象外，欧洲主要国家的法律、我国台湾地区的法律、近邻日韩的法律，也成为研究学习的对象。学习借鉴的方式也由过去简单借鉴国际法治理论或现行制度、机械地将其他国家或地区的现行制度嵌入的做法，转变为对不同制度产生的历史背景、运行的基本特征及其效果进行比较，从中查问题、寻解方。同时，近年来，其他兄弟省市在法治建设中也探索出不少做法和经验，爱学习、善学习的深圳在法治建设中也积极学习借鉴其他兄弟省市的具体经验，为法治城市建设加速度。

**八 共建性：吸纳市民及企业、社会组织共同参与、合力推进法治建设**

法治建设不仅仅是立法、执法、司法机关的事，企业、社会组织和市民的参与对于法治建设意义重大。全面依法治国意味着要多领域、多维度、多主体、全方位推进法治建设，形成共建共治的格局。《中共中央关于全面推进依法治国若干重大问题的决定》明确指出，"要发挥人民团体和社会组织在法治社会建设中的积极作用"。深圳在推进法治城市建设中，重视广泛地动员社会力量，发挥企业、社会组织和市民等多元主体参与法治各领域建设，探索公众参与立法、监督、普法和提供公共法律服务，增加了立法工作的公开性和民主性，监督的针对性和透明性，普法工作的多样性和普及性，公共法律服务的便民性和公益性。特别是在社会组织参与法治建设方面，进行了大量探索。

社会组织因为成员的广泛性和多样性，可以联结各类社会成员，促进所属成员对法治精神的认同和共识，开始成为市民参与社会治理和法治建设的平台。同时，社会组织作为民间力量，具有亲民性和本土性，其开展活动的方式具有灵活性和多样性，更便于以人民群众喜闻乐见的方式推进法治建设。基于社会组织的这些优势特点，深圳赋权并主动把社会组织纳入法治建设的体系，社会组织参与立法、普法及法治文化建设、基层矛盾纠纷调处、司法服务等各领域发挥的作用逐渐显现，成为法治建设中正在壮大的一支力量。如通过在重要社会组织设置立法工作联系点，增加公众有序参与立法途径；调动各专业领域的社会组织针对本领域的法律提供丰富多彩法治文化产品和法治文化活动，推动相关法律法规的宣传和落地；依托社会组织成立专业性、行业性调解机构，高效化解矛盾纠纷；依托居委会、业委会、楼管员联合会等社区类社会组织把个体化的参与变成组织化、制度化的参与，实现群防群治的动态管理和一呼百应；鼓励各类社会组织深入基层，参与刑满释放人员就业安置工作和社区矫正，推进刑满释放人员、社区矫正服刑人员回归社会；通过社会工作服务中心的司法社工介入未成年人司法领域及环境公益诉讼领域，提升司法工作的效果。各类社会组织结合自身的使命愿景、专业所长、会员特征等有针对性地参与法治建设，为人民群众提供不同类型的专业性的法治服务，拉近人民群众与法治的距离，让法治更容易走进百姓的心中，让法治秩序成为群众自觉自发的生活方式，让人民群众感受到法治的温情。

**九 交融性：法治各领域各环节相互促进、交融发展**

立法、执法、司法、守法是法治的不同环节，往往各自推进。但科学立法、严格执法、公正司法、全民守法如果仅专注于各自发展，必然存在间隙，相互衔接才能更好地提升法治建设水平。深圳在法治发展中越来越重视立法、执法、司法和守法之间的互动。例如，人大每年选择重点法规开展执法检查，监督推动法规的正确实施，其中较有代表性的如持续多年开展控烟条例执法检查、进行控烟条例执行效果评估，有效推进了控制吸烟工作；法院、检察院在办案过程中对发现的行政机构行政或执法中存在的普遍性问题发出司法建议、检察建议，推动行政机构加强依法行政、依法执法，纠正问题，排除法律风险；行政机构在行政和执法中发现法规规章存在的问题，通过每年市人大、市司法局征求立法计划项目等渠道反映问题、争取纳入立法计划，推动法规规章的立改废释；市民、企业和社会组织在接受普法宣传教育和守法的过程中，亦可通过立法联系点、立法调研活动、执法监督员活动、人民监督员活动等对立法、执法、司法中存在的问题提出意见建议，推进立法的完善和执法司法工作的改善。科学立法、严格执法、公正司法、全民守法相互促进，交融发展。

**十 自觉性：法治建设从自发到自觉自为、形成尚法精神**

经济特区是依法成立的，1980 年 8 月 26 日《广东省经济特区条例》的正式施行是经济特区成立的标志。经济特区建立以来，在发展外向型经济中由于外商对法律的重视使务实的深圳人认识到法制的重要性，在发展经济的同时推进法制。可以说，深圳早期发展法制主要出于发展外向型经济的务实选择，因此每隔一段时间就会有关于法治阻碍改革的推进、法治束缚了创新、法治影响了效率之类的论调出现。党的十八大以来，随着全面依法治国战略的提出，深圳法治建设的思路逐渐明晰，依法治市工作不断推进，法治城市建设不断升级，从现代法治城市、一流法治城市、法治中国示范城市到法治城市示范、法治先行示范城市。法规体系的不断完善，党委依法执政、政府依法行政、司法机关公正司法的不断加强，以及立法中公众参与的增加，执法社会监督回应机制的建立，增强了公众对法律的信任。与此同时，随着法治文化建设的深入推进和普法宣传教育的深入开展，公众法律意识和法治素养不断增强。深圳创新推出的"民断是非"等思辨性普法、"法治论坛"等高端普法方式、"市民法治素养提升项目"，以及"谁执法谁普法"工作全面推开，使深圳人的法律信仰逐渐形成，崇尚法治蔚然成风，尊法守法护法成为市民自觉行为和习惯，构筑起法治的人文心理基础、社会支持体系。如果说，深圳法制建设最初只是出于发展外向型经济和对市场经济是法治经济认识的务实选择，那么，如今法治已经成为深圳自觉选择、自为行动，尚法精神成为深圳城市内在精神。

# 第二章　规则先行：用足用好特区立法权完善制度体系

《中共中央关于全面推进依法治国若干重大问题的决定》指出，"法律是治国之重器，良法是善治之前提。建设中国特色社会主义法治体系，必须坚持立法先行，发挥立法的引领和推动作用，抓住提高立法质量这个关键"。"要把公正、公平、公开原则贯穿立法全过程，完善立法体制机制，坚持立改废释并举，增强法律法规的及时性、系统性、针对性、有效性。"深圳经济特区取得立法权以来，一直重视发挥特区立法权优势，同时运用设区的市立法权①，通过立法引领、推动改革创新，促进经济发展，提升城市管理和社会治理水平。特别是党的十八大以来，深圳市委不断加强对立法工作的领导，完善立法工作机制，推进科学立法、民主立法、依法立法，切实提高立法质量，从追求"有法可依"转变为追求"有良法可依"。推进立法与改革互促共进，用足用好特区立法权，加强重点领域、新兴领域立法，适应中国特色社会主义先行示范区建设的法规制度体系不断完善。

## 第一节　完善立法工作机制

"立善法于天下，则天下治；立善法于一国，则一国治。"习近平总书记在十九届中央政治局第三十五次集体学习时所作重要讲话专门引用了王安石《周公论》中这一语来说明加快形成完备的法律规范体系的重要性②。党的十八大以来，中央重要文件不断强调完善

---

① 2015年《立法法》修订前为较大的市立法权。
② 《坚持走中国特色社会主义法治道路　更好推进中国特色社会主义法治体系建设》。

立法工作机制的重要性。党的十八大报告要求"完善中国特色社会主义法律体系，加强重点领域立法，拓展人民有序参与立法途径"。十八届三中全会报告进一步要求"完善中国特色社会主义法律体系，健全立法起草、论证、协调、审议机制，提高立法质量，防止地方保护和部门利益法制化"。"完善人大工作机制，通过座谈、听证、评估、公布法律草案等扩大公民有序参与立法途径，通过询问、质询、特定问题调查、备案审查等积极回应社会关切。"十八届四中全会《中共中央关于全面推进依法治国若干重大问题的决定》要求"健全有立法权的人大主导立法工作的体制机制，发挥人大及其常委会在立法工作中的主导作用"。十九大报告在原来"科学立法、民主立法"之外，增加了"依法立法"的要求，"推进科学立法、民主立法、依法立法，以良法促进发展、保障善治"成为立法工作的新要求。一向努力在各方面走在前列的深圳，一直切实贯彻落实中央精神，党的十八大以来，不断加强党对立法工作的领导，持续探索完善立法体制机制，发挥人大在立法工作中的主导作用，不断拓宽公众参与立法渠道，建立全程立法评估制度等，努力提升立法的科学化水平，提高立法质量。

**一　持续完善人大主导的立法工作格局**

发挥人大及其常委会在立法工作中的主导作用是坚持和完善人民代表大会制度的应有之义，也是立法工作与时俱进、适应改革发展的迫切需要。为贯彻落实《中共深圳市委关于进一步发挥人大及其常委会在立法工作中主导作用的意见》，2014年11月，深圳市人大常委会制定了《市人大常委会党组落实〈中共深圳市委关于进一步发挥市人大及其常委会在立法工作中主导作用的意见〉实施办法》和《立法质量提升工作实施方案》，制定了32项具体的立法工作配套制度，提出了提升立法质量的八个方面工作内容，完善了人大主导的立法工作格局，切实推动了立法质量的提高、立法格局的完善、立法实效的提升。

（一）主动推动立法各环节工作

在上述制度文件保障下，深圳不断从立项、起草、论证、审议等各环节加强人大主导作用。在立项环节，市人大围绕全市中心工作,通盘考虑立法需求、全面论证立法必要性、科学选择立法项目、统筹安排立法进度,编制5年立法规划以及制订年度立法计划,增强了立法的针对性、及时性。在法规起草环节,市人大常委会根据立法规划和立法计划安排,主动与起草单位进行沟通联系,提出立法思路和起草建议,督促起草单位按时按质完成起草工作,按计划提请审议,避免不成熟的法规草案提交人大审议造成审议中需要进行大幅修改甚至搁置,浪费立法资源。在立项和起草工作中,加强调研论证,主动组织人大代表、专家开展研讨论证,到立法调研基地、立法联系点调研,提升立法项目的针对性、立法制度设计的可行性,增强立法草案的质量。在法规审议环节,对关键条款、重大制度设计开展立法听证、立法协调,消除重大分歧,确保制度设计科学合理与可接受性、可执行性。

(二) 规范立法技术

由于地方人大立法力量的不足,在未来相当一段时间内立法中仍以部门负责法规起草为主,从过去几十年的立法实践看,由于具体起草人员对立法技术的掌握和理解差异,导致法规草案的质量参差不齐。为保证提交审议的法规草案的质量和提高审议效率,深圳市人大常委会主任会议于2014年年底通过了《深圳市人民代表大会常务委员会立法技术规范》。根据该规范,2015年4月对全市50多个部门的立法工作者和相关工作人员分批进行了立法技术规范的培训,从结构框架、理论精髓和实践知识等方面提升各部门从事立法工作的人员对立法技术的认识。2016年,根据新修改的《立法法》的要求,深圳对2001年制定的《深圳市制定法规条例》再次进行了修订①,进一步完善了深圳的立法体制,引入了立法辩论制度,增加了立法后评估制度,建立完善了立法项目委托、基层立法联系点、立法咨询专家管理等一系列立法配套制度,以保障人大更

---

① 该条例2001年3月31日由深圳市第三届人民代表大会第二次会议通过,2001年5月31日广东省第九届人民代表大会常务委员会第二十六次会议批准;2012年1月12日深圳市第五届人民代表大会第三次会议第一次修订,2012年3月30日广东省第十一届人民代表大会常务委员会第三十三次会议批准;本次修订由2016年2月4日深圳市第六届人民代表大会第二次会议作出决定,2016年3月31日广东省第十二届人民代表大会常务委员会第二十五次会议批准通过。

好发挥在立法工作中的主导作用和社会公众有序参与立法。为确保条例规定的制度得到切实落实,深圳市人大常委会还制定或修改了《关于立法工作的若干指导意见》《深圳市人大常委会法规审议工作指引》(2013年)、《深圳市人大常委会关于在立法工作中进一步发扬民主的规定》(2014年)、《深圳市人大常委会立法项目委托管理办法》(2015年)、《深圳市人大常委会立法咨询专家管理办法》(2020年)等多项内部制度、工作指引,细化立法工作的具体操作规程。

(三)探索委托第三方立法常态化

立法过程是一个利益博弈的过程,传统由职能部门起草法规的做法被认为可能导致部门利益法律化问题,但地方人大常委会工作人员有限,人大代表具有起草法规能力者也凤毛麟角,由人大直接起草法规显然不现实。由人大委托第三方开始立法调研和起草法规草案被认为是人大主导立法的有效途径。特别是委托具有专家身份或学术背景的第三方起草法规,有利于平衡利益,有利于推进科学立法。深圳较早开始委托第三方立法的探索,深圳市人大常委会早在2010年就委托深圳律师协会起草个人信息保护条例,2014年又委托其对物业管理条例的修改进行立法调研,委托清华大学起草深圳经济特区医疗条例草案等。为规范委托第三方立法工作,2015年7月24日深圳市人大常委会主任会议通过了《深圳市人大常委会立法项目委托管理办法》,以期推动委托第三方立法工作常态化。[①]

## 二 立规提升法规起草质量

在现有条件下,政府仍是法规的主要起草者,提交人大审议的法规草案质量影响着立法进程和立法质量。为保证政府规章和法规草案质量,早在2010年深圳市政府就制定了《深圳市人民政府制定规章和拟定法规草案程序规定》,规范市政府立法工作,为保证立法质量发挥了积极作用。但是全面依法治国战略的实施以及立法法的修改后,原有规定逐渐出现不完全适应新形势和新要求的问

---

① 参见"《深圳市人大常委会立法项目委托管理办法》获通过",http://www.szfzw.org,2015年7月25日发布。

题。2019年2月深圳市政府制定了《深圳市人民政府立法工作规程（试行）》，对政府立法从立项、起草、审查、审议、公布，到解释、清理、后评估及档案管理等全过程做出新的制度规定，进一步规范和明晰了年度立法计划的制订、法规起草单位、草案审查程序，建立了公众常态化参与制度、法规草案审议前协调机制，从程序上保证法规草案的质量。

（一）规范年度立法计划制订

建立立法工作计划项目分类制度，将年度立法工作计划项目分为三类，一类为当年提交审议项目，二类为预备项目，三类为调研项目。同时对立法工作计划制订程序、调整程序等也作了详细规定。

（二）规范法规规章起草单位

在现行国家权力机关和政府机构设置下，合理分配立法权力和责任，根据法规规章类型明确了不同起草机构。同时，按照《关于推进全面依法治国若干重大问题的决议》要求，实行"重要行政管理法律法规由政府法制机构组织起草"。

（三）明确法规规章草案审查程序

明确法规规章草案的法制审查流程，对初步审查、征求意见、集体审查作详细规定，并要求对于涉及社会公众切身利益、有重大意见分歧、规定行政处罚或行政强制措施等情形的法规规章，以召开听证会的方式进行审查。

（四）建立立法常态化公众参与制度

立法起草阶段公众参与形式包括立法调研、问卷调查、听取代表性企业和行业协会商会意见、专家咨询论证以及与提出建议的单位或个人联系与沟通等，立法审查阶段的公众参与形式包括书面征求意见、网站公开征求意见、新媒体公开征求社会意见等，同时对适用情形做了明确规定。

（五）建立多层次审议前协调机制

立法过程是共识形成过程，法规规章起草过程中发现的重大分歧如果没有及时协调解决，将会影响审议效率，而问题越早解决，后期成本越低，因此深圳立法规程对法规规章草案从起草、法制审查到提请审议前等各阶段均规定了就重大分歧进行协调的机制,包括起草阶段起草责任单位主动就重大分歧进行商议,法制审查阶段市政府立法工作机构就相关单位的重大分歧进行协调,市政府在审议前就仍存在的重大分歧进行协调。

### 三 健全完善公众参与立法机制

公众参与立法的过程不仅是完善立法工作机制、提高立法质量的过程,也是普法和创造民意基础的过程。第一,公众参与立法有利于推进立法的民主化,提高法规质量。公众参与立法一方面有利于立法工作者掌握社会公众的意见建议,从而在立法决策中更好考量不同群体的需求。同时,社会公众参与过程也是对立法工作的监督,在以部门起草法规的现实背景下,有利于纠偏纠错,避免部门利益法律化和权力滥用,保证立法质量。第二,公众参与立法有利于创造和谐的社会氛围,缓和矛盾冲突。随着社会关系的日益复杂化,社会利益呈现多元化,在立法过程中引入公众参与,通过意见表达、争论辩论等方式明晰争议焦点、利益冲突关键点,进而通过协商探讨、理性沟通缓和立法活动及相关的社会公众矛盾冲突,寻求较为普适的解决方案。第三,公众参与有利于增强立法的可接受性,保障法规的顺利实施。社会公众参与的过程是倾诉和倾听的过程,当公众意识到自己对立法施加了一定程度的影响,会产生对法规的认同感和亲切感,即使意见建议未被完全采纳,其对抗情绪也会在参与过程中得到缓释,而法规的内容也在公众参与过程中为公众所了解,减轻了普法工作负担,有利于法规的顺利实施。

《中共中央关于全面推进依法治国若干重大问题的决定》对鼓励公众参与立法提出了明确的要求,"拓宽公民有序参与立法途径,健全法律法规规章草案公开征求意见和公众意见采纳情况反馈机制,广泛凝聚社会共识"。党的十八大以前,虽然我国在地方人大立法中引入公众参与已经开展多年,但制度化程度仍不高,规范性和规模性明显不足。深圳作为地方立法最多的城市,在公众参与方面有一些探索和创新,但同样存在如何让所立之法更"接地气""顺民心",更符合经济社会发展需要和社会公众对立法期待的问题。党的十八大以来，深圳市人大常委会和政府法制部门更深刻认识到公众参与立法的重要性，意识到公众参与立法虽然表现上增加了立法成本，有时延长了立法速度，但充分的公众参与不仅是科学立法、立良法的重要保障，同时在法规规章制定过程中深入地调研和广泛地征求意见，使法规颁布实施后的普法和执法成本大幅减少，并有利于促进经济发展和社会和谐，因此积极拓宽市民参与法规规章制定的渠道和途径，持续增加公众参与的机会和方式，并将社会组织和市民立法参与的方式方法制度化。在完善征求意见制度的同时，还通过建立立法联系点、立法调研基地，增加立法听证，尝试开展立法辩论等方式引导诉求表达、理性沟通，帮助法规起草者找准问题关键、分歧所在，完善法规草案，增强立法的科学性和制度设计的可接受度。

（一）常态化公开征求意见

2015年，深圳市人大常委会制定了《市人大常委会党组关于做好新形势下人大工作的意见》等一系列文件，要求所有法规草案，在立前、立中、立后都要通过媒体向社会公布，公开征求意见，并建立意见反馈制度。当年在《深圳经济特区居住证条例》草案征求意见中，首次实行向公众反馈意见采纳情况制度，立法工作小组将公开征求意见收集到的5000多条建议整理为10个方面主要意见，连同意见采纳情况一并向公众公开反馈。如今公开征求意见并反馈意见采纳情况已经成为深圳立法工作的常态，公众逐渐从立法活动的旁观者转变为参与者。

2019年《先行示范区意见》出台之后，立法工作中开始在网上广泛征求意见。从编制《深圳市人大常委会2020年度立法计划》开始，每年立法计划的编制，深圳市人大常委会都通过网络面向全社会征集立法项目，形成计划草案后，再次向社会征求意见。在编制《深圳市人大常委会五年立法规划（2021年—2025年）》时，更是通过媒体和网络广泛动员。深圳人大立法从立法规划、立法计划编制，到每一项具体法规的制定，均通过网上广泛征求意见的做法虽刚刚起步，但引发的讨论和营造的社会氛围对于立法工作的推进和法规实施起到思想保障和社会支持作用。

## (二) 创新立法微信听证

立法听证既是保障人民群众的表达权、参与权和监督权的重要手段，也是提高立法工作的科学性、民主性、可执行性的重要方法，具有收集信息、体现民意、普法教育、提高立法质量、平衡阶层利益等作用。[①] 早在1999年，深圳就开始尝试在制定政府规章时召开听证会，2001年深圳市人大常委会制定了《深圳经济特区听证条例》，确立了常态化的立法听证制度。在随后关于咪表停车、禁摩、控烟等法规和政府规章制定中，深圳召开了多场听证会，场场爆满，引起了社会公众的广泛关注。听证会的召开，不仅有助于立法机关了解民情民意、回应公众关切，提高立法质量；而且让公众了解政府情况和社会运行机理，促进政府与社会的合作、不同利益群体之间冲突的解决和相互妥协，确保公众对新法规的接受。

但是传统正规的立法听证存在适合的场所少、组织工作量大、公众参与不便等问题，无法大量召开且往往未能形成观点的充分交流交锋。针对公众参与立法效果不理想的"全国性"问题，深圳立法部门积极利用互联网技术探索公众参与立法的新途径、新方式。随着微信成为最受民众欢迎的日常社交工具和民意集散地这一现实情况的出现，深圳立法机构进行了大胆尝试，创新开展微信立法听证。2016年5月，原深圳市法制办依托"深圳市法制办"微信服务号，在公共信用信息立法中率先尝试现场听证与微信平台听证同步召开，吸引近百名网友参与。同年8月，又通过微信平台举行医疗急救条例立法听证，听证活动完全通过互联网进行，成为第一次没有现场的听证会。随后，《深圳经济特区环境保护条例》《深圳市机动车道路临时停放管理办法》《深圳经济特区加强知识产权保护工作若干规定》等法规规章的修订以及深圳市网络预约出租汽车经营服务管理暂行办法的制定过程中，也相继通过微信平台举行听证。通过微信平台听证方便了公众参加立法听证会，增加了公众参与立法听证的机会，也因此增强了公众参与立法听证的积极性，扩大了听证会参与主体的广泛性和代表性，不同的意见得到较充分表达。

---

① 汪全胜：《立法听证研究》，北京大学出版社2003年版，第13—22页。

同时，旁听听证会的网友还可就立法的意见建议在平台上留言。2016年6部法规规章的微信立法听证中，有近700名网友提出了2000多条意见和建议，较好发挥收集民意、汇聚民智作用。充分的公众参与不仅提升了公众对法治的期盼和信心，也因相关法规规章在制定过程中各方博弈更为充分，意见建议得到较充分表达，一定程度上消除了未来实施过程中潜在的障碍。截至2018年年底，原深圳市法制办共就法规规章草案召开微信立法听证会13次，共收集到有效意见4700多条，一时间，微信听证会成为政府立法机构与公众沟通的重要桥梁之一。

（三）广设立法联系点和立法调研基地

通过媒体、网络收集公众意见固然很重要，但这种被动等待式的公众参与模式的局限性在多年立法工作中已经显示公众参与热情不高的现实。从立法机构的角度，公众参与立法有两种路径，一种是"请进来"，一种是"走出去"。传统上一般是立法机构通过立法听证会、论证会、座谈会等形式将公众"请进来"，听取公众意见；而设立立法联系点和立法调研基地，则是立法机构改变被动等待模式而"走出去"，主动进入企业、社区、社会组织等在基层一线听取意见、收集意见，通过便利公众的方式听民意聚民智。深圳市人大常委会的立法联系点设立首先从人大代表联络站破局。2014年11月25日，深圳市人大常委会在龙岗愉园社区人大代表联络站揭牌成立首个立法联系点——愉园社区立法联系点①，其他141个人大代表联络站也随即建设成为立法联系点。到2015年年底，全市已设立147个立法联系点②。在人大代表联络站设立立法联系点，使开门立法从"把门打开"，请公众进来，迈向主动走到公众面前，通过发挥各级人大代表的桥梁纽带作用，聚民智、纳民意、释民惑，使立法决策更好地回应公众的期待。在人大代表联络站设立立法联系点工作取得较好进展后，深圳市人大常委会继续拓展立法联

---

① 李舒瑜：《我市首个社区立法联系点揭牌》，《深圳特区报》2014年11月26日A1版。

② 《深圳市人民代表大会常务委员会工作报告——2016年2月1日在深圳市第六届人民代表大会第二次会议上》，《深圳特区报》2016年3月3日A8版。

系点的设置，在代表性企业中设立立法联系点。2016年在华为、中兴、腾讯、招商银行、沃尔玛等9家有代表性的企业[①]设立首批企业立法联系点，并确定今后立法将通过设在企业的立法联系点直接听取企业对市人大立法工作的意见和建议。截至2022年6月30日，市人大常委会在全市已建好257个基层立法联系点[②]，确保每项立法能够更充分听取和全面收集基层群众立法意见，有效调动群众参与立法的积极性，保障立法直接反映和体现民情、民意、民智、民心，真正实现人民有所呼、立法有所应，使每一部法规都载满民意。

继人大设立立法联系点之后，2017年7月，深圳市政府法制办也在民革深圳市委会、深圳市留学生创业园、深圳市工业总会、深圳市外商投资协会等12家具有鲜明区域和行业代表性的单位设立政府法制工作（立法）联系点，以吸引和方便社会公众参与立法，使政府起草法规草案时更方便获得基层第一手情况，增强立法的针对性、操作性。2019年10月，深圳市司法局邀请深圳市律师协会等行业协会、商会，奥比中光、天安云谷等各类企业，大鹏新区葵涌办事处等基层街道和社区，加入政府立法工作联系点。[③] 扎根基层、面向群众的政府立法联系点的设立和扩容，拓宽了立法建议和意见征集渠道，为法规起草者深入了解客观实际情况，全面客观地掌握基层群众、组织的意见和呼声，推进科学立法、民主立法，提高立法质量发挥了积极作用。

继立法联系点之后，深圳市人大常委会还于2015年4月在深圳市律师协会成立立法调研基地，在全市律师中遴选聘任了34位律师作为立法调研基地法律专家，使在一线提供法律服务的律师有序参与到深圳立法工作中来，更好地为地方立法贡献智慧。2016年深圳

---

① 这些企业包括科技创新、通信、金融、环保、食品工业、零售等多个领域，既有国企，也有民企和外资企业。
② 深圳市人大常委会：《认真贯彻落实地方组织法 推动新时代深圳人大工作高质量发展》，深圳人大网，http://www.szrd.gov.cn/sqrdxxt/content/post_825683.html，访问时间2022年7月15日。
③ 林清容：《深圳法治政府建设巡礼21：接地气聚民智，深圳首设基层立法联系点》，读特，https://www.dutenews.com/p/1315493.html，访问时间2022年2月10日。

市人大聘请了来自全国各地的37名专家作为立法咨询专家，涉及法律、语言、经济管理、企业金融、环境卫生、交通工程、电子通信等领域，为科学立法提供智力支持。

随着深圳经济社会的快速发展、改革的深化、开放的扩大，各种法律关系日益复杂，深圳立法机构越来越认识到立法中要有更宏观的视野，对于错综复杂的法律关系要有更强的梳理能力，法律制度的设计要平衡多元主体的利益诉求，因此持续不断拓宽公众参与立法渠道，丰富公众参与方式，广泛收集民意、汇聚民智；充分利用已经建立的立法研究中心、立法调研基地、立法联系点等平台，加强立法研究和调研，广泛收集法学专家、法律工作者、人大代表和广大群众对立法的意见建议；充分发挥立法协商的作用，充分调动人民团体和社会组织等参与立法的积极性，共同推进立法质量的提升。

### 四　探索建立全程立法评估制度

（一）积极推进立法后评估

法规制定后，是否顺利实施，在实施一段时间后是否存在不适应的方面，是否实现立法目标以及立法效益情况等，都需要考量。立法评估是这一考量的制度化工具。2013年12月，深圳市人大常委会主任会议通过了《深圳市人大常委会立法后评估暂行办法》，建立立法后评估制度，对现行有效法规的立法内容的合法性、合理性、操作性、实效性、协调性、规范性以及法规实施效果、立法技术等进行全面调查和综合评价，为加强法规实施或修改完善提供依据，同时总结立法工作经验，发现立法工作的不足，推进立法工作的改进，从而提升立法质量。该条例正式实施后，2014年深圳市人大常委会首先选择《深圳市人民代表大会常务委员会听证条例》和《深圳经济特区物业管理条例》委托第三方进行立法后评估，2015年又委托深圳市律师协会对《深圳经济特区环境保护条例》进行立法后评估，评估报告成为相关条例修改的依据。在上述评估工作基础上，深圳市人大常委会完善了立法后评估规则，建立常规化立法后评估制度，每年选择3部以上法规开展立法后评估，并根据立法后评估情况，适时开展法规的立改废释工作。2017年，深圳市政府立法也开始建立立法后评估工作制度，发布了《深圳市政府规章实施后评估办法》。深圳市政府法制办联合深圳市教育局对《深圳市校外午托机构管理办法》开展立法后评估、深圳市交通运输委对《深圳市绿色出租小汽车管理规定》开展立法后评估，立法后评估制度渐趋完善。

（二）探索开展立法前评估

由于立法调研、立法评估论证不足，一些列入立法计划的项目必要性不够充分，一些法规设定的制度可行性不够强，一些法规制定的时机把握不好，导致立法工作推进迟缓、立法资源浪费、法规可操作性不强等问题，立法前评估、立法中评估被提上议事日程。2017年深圳市人大开始探索建立立法前评估制度，要求所有法规在立法工作启动前均必须经过立法前评估，对必要性、可行性等有较充分论证。同年，《深圳经济特区公共安全视频图像信息系统管理条例》等条例的制定开展了立法前评估，在立法程序启动前对该条例制定的目的意义、主要内容、可行性、实施条件、社会影响等进行了论证评估，对立法出台的时机以及实施的社会效果等进行了预先评估。[①]

（三）率先建立全程立法评估制度

在相关探索基础上，2019年8月，深圳市人大常委会主任会议通过了《深圳市人民代表大会常务委员会立法评估办法》，建立起涵盖立法前（包括立项评估和审议前评估）、立法中、立法后的全过程立法评估机制，并对立法评估的类型（整体评估和专项评估）、指标、评估报告格式及使用等方面作出明确的规定，系统规范立法评估工作。特别是在立法评估指标方面，除规定了所有立法评估共性指标，即包括立法的合法性、必要性和可行性、法规实施效果进行评价的一般指标外，还明确了不同类型评估的特殊指标，使不同阶段评估、专项评估等各有侧重，增强评估的针对性。与之相匹配，对评估报告的格式也有分类要求。所有的立法评估报告均作为

---

[①] 参见罗思主编《深圳法治发展报告（2018）》，社会科学文献出版社2018年版，第65—75页。

法规的立改废释决策的依据,立法评估制度渐趋成熟。

## 第二节 坚持立法决策与改革决策相结合

习近平总书记强调:"凡属重大改革都要于法有据。在整个改革的过程中,都要高度重视运用法治思维和法治方式,发挥法治的引领和推动作用,加强对相关立法工作的协调,确保在法治轨道上推进改革。"① 在社会主义现代化国家建设中,改革与法治如鸟之两翼、车之双轮,改革提供动力,法治提供保障,而立法是法治的前提和基础。立法要适应改革需要,改革要坚持立法先行,这是中国特色社会主义现代化建设进入新时代后,全面深化改革和全面依法治国的共同要求。

深圳经济特区成立以来,始终坚持通过立法引领和保障各项改革的推进,立法与改革发展一路相伴、相辅相成、相得益彰。如果说深圳经济特区过去40多年发展优势的确立来自于良好的法治环境,那么这一良好法治环境的形成在很大程度上得益于深圳获得并充分利用特区立法权主动适应改革的需要,通过立法引领、推动和保障改革,实现改革和法治同步推进和相互促进。

特别是党的十八大以来,深圳高度重视立法决策与改革决策紧密结合,建立立法计划与改革计划同研究、同制定制度,立改废释并举确保立法与改革同频共进,充分发挥立法对改革的推动、引领和保障作用。用足用好特区立法权,加强新兴领域、重点领域、社会民生领域立法,形成了与国家法律体系相配套、与国际惯例相衔接、与深圳经济社会发展相适应的法规体系,保障促进了中国特色社会主义现代化先行示范区的建设。

**一 立法计划与改革计划同步研究、同步制定**

十八届四中全会以来,深圳坚持立法与改革决策相衔接,探索

---

① 习近平:《在中央深改组第二次会议的讲话》(2014年2月28日)。

建立了改革计划和立法计划相衔接机制。一方面人大及其常委会制订立法规划和立法计划时，主动研究城市发展战略，结合地方党委、政府的重点改革决策，充分考虑现行改革方向和城市发展规划，主动与改革同频共振。与此同时，政府部门在研究改革方案和改革措施时，也同步考虑改革涉及的立法问题，梳理改革计划中需要通过立改废释等立法工作支持和适应改革发展需要的立法项目，提出立法需求和立法建议，使改革计划和立法计划衔接起来，在报送改革计划时，同步提请市人大常委会启动立法程序。地方立法机关与政府有关部门双向主动密切沟通联系，探讨立法需求，研究立法项目，开始形成良好互动机制。

随着我国进入建设中国特色社会主义现代化国家新征程，深圳在建设社会主义现代化先行示范区过程中，立法发挥着加快构建适应开放型经济发展的法律体系、优化法治化营商环境、促进粤港澳大湾区法治协调、创新和完善超大城市治理结构，以及破解影响高质量发展的体制性、资源性、结构性问题等重任。深圳市委市政府更加重视发挥立法在改革创新顶层设计方面的重要作用，努力处理好创新与规范的关系，在法治框架内对改革创新予以支持；努力处理好固化与引领的关系，在对实践证明行之有效的做法通过立法予以固化的同时，通过创新立法前瞻引领新的改革实践；努力处理好变动与稳定的关系，对正在进行的改革创新，立法保持适度前瞻性，为其预留制度创新空间。继续探索完善改革计划和立法计划相衔接机制，坚持发展改革决策与立法决策同步推进，协调好法治的稳定性和改革的变动性，在法的立、改、废中，通过一破一立，破解制约改革发展的体制机制障碍，探索创新发展的新路径，推进经济社会高质量发展。

## 二　立改废释并举确保立法与改革同步

党的十八大以来，随着改革进入深水区和国家法治的不断完善，深圳除继续加快制定市场经济发展和城市管理急需的法规外，也加大对已有法规的清理工作，需要修改的及时修改，不合时宜的进行废止，立改废释并举，增强法规的及时性、针对性。修订法规在通过的法规问题决议中的比重远超过新制定的法规，有些法规多次修改，以适应改革和经济社会发展的需要。2012 年年底至 2022 年上半年，深圳市人大及其常委会共制定法规 48 项，修订修正法规 206 项次，废止法规 14 项，立法解释 1 项，使法规体系随着改革开放的深入推进和时代的进步不断完善。

2012 年年底，深圳市人大常委会制定法规 1 项、修订法规 2 项。2013 年，深圳市人大常委会制定法规 5 项，修改 9 项，废止 3 项。此外，根据行政审批制度改革的实际需要，当年年底，深圳市人大常委会做出关于适时调整本市法规设定的行政审批的决定，对经济特区法规和较大的市法规设定的行政审批适时进行调整，要求根据减少审批事项、简化审批程序、提高服务效率的原则，对需要作出暂停实施、变更主体、改进方式等调整的行政审批，提请市人大常委会审议决定。决定调整的行政审批，根据试行情况修改完善有关法规或者恢复施行有关法规规定。

2014 年《深圳立法质量提升工作方案》出台后，"立、改、废、释"并举的立法原则在深圳立法工作中逐渐常态化，新制定法规数量较少，法规修订和废止数量则明显增多。当年新制定法规 1 项，即《深圳经济特区居住证条例》，这是全国第一个以地方法规的形式对居住证立法，该条例突破了原来对流动人口"以证管人"的思维，不仅规定了办理居住证的条件和程序，也明确规定了持证人的权益，使居住证成为人口管理和服务的载体。而政府投资项目管理条例、促进全民健身条例、无偿献血条例 3 项则是对原相近内容特区法规进行重大修改后重新发布，学校安全管理条例、道路交通安全违法行为处罚条例、审计监督条例 3 项为法规修订。

2015 年深圳新制定通过法规仅 1 项，即《深圳经济特区全民阅读促进条例》，但适应经济发展、社会建设和城市管理需要而适时修法 3 项，并少有地进行立法解释；另外，还废止法规 1 项。修改的法规包括道路交通安全管理条例、失业保险若干规定及人口和计划生育条例；废止的法规是《深圳经济特区房屋租赁条例》；立法解释是对《和谐劳动关系促进条例》个别条款进行了立法解释。

2016 年，深圳新制定法规 3 项，包括 2014 年启动的由市人大常委会主导立法的《深圳经济特区医疗条例》,以及绿化条例和实施《中华人民共和国残疾人保障法》办法;修订法规1项,即《深圳市制定法规条例》;废止法规达4项,包括商品市场条例、旅游管理条例、会计条例和实施《中华人民共和国固体废物污染环境防治法》若干规定。这一年,深圳市人大常委会对1992年以来通过的法规和有关法规问题的决定进行了一次全面的清理,对通过梳理发现的一些实施时间较长、与当时国家有关法律规定不一致或与经济社会发展已不相适应的法规,予以废止。

2017年,深圳市人大及其常委会加大制定和修改立法的力度,全年通过新的特区条例3项,分别是质量条例、警务辅助人员条例和人才工作条例。其中,质量条例是国内首部宏观层面的质量地方法规,警务辅助人员条例则对全国辅警改革进行创新突破,赋予辅警有限执法权。与此同时,根据我国"放管服"改革和生态文明建设及环境保护的最新要求,对环境保护条例等16项法规进行了修订。针对《深圳经济特区出租小汽车管理条例》中存在出租车牌照管理、租金管理等不符合上位规定的内容,但修法条件还不成熟,采取暂停适用相关条款的方式,确保法规规定不与国家现行规定冲突的同时,又不致在调研论证不足的情况下仓促修法带来新问题。另外鉴于国家人口政策的改变,废止了人口与计划生育条例。

2018年,深圳市人大及其常委会根据改革和发展需要,持续加快立法工作步伐,全年新制定法规5项,修订23项,废止1项,并探索以暂停适用和暂时调整方式满足改革对立法的需求,全年暂停适用法规性文件1项,暂时调整和暂停适用法规11项。新制定的5项法规均为适用改革创新的要求,运用经济特区立法权进行了立法创新。其中,《深圳经济特区国家自主创新示范区条例》从科技创新、产业创新、金融创新、管理服务创新、空间资源配置以及社会环境建设等方面做出规定,以保障和促进深圳国家自主创新示范区的建设发展;《深圳经济特区知识产权保护条例》,创新设立了知识产权合规性承诺、行政执法技术调查官、知识产权侵权双倍处罚等制度;《深圳经济特区医疗急救条例》创新鼓励具备急救能力的公民参与社会急救,并建立相应制度;《深圳经济特区食品安全监督条例》创新建立食品安全指数定期发布制度与食品安全追溯体系。与此同时，根据生态文明建设及环境保护的最新要求，继2017年对《深圳经济特区环境保护条例》等16项法规进行修订之后，又陆续对《深圳经济特区市容和环境卫生管理条例》等16项环境法规和法规性文件进行了修改，加大了对破坏环境、污染环境行为的处罚力度。根据"放管服"改革的需要和"改革必须于法有据"的要求，对改革和优化营商环境需要但还来不及修法的《深圳市人民代表大会常务委员会关于征收欠薪保障费的决定》《深圳经济特区政府投资项目管理条例》《深圳经济特区道路交通安全管理条例》等6项法规或法规性文件决定暂停适用或暂停适用部分条款，暂时调整适用《深圳经济特区道路交通安全管理条例》等7项法规的部分条款。

2019年，深圳市人大及其常委会制定新法规3项、修订法规6项，并针对国家"放管服"改革和国家机构改革，许多政府部门名称改变、职能发生变化的情况，对现行有效法规一揽子进行技术性修改，分四批共完成120项法规的修订。

2020年，先行示范区建设对立法的需求爆发，围绕五大战略定位，经济发展、扩大开放、深港合作、社会治理、民生保障等各方面改革发展都需要立法的引领和保障。深圳市人大及其常委会加大立法审议工作，当年制定法规15项，修订法规9项，废止法规3项，是十多年来立法数量最多、效率最高的一年。其中新制定的个人破产条例、科技创新条例、城市更新条例、绿色金融条例、生态环境公益诉讼、前海蛇口自由贸易试验片区条例规定等多部立法均为相关领域国内首部地方立法，这些创新立法为破解改革发展深层次问题，有力保障了深圳先行示范区综合改革试点任务落地见效。

2021年，深圳市人大及其常委会仍保持高效立法状态，当年制定新法规5项，修订10项，废止1项，暂停适用2项。其中《深圳经济特区数据条例》是全国首部数据领域基础性、综合性立法，《深圳经济特区生态环境保护条例》是全国首部生态环境保护全链条立法，《深圳经济特区无障碍城市建设条例》是全国首部无障碍城市建设立法，显示深圳对新兴领域发展、生态环境保护、民生幸福各领域同等重视,全方位推进先行示范区。

2022年上半年,深圳市人大常委会又新制定了6项法规,修订1项。《深圳经济特区绿色建筑条例》《深圳经济特区矛盾纠纷多元化解条例》《深圳经济特区智能网联汽车管理条例》《深圳经济特区社会建设条例》等社会关注度极高的条例均审议通过。

表2-1 2013年以来深圳市人大及其常委会制定修改法规情况[1]

单位:项

| 年份 | 制定法规 | 修改法规 | 废止法规 |
| --- | --- | --- | --- |
| 2013年 | 5 | 9 | 3 |
| 2014年 | 1 | 6 | 0 |
| 2015年 | 1 | 3 | 1 |
| 2016年 | 3 | 1 | 4 |
| 2017年 | 3 | 16 | 1 |
| 2018年 | 5 | 23 | 1 |
| 2019年 | 3 | 126 | 0 |
| 2020年 | 15 | 9 | 3 |
| 2021年 | 5 | 10 | 1 |
| 2022年上半年 | 6 | 1 | 0 |
| 合计 | 47 | 204 | 14 |

### 三 探索出台首批党内法规

深圳市委一直重视以规范化推进基层党建,夯实党的执政基础。早在2015年深圳就出台《关于推进社区党建标准化建设的意见》,

---

[1] 数据来源:根据深圳市人大官网数据整理,http://www.szrd.gov.cn/,访问时间2022年7月20日。

从组织建设、党员管理、治理结构、服务群众、工作职责、运行保障六个方面推进社区党建标准化建设，提升社区党组织的政治功能和服务水平。在此基础上，2017年深圳又出台了《关于推进城市基层党建"标准+"模式的意见》以及相配套的《关于加强党群服务中心建设管理的意见》，以标准化引领、系统性建设、集成式发展的创新思路，构建开放、集约、共享的党群服务中心联盟体系，推动基层党建向纵深发展。

2016年12月中共中央印发了《关于加强党内法规制度建设的意见》，并于2017年5月赋予深圳等7个副省级城市和省会城市开展党内法规制定试点。试点任务是围绕基层党建和作风建设，率先探索制定出台符合地方实际、操作性强、务实管用的党内法规，为推动全面从严治党向基层延伸提供制度支撑，为全国提供可复制可推广的经验。面对这一重大政治任务，深圳以问题为导向积极研究探索，于2018年出台了《中国共产党深圳市街道工作委员会工作规则（试行）》《中国共产党深圳市社区委员会工作规则（试行）》《深圳市社会组织党的建设工作规定（试行）》《党支部书记履行党建工作职责考核办法（试行）》《建立健全纠正"四风"长效机制规定（试行）》5部党内法规，是试点城市中出台党内法规数量最多的城市之一，也是基层党建领域法规覆盖最全面、体系最完整的城市之一，为深圳全面从严治党、制度治党提供了具有很强指导性、针对性、实操性的制度，也为党中央在党内法规制定领域贡献了"深圳探索"。

## 第三节　不断探索立法引领推动制度创新

### 一　重新认识特区立法权

（一）从"有法可依"到精细化立法

深圳经济特区取得立法权以来，一直高度重视利用特区立法权，先行立法、创新立法，引领和推动改革创新，促进经济发展，提升城市管理水平。但是立法法出台后，随着各地普遍取得地方立法权,关于需不需要保留特区立法权的争论增多;而特区一体化前"一市两法"问题的存在,也使深圳内部关于少用特区立法权、多立较大市的法以减少"一市两法"现象的呼声很高,特区立法权的使用一度有所减少。2010年特区扩大到深圳全域时,国家立法已经逐渐完善,这也使深圳感觉创新立法的空间越来越小,深圳利用特区立法权制定特区法规和规章逐渐减少,特别是推动制度变革的实质性变通明显变少。党的十八大以来,深圳从立良法促善治出发,着力推进立法精细化,稳步推进法规的立改废释,2013—2017年五年间共制定新条例13项、修改35项、废除9项。这一时期是深圳取得特区立法权以来通过新法规较少的时期,但每一项法规都按照精细化立法的要求,科学立法、民主立法,确保良法善治,并且有一批法规正在按照精细化立法的要求起草或审议中,并为此后精细化立法积累了经验。

(二)用足用好特区立法权再出发

党的十九大以后,随着中国特色社会主义建设进入新时代,立法需求再次爆发。2019年8月中共中央、国务院印发的《先行示范区意见》要求深圳"用足用好经济特区立法权,在遵循宪法和法律、行政法规基本原则前提下,允许深圳立足改革创新实践需要,根据授权对法律、行政法规、地方性法规作变通规定"。中共中央办公厅、国务院办公厅随后发布的《深圳建设我国特色社会主义先行示范区综合改革试点实施方案(2020—2025年)》也强调了深圳要不断完善拓宽经济特区立法空间,加强在新兴领域的立法探索,以立法来为深圳先行示范区建设提供法制保障。

《先行示范区意见》关于用足用好特区立法权的要求,并首次在中央文件中明文提到特区立法可以"变通规定",极大振奋了深圳立法创新的精神。深圳立法者深刻认识到,党中央、国务院通过文件明确深圳特区立法权可以作变通规定,是对深圳继续发挥好改革创新先行示范作用的期待,深圳要继续在立法中积极探索,就全面深化改革中遇到的一些具体制度上的问题,通过立法变通探索完善制度的路径,为国家法律法规的完善提供经验。深圳立法者也深刻认识到,用足用好特区立法权为国家提供经验不仅仅限于具体制度、具体规定上的经验，也可以是立法理念上的经验，通过理念创新带动制度创新。深圳利用特区立法权开展立法有四种形式，一是先行性立法，填补国家法律空白；二是对国家法律法规的细化，部分国家法律法规中提到的制度目前尚无具体规定，通过特区立法制定专门条例形成整套制度；三是狭义的变通，例如处罚金额的提高等；四是国家法律法规已有规定在深化改革中发现存在不适应的方面，采取先暂停适用或暂时调整的方式，先行改革试点，待条件成熟再制定特区条例做出变通规定。2019年至2022年6月，深圳围绕先行示范区建设和国家综合改革试点工作，新制定特区条例达29项。用足用好特区立法权和设区的市立法权，以精细化立法推动城市治理现代化，形成深圳城市发展的制度优势，保障推动了社会主义先行示范区的建设。

## 二 推进重点领域、新兴领域立法

2012年，党的十八大召开，标志着中国特色社会主义进入新时代。随着深圳改革开放全面深化，立法也进入全面提升新阶段。根据党的十八届三中和四中全会决定要求，深圳着力系统规划全面深化改革和全面依法治国的方案，充分发挥立法在推进改革深化、促进经济社会发展、完善城市治理、提升民生幸福、保护生态环境等方面的作用，扩大立法领域，突出重点，统筹兼顾，重构并完善与经济发展相适应的法规制度体系。2019年2月国务院批准《粤港澳大湾区发展规划纲要》和8月中共中央、国务院印发《关于深圳建设中国特色社会主义先行示范区的意见》，在新的重大历史机遇面前，深圳加强立法的前瞻性、战略性、针对性，坚持需求导向和问题导向，围绕市委市政府中心工作科学确定立法项目，重点关注新兴领域、要素市场化配置、营商环境优化和城市空间统筹利用等重点领域的立法。

### （一）优化营商环境立法提升投资吸引力

良好的营商环境是一个城市综合竞争力的重要内容，营造稳定公平透明、可预期的国际一流法治化营商环境是《先行示范区意见》对深圳的要求。2013年制定的《深圳经济特区行业协会条例》、2017年制定的《深圳经济特区人才工作条例》、2020年制定《深圳经济特区个人破产条例》《深圳经济特区优化营商环境条例》、2022年《深圳经济特区外商投资条例》等均以创新立法促进了营商环境。《深圳经济特区行业协会条例》根据改革的需要对行业协会的内部治理结构、自律体系建设、行业标准、从业规范、选举制度等方面进行制度架构，保障和促进行业协会规范发展。该条例2014年4月1日实施至2015年年底仅21个月，全市新增行业协会就达200家，全市所有行业协会均完成与行政机关的脱钩改革，实现了"政会分开"，行业协会已经成为深圳社会组织中力量最强、最具活力的部分。《深圳经济特区个人破产条例》是我国首部个人破产地方立法，全面规定了个人破产制度的适用对象、相关程序（和解、重整和破产）的启动与适用以及债务人行为限制、免责考察、破产欺诈处理、破产事务管理等各方面内容。个人破产制度的建立对于引导市场主体有序退出，激励个人市场主体创业创新具有重要意义。《深圳经济特区优化营商环境条例》，对标国际先进做法，从市场主体、政务服务、经营环境、融资便利、规范监管、权益保障六个方面对营商环境优化进行规定，通过细节上的制度创新，全方位优化营商环境。外商投资条例是根据深圳实际以及外商投资发展的需要，对外商投资法及其实施办法中的原则性规定进行细化补充，并在外商投资促进、保护和公共服务等方面优化制度设计，实施更大范围、更宽领域、更深层次的全面开放，让外国投资者和外商投资企业吃下"定心丸"，以法治推进深圳更高水平对外开放，营造更加公平、更加开放的外商投资环境。

（二）新兴领域立法为全国探路

随着创新驱动战略的实施和国家创新型城市建设的推进，新兴产业不断涌现和发展壮大，同时新技术运用于社会生活和城市管理，在增强城市竞争力、提高政府公共服务能力和管理效率、丰富和便利群众生活的同时，也对立法提出了新的要求。电子信息、人工智能、生物医药、新能源、新材料产业等高新技术产业的发展需要加强知识产权保护立法，电子商务、互联网金融以及其他"互联网+"行业需要立法规范，管理创新带来的规则变化需要立法固化，城市可持续发展对生态环境保护、城市土地和空间合理利用的要求需要立法保障。技术转移条例、科技创新促进条例、国家自主创新示范区条例、知识产权条例、科技创新条例、数据条例、智能网联汽车管理条例等相继纳入立法计划，并陆续出台，助力深圳建设国际科技创新中心。

(三) 社会领域立法提升民生幸福

经济高速发展改善人民物质生活条件的同时，人民对美好生活的期待进一步提升，建设民生幸福城市的目标使深圳关注社会领域立法。党的十八大以来，深圳关于社会领域的立法不断增多，一是社会管理方面，制定了平安建设、综合执法、居住证等方面专门法规，2014年颁布的《深圳经济特区居住证条例》是国内首个居住证地方立法，率先探索了流动人口管理与基本公共服务提供相结合的人口管理服务模式。二是社会安全方面，制定并不断完善了道路交通安全管理、特种设备安全、食品安全监督、电梯使用安全、突发公共卫生事件应急、安全生产监督管理等方面的立法，构建较完善的安全制度体系。三是公共服务方面，制定并修改完善了教育、医疗、医疗急救、养老服务、养老保险等方面的立法。四是社会文明方面，先后出台了促进文明行为、全民阅读、全民健身以及求助人权益保护、无障碍城市建设等专门法规，《深圳经济特区无障碍城市建设条例》提出无障碍城市理念，并将无障碍理念的适用范围拓展至一切有需要的人群，无障碍建设的范围也从硬件设施建设拓展到意识培养、服务提供等软环境建设，体现人文关怀的多角度、多层次性。2022年6月，深圳出台了《深圳经济特区社会建设条例》，从民生建设和社会治理两大领域对社会建设进行系统规定，围绕"民生七有"的目标和推动城市治理体系和治理能力现代化，包括公共教育、劳动就业、社会保障、卫生健康、住房发展、矛盾纠纷化解、社会治安防控、公共安全保障、基层社会治理等方面内容，使深圳社会建设有了基本法。

(四) 生态环境保护立法确保可持续发展

党的十八大以前，深圳已经制定环境保护条例以及关于饮用水源保护、河道管理、噪声污染防治、机动车排气污染防治、建设项目环境保护、城市园林、市容环境卫生十多项专项环境保护法规。随着"五位一体"总布局的提出，深圳在重新审视本市环境立法后，启动对过去立法的修订工作，党的十八大以来的将近十年间，修订修正环境保护相关条例数十次。在修法的同时，深圳还新制定了生态环境保护条例、绿色建筑条例、绿色金融条例、排水条例、生态环境公益诉讼规定等多部新法规，形成以生态环境保护条例为统领，各专项环境保护法规共同组成的地方环境保护体系。

## 第四节　继续推进高质量法规制度供给

党的十八大以来，根据党中央"深入推进科学立法、民主立法""推进立法精细化"等要求，深圳及时转变立法观念，立法工作从追求"有法可依"转变为要求"有良法可依"，针对过去立法过分依赖于"熟悉情况"的部门起草导致部门主导立法现象严重，出现部门利益法律化的问题；问题未研究深、未研究透就匆匆制定成法律，实施中发现实施结果偏离制定目标的问题；学习国际经验未作深入分析，追求高大上，部分规定脱离实际，导致执行阻力大的问题；立法技术不足，部分法律存在缺陷，实施中发现漏洞或存在争议的问题；"管理型立法"较多，法律法规内容过分强调社会主体的服从性和义务性，权利保护方面相对不足的问题等，从科学立法、民主立法、依法立法的要求出发，立法工作从求有到求好、从求快到求精转变。在国家层面中国特色社会主义法律体系已经基本形成的背景下，用足用好特区立法权，在立法保障先行示范区建设的同时，也为国家法律体系的进一步完善探索出深圳经验。

但是，不可否认，立法工作仍有较大提升空间，在中国特色社会主义现代化建设背景下，在先行示范区建设和粤港澳大湾区建设中，仍有大量法规规章需要不断调整完善，新领域新现象的不断出现也需要法规规章予以规范，粤港澳大湾区立法协同也需要深圳探索发挥作用，用足用好特区立法权完善制度体系仍任重道远。

## 一　开拓科学立法、民主立法新思维、新路径

用好用足特区立法权从根本上讲还是要科学立法、民主立法。尽管目前在立法项目确定、立法计划规划编制、法规起草审议等各环节都探索了一套有效的方式，使立法科学化民主化、质量效率都得到很大提高，但也仍存在不少制约因素：一是部门起草法规草案仍是常态，人大主导立法仍受经费和人才保障等多种因素制约；二是公众参与立法的广度和深度仍不足，民意收集和民智集中仍有待探索新路径；三是立法起草部门与参与审议常委之间信息不对称现象仍较突出，提高常委对法规内容及背景资料的掌握度仍有待系统的工作方法支撑。突破这些制约，至少应当从以下四个方面突破。

（一）走出不愿意为立法决策付成本的思维误区

立法是决策，而且是非常重大的决策，将长久对所涉领域、所涉事项、所涉主体产生影响。科学立法虽然不直接产生视觉可见的物质产品、可计量的经济价值，但科学立法推动经济发展和保障社会运转顺畅，能够节约经济成本、社会成本，产生提升城市竞争力和人民福祉等隐性价值。反之，不完善的立法，增加了实施成本，甚至影响经济发展、社会和谐，造成政府信用磨损，增加经济治理、社会治理难度。但是目前用于立法工作的经费寥寥无几，反映了不愿意为决策工作付成本的思维误区。具体表现为不重视在立法前期研究、法规起草等阶段的人财物投入，结果因经费有限，很多法规起草前的调研只能进行基本的文本研究，无法开展深入社会调查、广泛的信息收集分析等实现科学立法所必需的研究。法规起草中由于前期研究不够充分或不能开展补充研究，加之民意收集和民智聚焦也只能依靠起草组少数几个人用传统方式开展，难免影响立法科学性的提升。这种思维实际上是一种过于关注那些能够直接产生物质财富的方面，而忽视制度的价值、文化的力量，结果因为不愿意主动为决策工作、为立法工作付成本，却不得不为因立法不完善而增加的行政成本和解决矛盾纠纷的代价付费。因此，要转变不肯为决策工作付成本的思维惯性，建立充分认识前期立法研究、社

会调查的重要性，主动为科学决策工作付费的意识，加大立法工作的财政投入，确保立法研究、立法程序运行、法律助理开展细致工作等必要的经费，提高立法科学化民主化水平，从而减少被动承担因制度不完善带来执行成本。

(二) 加强法律人才的引进与培养和法治智库建设

加强地方立法工作，离不开一支德才兼备的高素质立法工作队伍。目前深圳不仅立法部门人员编制少，法学研究机构仅寥寥数个，专职人员仅百来个，相较于北京、上海、广州不到零头，许多领域或方向没有被覆盖，与深圳法治先行示范城市建设对法治研究人才的需要相比极不匹配，也导致立法部门想要向本地法学研究机构借力却时常无从借力。而地方立法必须熟悉地方经济文化社会发展情况，才能科学立法，异地专家虽可以在理论上进行指导、方向上帮助把握，但具体规定上有时因不够了解时常提供不了接地气的具体建议。因此，非常有必要增加立法部门、政府法制部门和法学研究队伍，并畅通法律部门之间的人才交流和沟通。要将法律人才纳入人才引进计划，创新引进高层次法律人才，像落实科技人才待遇一样落实法律人才相应待遇，吸引国内外高层次法律人才聚集到深圳。建立法律人才库，对法学研究人才的不同领域和专长，人才的更新等方面进行数据化管理。加强地方法治智库建设，为立法和法治建设提供社会支持力量。

(三) 建立立法研究成果库

近年来深圳市政府各部门、各研究单位均对立法有大量研究，但由于信息沟通不畅，在真正启动立法调研时，往往未能充分收集已有成果，无法做到在已有成果基础上开展研究，时常从零开始，既造成资源浪费，也降低了效率。可以由人大常委会或全面依法治市委员会建立立法研究成果库，政府各部门、各研究机构以公共财政开展调研的成果，除涉及国家秘密、商业秘密、个人隐私外，均予入库；研究机构的其他成果也可自愿入库。入库成果作为立法工作的参考资料，也为立法工作中进行立法调研、委托起草、专家咨询、立法评估等工作寻找调研对象、委托对象、邀请对象提供便利。建立激励机制，入库成果在立法中被采用作为参考资料或立法建议被采纳的，可由市人大颁发证明，以资鼓励。

（四）推动信息和智能技术在立法工作的运用

信息和智能技术的快速发展为科学立法民主立法提供了新路径，从立法项目的选择、立法研究的开展、立法过程的公众参与、立法审议委员对信息的掌握等各方面均可通过信息和智能技术的应用加以改善，更好收集民意、汇聚民智。一是建立常规化的网上收集意见平台，并利用智慧技术进行归类整理和分析，更广泛收集意见建议；二是建立立法舆情分析机制，委托舆情研究机构实时搜集和分析有关立法的舆情，更充分了解民众对立法的期待，找准法规规章或其草案存在的问题及经济社会管理领域的"堵点""痛点"，推动相关法规规章的立改废释，优化制度供给；三是优化线上立法听证，在原微信立法听证经验基础上，建立线上立法听证系统，在更多法规、规章和规范性文件的制定中对争议事项进行听证，为不同意见提供交锋辩论的平台，引导诉求表达、理性沟通，使法规起草者找准问题关键、分歧所在，完善法规草案，增强立法科学性。

## 二　探索粤港澳大湾区立法协同

《先行示范区意见》重新强调特区立法权的作用，明确"允许深圳立足改革创新实践需要，根据授权对法律、行政法规、地方性法规作变通规定"，是对深圳立法创新提出的新要求、新期待。在深圳从"先行先试"向"先行示范"角色的转变过程中，用好用足特区立法权意味着特区立法要有更宽广的视野，要置身于世界格局、国家战略，着重立足于发挥深圳在粤港澳大湾区引擎作用和促进粤港澳大湾区共同繁荣发展背景下开展特区立法的探索，推进粤港澳大湾区立法协同是其中应当发挥的作用。

（一）主动推进立法协同工作

粤港澳大湾区规划纲要出台以来，由于一些领域或环节制度不衔接，影响了湾区各市之间的合作与发展，立法协同的呼声很高。但粤港澳大湾区"9+2"市，分属三个法域、两种基本制度，发展水平、管理理念、思维方式等方面也存在较大差异，广东9市与港澳立法体制存在巨大差异，立法形式上也不相同，立法理念上有些也不一致，这在客观上使得粤港澳大湾区立法协同的难度较大，立法协同工作进展缓慢。但大湾区各城市协作的基础较好，改革开放40多年以来，广东9市在立法方面大量借鉴港澳，特别是香港经验，广东9市立法互鉴也不断增多，为立法协同打下良好基础。如果各方增强行动自觉性，加强立法沟通交流，找准突破口，则可逐渐推进立法协同。深圳在建设先行示范区和法治先行示范城市过程中，应当主动作为，在推进立法协同方面发挥作用。

粤港澳大湾区立法协同最大的困难和障碍是思想上的障碍。香港法治体系较为完善、稳定性较强，过去40多年都是内地学习香港立法经验，香港几乎未考虑过学习内地经验。而协同意味着需要协商和相互妥协，这对香港来说思维上还不适应，或者说有点困难。过去很多年，香港对于立法协同积极性不高。内地改革开放以来一直改革不停顿、开放不止步，在改革开放中积极吸纳包括香港在内其他市场经济和法治发达地区的经验不断完善立法，在与其他地区制度对接上的思维相比，相对较为开放。但在经济发展水平已经较高，开放程度已经大幅提升的今天，立法上早已跳出主要借鉴香港经验的做法，同时在深化改革和扩大开放面临的深层制度问题面前出现畏难情绪，进一步探索与港澳制度对接的积极性不强。同时，大湾区各城市由于经济社会发展水平差距大，思维上也存在不小差异，加之有的城市发展中存在一定竞争关系，各有利益考虑，也影响了协同发展。

不过，2022年以来，特别香港新一届政府上任以来，香港特区政府与广东、深圳的联系明显紧密，主动性增强。广东省内诸市之间，都市圈概念的强化和《广东省都市圈国土空间规划协调指引》的出台，也使周边城市协同的积极性和紧迫性增强。深圳应当抓住这一良好时机，主动推进立法协同工作。一是明晰立法协同的目标。粤港澳大湾区立法协同不必致力于各地立法从内容到形式完全一致，也不追求所有立法完全一致，而是寻求立法上协调，通过共同立法或者各自立法中内容上的协调促进各方紧密合作，确保粤港澳大湾区共同发展目标的实现，即立法协同更多是追求具体制度上的衔接以及专业领域上的标准一致。二是加强对其他城市立法的了解、学习与互鉴。如前所述,改革开放40年内地大量借鉴了港澳立法经验完善地方法治,为粤港澳大湾区立法协同奠定了基础。但在经济社会高速发展的今天,新事物新现象不断涌现,新技术新经济也不断产生,各地均在经济管理、社会治理方面不断探索新方法、新路径,产生一些行之有效的经验做法或解决问题的思路。其中有一些可供深圳学习借鉴,习惯于学习借鉴香港和国际经验的深圳,也要有意识地多了解大湾区内其他城市立法,进行互鉴,并就共同关心的问题进行磋商,共同推进立法协同。

(二) 推动建立常态化磋商机制

立法协同与借鉴立法不同,学习借鉴立法只需根据自己的立法需求去了解对方的法律,选择可以借鉴的部分,以自己的立法语言规定到自己的立法中。立法协同则不同,在与对方沟通交流中,不能只考虑自己的需求和立法语言,还需要了解对方的需求、法治思维、立法语言、立法程序,并以协商者的身份和姿态开展商议、促进合作。事实上,当前深港法律差异、粤港澳大湾区内地9市与港澳的法律差异已经不是简单的法治发展水平的问题,各自法治体系背后的基本制度和历史文化以及不同法域下法律语言表达上的差异所影响的思考逻辑的差异也是沟通和互动中需要重视的,相互理解,才能达成共识。这就要求建立常态化磋商机制,就深圳而言,可以主动作为,争取推动相关机制的建立和相关工作的开展。一是推动建立官方立法层面的协调组织。推动建立立法协调常设机构,有专职工作人员,负责法律上需要协调的问题与各市相关机构进行具体沟通和协调,就核心问题组织各方进行磋商,提高达成共识的效率,促进立法协同。二是增加粤港澳高校法学院和法学研究机构之间的交流。以论坛、研讨会、课题合作等多种形式共同探讨关系湾区发展的法律问题,为立法互鉴和协同奠定理论和舆论基础。三是增加社会组织之间的交流。行业组织等社会组织最了解本行业、领域发展中涉及的法律问题,对法律障碍引发的发展阻滞体会也最深切,因此跨域社会组织的交流和共同探索规则对接能够为立法协同提供具体方案,并可在客观环境不断变化中,持续提出解决新问题、应对新挑战、利用新机遇中的立法建议。

(三) 以新兴领域为突破口推进协同立法

尽管立法协同不追求所有立法完全一致,但经济和社会生活的具体领域和环节中也存在不少互鉴和协同立法的空间,有些领域存在一致立法的可能性。例如,在高标准市场体系建设、市场或行业准入条件设定、要素交易规则完善、贸易和投资自由化便利化、投资者保护、营商环境优化等方面均有很大互鉴和协同立法空间。特别是在新兴领域,由于本身在立法上空白点较多,没有既有规则的束缚,各方在制度制定上均处于研究探索阶段,均有沟通交流的需求,比较容易开展协同立法工作,极有达到一致的可能性,可以作为协同立法的突破口。通过共商立法理念、共同探讨科技伦理、共同把握各种关系平衡尺度、共同确定监管原则,形成在鼓励创新创业的同时,能够平衡各种经济和社会关系以及不同价值目标,建立新业态新产业包容审慎监管的具体规则,以及统一技术标准、服务标准等,促进区域合作和共同繁荣发展。具体而言,可以根据具体事项选择不同的方式。一是可以就部分事项共同制定形成粤港澳大湾区类似于示范法的统一规制指南、规则或者标准,各地市直接以决议或其他方式批准适用的方式,直接适用这些指南、规则、标准;或者在遵循这些指南、规则、标准核心内容的基础上,制定地方法规规章,以达到立法基本一致的目标。二是可以共建科技伦理体系,共同组织成立科技伦理委员会,在重要问题上形成共同原则规定,各地市在地方立法中要声明这些原则,并在相关立法的具体条文、具体制度体现这些原则。三是可以协同制定数字领域的规则和标准,共同制定数据资源产权、安全保护、交易流通和跨境传输等基础制度和标准规范,共同建设新技术、新产品、新业态、新模式等相关的制度,直接在湾区各城市中适用。标准、计量、专利等方面制度也可以直接共同制定。

深圳的发展很大程度上得益于深港合作,尽管目前深圳自身已发展为与香港比肩的大都市,但是强强联合的深港合作、粤港澳大湾区建设是深圳、香港和大湾区其他各城市持续发展和保持并加强国际竞争力的需要。立法协同是促进深港合作和粤港澳大湾区建设深入推进不可或缺的，也是"一国两制"生动实践的一部分。深圳与香港山水相连，文化相通，在服务"一国两制"伟大实践中肩负历史重任，在主动推进立法协同深化深港合作、更好地服务香港的同时，也会带动法规制度体系的进一步完善，为"法治先行示范城市"建设打下良好基础。

# 第三章 自我规制：建设一流法治政府

　　全面依法治国是一个系统工程，要整体谋划，注重系统性、整体性、协同性，法治政府建设是其中重点任务和主体工程；全面依法治国必须坚持法治国家、法治政府、法治社会一体建设，其中法治政府上联国家，下牵社会，起着支撑性作用；全面依法治市必须坚持法治城市、法治政府、法治社会一体推进，其中法治政府建设是实现全面依法治市的关键。法治政府建设，既要严格限制政府权力，防止权力任意扩张和滥用；又要确保政府积极行使权力，全面履行政府职责，积极回应社会公众的需求和关切，为社会提供满意的公共产品和公共服务，确保国家和社会稳定有序又生机勃勃。党的十八大以来，深圳法治政府建设取得了不少新突破，开展了许多具有开创性的工作。回望这十年，深圳市多管齐下，对标国际标准、坚持中国特色、按照深圳发展定位要求，以法治政府建设指标体系引领，坚持约束权力与提升服务并重，清职权、定权责、强执法、优服务同步推进；坚持创新与规范同步，在数字政府和智慧城市建设中推进政府流程再造，优化行政服务、行政决策和行政执法程序，建立高效顺畅的行政运行机制；坚持政府自我监督与社会监督并重，完善行政复议体制，加强法治政府建设考评，推进政府信息公开，政府自我规制能力不断增强。从机构职能法定化、政府运作规范化、政务服务高效化、监督考评有效化等多个维度协同发力，加快法治政府建设、优化营商环境，取得显著成绩，一流法治政府建设加快，在完善城市治理体系和治理能力方面发挥重要作用。

## 第一节　以法治政府建设指标体系引领法治政府建设

深圳法治政府建设起步早，在全国一直处于较好水平，但公众对政府法治有更高期待。而且深圳的法治政府建设主要是政府自发推动的，不同地区、不同部门领导对于法治政府建设的重视程度，往往决定了该地区、该部门法治政府建设的发展程度和推进速度，出现法治政府建设不平衡状态。法治政府的具体样态是怎样的，如何客观判断法治政府建设进展，如何督促各地区各部门积极推进法治政府建设等，成为必须思考解决的问题。为此，深圳大胆创新，探索指标化推动法治政府建设的方式，以指标为标杆，并以考核促发展，法治政府建设在考核监督中不断提升质量水平。

早在 2008 年，深圳市委市政府联合发布了《深圳市法治政府建设指标体系（试行）》，推动法治政府建设再上新台阶。指标体系从政府立法工作、机构职责和编制、行政决策、公共财政管理与政府投资、行政审批、行政处罚、行政服务、政府信息公开、行政救济、行政监督、行政责任等方面法治化以及提高行政机关工作人员依法行政的观念和能力共 12 个方面（一级指标）建立了 44 个二级指标、225 个三级指标。每一大项均由静态的制度建设（规则制定）和动态的制度执行（行为规范）两大类指标构成。指标体系的制定依据主要有三个层面，一是中共中央和全国人大及其常委会制定的有关依法行政和建设法治政府的原则、规则和要求。二是国务院制定的有关推进依法行政和建设法治政府的有关规定。三是法治和依法行政的一般理论，从而确保指标体系既有充分的法律政策依据，又有先进的理论依据，具有较好的科学性、先进性和超前性。该指标体系以规范性文件方式由深圳市委市政府联合发布，具有较强的约束力，且部分指标严于法律规定，体现了政府内部自我约束的要求，是政府系统内考核评价督促政府部门提升法治政府水平的主要依据。

指标体系明确了法治政府建设的具体目标，是对2004年国务院《全面推进依法行政实施纲要》的细化和量化；指明了法治政府的实施路径，将法治政府建设的总体目标和要求分解到相关政府及各部门，是深圳建设法治政府的施工蓝图；提供了法治政府建设的考评依据，以评促建，使法治政府建设由虚转实，是推动法治政府建设的具体抓手。该创新2012年高票荣膺第二届"中国法治政府奖"。

尽管指标体系的推出产生了积极作用，但随着法治政府建设实践的不断推进和法治政府建设理论的不断深化，以及全面依法治国战略提出后党和中央政府对法治政府建设提出更高的要求，深圳市委市政府对法治政府建设也有更高的目标，社会公众对法治政府建设也有更高的期待，以及法律法规的变化为行政机关增加了更多的职责和行为规范，原来的指标体系逐渐不能满足法治政府建设的现实需要。

为此，深圳根据党的十八大和十八届三中、四中全会关于建设法治政府、建设社会主义法治国家的精神，认真总结了指标体系实施以来的经验，全面吸收法律法规关于建设法治政府的新规定，2014年启动了指标体系修订工作，并于2015年12月完成修订。修订后的指标体系调整为10个大项[①]、46个子项、212个细项。指标体系强化和充实了科学立法、民主立法指标，构建了行政许可与政务服务法治化指标，细化了行政执法指标，增加了政府权责清单、法律顾问制度相关指标，以及行政强制和行政检查等执法指标。指标体系既延续了原指标体系对法治政府建设的主要要求，又吸纳新时代法治政府建设的新要求；既体现党中央提出的新标准、新要求、确保高质量，又体现特区特点、一流法治城市要求、符合深圳实际，与深圳法治实务紧密结合，具有很强可操作性。指标体系根据法治政府理念和要求，完整描绘法治政府的蓝图，清晰了法治政

---

① 10大项为：政府机构与权责法治化，政府立法工作与规范性文件管理法治化，行政决策法治化，公共财政管理与政府投资法治化，行政许可与政务服务法治化，行政执法法治化，政府信息公开法治化，行政救济、调解、裁决法治化，行政权力监督与责任法治化和法治政府建设工作保障。

府建设的目标、要求和任务，指出了建设路径，是全市各级政府推进法治政府建设工作的指南，便于各区各政府部门参照推进工作和方便考评，更好以评促建，以评促改，推进法治政府建设。

## 第二节　约束权力与提升服务并重

### 一　持续推进政府机构职能法定化

政府机构职能是指国家行政机关在管理社会事务活动中的基本职责和功能。政府机构职能管理是国家及社会管理的一项重要任务，它不仅包含了以一切政府机构为边界的诸多管理的方面，也包含了组织管理的各个环节，是一项综合性的、复杂的系统工程。①政府机构职能法治化是法治政府建设的重要内容，是政府全面依法履行政府职能的前提，是依法行政的基本要求。

（一）党的十八大以前深圳大部制改革探索

深圳经济特区成立以来，一直努力在推进政府机构职能法治化方面进行积极探索，力图科学合理设置政府机构、核定人员编制，依法规范行政机关的职能和权限，推进政府机构、编制和职责法定化。到党的十八大召开前，先后进行了八轮行政管理体制改革，不断优化行政管理体制，逐渐从以往计划经济的政府职能管理体制转变为适应市场经济发展的政府机构职能管理体制，走上规范化管理轨道。特别是2009年的机构改革，在职能转变、机构调整和运行机制上进行大量创新，大幅削减政府机构数量，全市仅设置31个工作部门；同时整合职能相同和相近的下设机构，实现了下设机构和领导职数的大幅削减，政府机构大幅瘦身。更为重要的是探索建立了决策权、执行权、监督权相互制约又相互协调的运行机制，在较多领域探索实行大部门体制，在一定程度上解决了政府运行中存在的机构过多、职能交叉、效率不高等问题。

2012年对2009年大部制改革实施方案及实施情况的研究显示，

---

① 瓮洪洪、张思池：《深圳市政府机构职能法治发展研究报告》，载张骁儒主编《深圳法治发展报告（2016年）》，社会科学文献出版社2016年版，第98页。

深圳的大部制改革在精简政府机构的同时,部门之间的职责关系进一步理顺,突出明确和强化了责任,一定程度上解决部门职责交叉和权责不一致的问题,基本上建立起一件事情原则上由一个部门负责,确需多个部门管理的事项,分清主办和协办关系,明确牵头部门的机制;政府履行职能能力得到较大提升,通过对政府机构进行一系列的整合、重组和调整,政府统筹宏观发展的能力、推进城市建设和管理整体协调发展的能力、改善和提升人居环境质量与水平的能力、市场监管能力、社会管理和公共服务领域服务民生能力均得到较大提升;决策、执行、监督相互制约又相互协调的机制初步建立,某些方面权力过于集中且缺乏有效监督及执行不力等问题得到初步解决;政府职能进一步转变,大力推进政企分开、政资分开、政事分开、政府与中介分开,积极向市场和社会放权,大幅精简了行政审批事项,政府职能向创造良好发展环境、提供优质公共服务、维护社会公平正义转变。不过,对比经济社会发展对政府公共管理的要求,政府机构设置及其运行仍存在决策、执行、监督相互制约协调的运行机制不够完善问题,由于政府监督仍以部门内部自我监督为主,监督实际上流于形式;通过整合职能相近的部门虽减少横向推诿的现象,但是由于不同政府层级之间的权责划分还不够明确,导致纵向推诿现象更加严重;综合化淹没专业化分工,大部制改革后部门设置实现了综合化降低了协调成本,在一定程度上提高了决策效率,但也使一些专业性较强的工作事项淹没在诸多的工作事项中,使得这些事项的重要性降低,独立、快速行动能力受限,实际上可能削弱了对该项事务的管理;受上位法制约、受上级部门设置和运行体制的影响问题较突出,机构设置与上级不对应,机构职能的履行在原上位法律框架内和机构框架下运作,不可避免出现一些不协调现象。[1] 针对这些问题,深圳在每年的改革中不断

---

[1] 深圳市社会科学院:《深化大部制改革的实施方案研究》,深圳市决策咨询委员会 2012 年重点课题成果,2012 年 9 月。

进行细节上的调整，不断优化机构设置、职能运作①，为后来国家大部制改革提供了深圳经验。

（二）党的十八大以来深圳机构职能法定化的新探索

党的十八大后，中央和国家对政府机构职能法治化提出了一系列要求。2014年十八届四中全会作出的《中共中央关于全面推进依法治国若干重大问题的决定》明确要求"完善行政组织和行政程序法律制度，推进机构、职能、权限、程序、责任法定化"。2015年中共中央、国务院印发的《法治政府建设实施纲要（2015—2020年）》也明确提出"优化政府组织结构，完善行政组织和行政程序法律制度，推进机构、职能、权限、程序、责任法定化"。在这一背景下，深圳积极响应，按照中央和国务院要求，在政府机构职能法治化方面继续进行探索，并在多个领域进行大胆创新，其法治化和规范化水平不断提升，基本构建了职能优化、权责一致、分工合理、决策科学、执行顺畅、监督有力的行政管理体系，为保障政府机构规范运作促进经济社会良性发展起到了重要作用。

一是明确提出政府机构职能法定化的工作目标。2014年在《建设一流法治城市重点工作方案》中制定了建设法治政府和推进机构职能法定化的时间表，要求开展政府机构、职能管理的立法试点，探索建立市、区政府及其工作部门机构职责依法确定制度。2015年年底修订的《深圳市法治政府建设指标体系》也明确了"完善行政组织制度，推进机构、职能、权限、程序法定化"的目标。

二是推进机构编制实名制和公开化。为落实机构编制实名制的要求，2014年，深圳市委组织部、市编办、市财委、市人社局联合发布了《关于进一步完善我市机构编制实名制管理工作的通知》，

---

① 例如，2014年深圳市在原来市场监管领域大部制的基础上，进一步深化改革，整合原来市场监管局（市食品安全监管局）、药监局，新组建更为大部门制的深圳市市场和质量监督管理委员会，使市场监管领域的工商、质监、知识产权、食品药品监管等4大块20多个部门整合到一个机构。该委实行决策权与执行权相对分离，市场和质量监督管理委员会为决策机构，下设正局级的深圳市市场监督管理局（市质量管理局、市知识产权局）、深圳市食品药品监督管理局以及副局级行政机构深圳市市场稽查局三个执行机构。改革进一步完善了深圳大市场、大监管体制，强化了大质量、大标准职能、机构、队伍和体系建设，提高了行政资源的利用率和执法效率，在市场监管领域形成了特色鲜明的"深圳模式"。

共同建立机关事业单位人事编制信息管理系统，作为统一的管理平台，各级机关的定编、定岗、定员情况均通过该系统上统一管理，加强部门间信息共享，在增强部门间合作、提高效率的同时，也形成相互制约的机制，形成监督合力。此后又实行机构职能和编制统一公开制度。目前深圳已经建立政府机构职能和编制信息公开制度，所有政府机构的职责、编制均在"深圳政府在线"公开，提高政府机构工作的透明度，接受社会监督。

三是建立政府权责清单管理体系。深圳在法治政府建设过程中，从规范政府行为、改善政府作为出发，积极建立政府"权责清单"和市场准入的"负面清单"。2014年3月，深圳市政府办公厅印发《清理行政职权和编制权责清单工作方案》，市、区、街道三级同时启动清理行政职权、编制权责清单工作。当年9月，全国第一份商事主体行政审批事项的权责清单——《深圳市商事主体行政审批事项权责清单和后续监管办法》编制完成并公布。随后深圳市直各部门的行政审批事项权责清单也相继公布。到2014年年底，全市32家市直部门均完成权责清单的编制工作并公开，福田、龙岗、罗湖等3个区也全部完成权责清单的编制工作并公布。其他各区于2015年也全部完成权责清单编制。在这次行政职权清理和权责清单编制工作中，深圳全面梳理了各部门职权，比照各项法律法规，摸清了政府职权"家底"，将5326项行政职权事项纳入清理范围，大力减权和简政放权，调整、整合、取消、转移、下放职权四百多项，有一千一百多个事项或降低审批门槛，或简化办事环节、压缩办理时限；同时制定权力运行流程图，优化工作流程，明确"事前、事中、事后"责任，提高办事效率，减少寻租空间，方便社会监督。

四是持续推进行政审批事项目录化管理。2013年，深圳市政府办公厅印发《深圳市行政审批事项目录管理办法》，对行政审批事项的实行目录化管理。此后每年都重新梳理行政职权，取消、转移或下放一批行政职权，例如，2018年公布《深圳市市直部门行政职权取消转移下放事项目录》，取消、转移或下放164项行政职权；2019年深圳继续优化调整行政职权，1月至10月市级部门调整行政职权事项274项，其中下放80项，取消79项。2020年，全市又取消各类行政职权事项101项，同时承接省下放、委托实施和重心下移的省级行政职权事项1122项。2021年，深圳又对527项涉企经营许可事项分类进行改革，通过改革，取消审批72项，另有15项由审批改为备案，61项改为实行告知承诺。

五是政务服务和行政审批程序简便化。在深化"简政放权、放管结合、优化服务"改革中，深圳在简政放权做"减法"的同时，也持续不断在优化服务上做"加法"。一是创新工作方式优化流程。积极探索运用互联网、大数据、云计算等信息技术重塑行政审批流程，实现各部门之间数据对接，简化审批手续，推出"秒批""不见面审批""全城通办"；开发"i深圳"政务服务APP，提供"掌上办"等"指尖服务"，并不断扩大适用的事项范围，提升审批服务效率。截至2021年年底，深圳全市政务服务事项99.94%"最多跑一次"、91.74%"不见面审批"、89.44%"全流程网办"，165项"秒报秒批一体化"、5528项"免证办"。二是推进行政审批服务标准化管理。2018年深圳全面梳理了行政审批服务事项，明确所有行政审批服务事项（共2879个）的实施标准并向社会公布。三是清理证明事项，2018年梳理出深圳市自行设定证明事项共111项，全部予以取消。四是加强政务服务事项和权责清单管理。2021年，深圳市出台了《深圳市政务服务事项和权责清单管理工作指引》，以清单方式明确政务服务事项及其权责，完成高频事项表单溯源工作，全面规范行政服务事项管理。

（三）探索法定机构管理模式

法定机构主要见诸英国、新加坡和我国香港等普通法系国家和地区，是在政府部门之外通过专门立法设定的提供公共管理或公共服务的机构，其设立、职责权限、管理模式等均由专门法律规定。法定机构介于政府与企业之间，因职责明确、管理模式更灵活和以有竞争力的薪酬吸引专业人才，可有效提高公共服务供给，减缓政府压力，是完善公共治理体系、提高公共治理能力的一种方式。

随着深圳经济社会发展出现新变化和社会公众不断增长的公共管理和公共服务需求，为提升公共服务质量，2006年深圳市开始探索借鉴中国香港、新加坡机构职能设置的经验做法创新推进法定机构试点改革，以法定机构模式改革事业单位，作为提供公共服务的新路径。在2006年的《深圳市深化事业单位改革指导意见》①明确提出"创立法定机构组织管理模式。对某些特殊行业或领域中兼具政府、事业和企业多重角色的事业单位，以特定立法的方式，合理界定政府、相关主管部门与事业单位之间的关系，明确其法律地位、职责任务、人员配备、治理结构，规范其财务管理，建立政府依法管理监督，单位依法运作，有别于传统事业单位的管理模式，确保其公共目标的实现。"2007年10月，市委办公厅、市政府办公厅印发了关于事业单位体制机制改革创新的七项专项改革方案中的第一项即为《关于推行法定机构试点的意见》。②法定机构改革试点以来，深圳国际仲裁院、深圳仲裁委、深圳公证处、市房地产评估发展中心等四家原事业单位，前海深港现代服务业合作区管理局、南方科技大学、市规划国土发展研究中心、市住房公积金管理中心、市公立医院管理中心、深圳国家高技术产业创新中心6家新设单位进行了法定机构试点。

但此后较长一段时间，关于法定机构的立法较为迟缓，市规划国土发展研究中心、市住房公积金管理中心等几家试点单位以规范性文件方式规定机构职能、机构管理和内部治理模式。2011年深圳制定了《深圳市前海深港现代服务业合作区管理局暂行办法》《南方科技大学管理暂行办法》，2012年制定了《深圳国际仲裁院管理规定（试行）》，2015年制定了《深圳公证处管理暂行办法》，以制定专门规章的方式确保机构法定、运作独立、公开透明、运作高效。法定机构试点推动了政府职能的转变，改善了公共服务体系，扩大了社会参与，探索出了事业单位改革新路径，对其他城市产生示范效应，广州、珠海、青岛、上海等城市也先后开展试点。党的十八大后，法定机构试点不断深入推进，2020年8月深圳市人大常委会审议通过了首部关于法定机构的法规——《深圳国际仲裁院条例》，使深圳国际仲裁院成为第一个真正意义上的法定机构。而关

---

① 深圳市委办公厅、市政府办公厅联合印发，深办发〔2006〕11号。
② 瓮洪洪：《深圳市法定机构立法研究报告》，载张骁儒主编《深圳法治发展报告（2017）》，社会科学文献出版社2017年版，第67—78页。

于法定机构的探索也仍在持续中。

经历了十次的机构改革和持续不断的审批制度改革后，深圳市政府机构职能管理工作已建立了一套较为完善、高效、固定的原则和工作制度，从政府机构管理制度、机构职能管理制度、人员编制管理制度、机构职能监督机制，到机构职能公开制度等均已较完善，形成许多有益的经验。

**二 持续强化优化行政执法**

法律的生命力在于实施，法律的权威也在于实施。而法律的有效实施很大一部分要依靠行政执法机关依法执法、严格执法。执法成为法治政府建设重要一环。党的十八大以来，深圳市政府及其各部门积极探索完善执法的各种措施，严格规范行政执法，加强规范行政执法新举措不断，通过执法流程再造、执法标准化、裁量标准化、综合执法等，确保执法有力且适当，较好维护了经济和社会秩序，营造了有利于创新创业的良好的营商环境和安全稳定的社会环境。

（一）率先探索建设、持续完善行政执法"三项制度"

行政执法公示制度、执法全过程记录制度、重大执法决定法制审核制度（以下简称执政执法"三项制度"），是规范行政执法的重要制度。2019年1月国务院办公厅发布《关于全面推行行政执法公示制度执法全过程记录制度重大执法决定法制审核制度的指导意见》，就有关事项提出明确要求。在此之前深圳已经就相关制度做法进行了大量探索和开展试点。

先行探索。行政执法标准不统一、执法行为不规范、执法依据和过程不透明、执法监督不到位等问题，长期为公众所诟病。针对这一系列问题，2014年深圳福田区推出行政执法全流程法制化提升改革，建立了区属20家执法部门通用的行政执法平台，并制定行政处罚裁量权实施标准，推行"菜单式"执法，推动执法信息共享、执法标准统一，加强执法监督。此后，深圳多个区、市政府多个部门也进行了类似探索。

率先试点。2017年深圳卫生监督部门在全国率先启动"双随机+执法全过程记录"试点，利用信息技术建立执法人员库和监督对象库，开展执法检查时，从双库中分别随机抽取执法人员和监督对象，并使用智能终端全程记录执法检查过程，检查结果也全面公示。由于执法全程可追溯、执法结果实时全公开，有效避免了随性执法、人情执法，也减少了冲突执法。深圳城管部门等其他执法部门也随后建立了行政执法的"双随机一公开"工作机制，到2020年年末，全市39个执法部门的2000多项监管执法事项全部纳入"双随机、一公开"监管平台，执法的透明度、公正性、威慑力得到较大提高。

细化要求。2018年深圳持续推动行政执法"三项制度"落地。将"三项制度"落实情况纳入年度法治政府考评，市法制办印发了《关于推行行政执法三项制度的补充通知》，对区级执法部门法制审核机构进行明确，并制作了《行政执法音像记录清单（模板）》和《重大行政执法决定目录清单（模板）》，市司法局制定了《关于推行行政执法公示信息的内部审核和管理制度的工作方案》，建立健全行政执法公示信息的内部审核和管理制度。此外，市法制办组织开展22期执法人员培训，增强执行"三项制度"的能力，从细节上规范"三项制度"的执行和推动"三项制度"的全面落实。

统一平台。借助数字政府建设的有利契机，深圳市全力推进"深圳法治政府信息平台"项目建设，同时要求执法部门制定本单位行政执法全过程记录清单，在门户网站上建立行政执法公示统一专栏，按事前、事中、事后三个阶段做好执法公示工作。到2019年各执法部门均在门户网站设立了行政执法公示专栏，向社会公开事前和事后执法信息以及前一年行政执法数据，接受社会监督。各单位制定公布行政执法全过程音像记录清单、重大执法决定法制审核清单，以及涉企检查事项清单，基本实现对清单中的事项法制审核全覆盖，较好规范执法主体行政检查行为，保障企业、社会组织和市民合法权益。2018年开始建立的全市统一的行政执法和执法监督双平台，经过几年的运行与完善，逐渐汇集全市行政执法数据，实现对全市行政执法动态监督和全面监督，并与司法部、广东省司法厅数据系统对接，联动传导行政立法、行政执法、行政复议、行政应诉、司法监督、检察监督，实现数据治理合力，初步实现"大平台共享、大系统共治、大数据慧治"的目标。

（二）探索包容柔性执法

率先在环境执法中实行主动道歉承诺制度。深圳环境执法部门在环境执法中发现，有一定比例环境违法者环保意识淡薄，环保法律知识欠缺，对自身违法行为认识不足，迫切需要通过宣传教育提升环保意识和环保的自觉性。针对这一情况，深圳市人居环境委2016年3月在修订《环境行政处罚裁量权实施标准》过程中，创设了违法者主动道歉承诺制度。该制度对首次被查处到环境违法、应当处以罚款类型行政处罚的较轻微违法企业，如果违法企业及其法定代表人自愿双具名在深圳主流媒体新闻版登报公开道歉，承认违法事实，承诺执行行政处罚决定和不再违反环境保护法律法规，则可从轻处罚。环保公开道歉承诺制度的推行，使相关企业深刻认识自身违法行为，进行自我检讨改正，并接受社会监督，充分体现了处罚与教育相结合的法律原则，同时在媒体上公开道歉也是一场面向社会的环保普法宣传，收到多重社会效果。

推出轻微违法行为不予处罚及减轻处罚清单。市场监管领域，经营者轻微违法现象较为常见，有些是经营者不了解法律规定，有些是经营者无心之失。而对于小微企业而言，罚款是沉重的负担，易引发执法冲突；而且处罚记录将影响企业信用，不利于企业的持续稳定经营。2019年深圳，深圳市市场监督管理局按照过罚相当、处罚与教育相结合以及行政执法的法律效果和社会效果相统一的原则出发，结合行政指导措施，推出轻微违法行为不予处罚及减轻处罚清单。未及时登记企业有关信息、未悬挂营业执照等50项轻微违法行为，如果是首次被发现违法，且当事人及时纠正，没有造成实际危害后果的，不予行政处罚。同时，网吧、文具店、书店、花店等未经许可兼营少量预包装食品等6类违法行为，情节轻微，当事人主动消除或者减轻违法行为危害后果的，可减轻行政处罚。

形成"小错免罚"包容柔性执法经验。深圳推行的包容柔性执法适用领域不断扩展，例如，针对"三小"场所住人安全隐患，福田区梅林街道执法部门采取"安全警示教育法"的非强制性执法方式,通过道德伦理引导、说理开导和协商沟通,改变了违法经营者的安全观念,并增强了辖区居民的安全意识,使辖区居民在心理上对安全管理要求产生认同,从而行为上自觉遵从,有效地推动辖区隐患治理工作开展,实现安全隐患的源头整治。针对工地噪声污染,深圳市借助科技手段首创"远程喊停"模式,取得良好社会效果。2021年深圳梳理形成涵盖市场监督管理、生态环境保护、文体旅游、住房建设等16个领域的不予处罚清单,清单明确了事项名称、事项来源、处罚依据、不予处罚情形,形成的"小错免罚"包容柔性执法经验得到了国家发展改革委认可并在全国推广。

(三)"律师驻队"促规范文明执法

城管执法由于直接面向普通民众,往往面临执法冲突的困扰。一方面存在执法人员执法不规范现象,另一方面执法权威性不足、执法对象不配合现象普遍存在,给城市环境卫生、交通等秩序带来了极大的挑战。为提升城管执法规范性和市民配合度,破解城管执法困境,深圳探索出了"律师驻队"的执法模式。

"律师驻队"执法工作模式最初起源于2014年6月深圳南山区沙河街道白石洲城管执法队。白石洲是个城中村,人口密度大、道路狭窄、安全隐患较多,长期以来城管执法面临执法难、执行难、暴力抗法等难题。针对执法不规范与处罚对象暴力抗法的双重困境,沙河街道执法队创新探索了通过向律师事务所购买服务的方式,由专业律师常驻执法队,一方面为城管执法提供专业的宣传、规范、协调等法律服务,提升执法水平;与此同时,也参与执法中开展法治宣传等活动,化解执法冲突。既规范和监督行政执法工作,改善城管执法形象,同时有效解决了执法难和处罚执行难的瓶颈问题,城管执法案件执行率大幅提升,暴力抗法事件显著下降,执法效率和群众满意度均明显提高。

"律师驻队"模式开展后不仅在南山区执法系统全面铺开,由于收效明显,2015年9月深圳市司法局、城管和综合执法局联合发文向全市推广,深圳市各级城管部门通过购买服务方式,聘请律师事务所的专业律师进驻全市各城管执法队伍,"律师驻队"成为城管执法"标配"。

在向全市推广"律师驻队"工作模式的过程中,深圳市城管和综合执法局陆续印发实施《驻队律师事务所、律师准入管理规范（试行）》《驻队律师协助执法工作规程（试行）》《驻队律师日常行为守则（试行）》《驻队律师考核方案（试行）》等规范性文件,对"驻队律师"标准以及工作、行为、考核等进行规范,使"律师驻队"工作模式制度化和利于推广。

2017年被司法部和城乡建设部联合向全国推广。2018年深圳将这一模式推广到全市街道执法队,目前深圳市已实现市、区（新区）、街道三级城市管理综合执法部门律师驻队全覆盖。在"律师驻队"推广和全面实施过程中,驻队律师的作用不断丰富,除了最初规范城管执法行为,发挥"法制员"作用,向执法对象普法释法,化解执法矛盾冲突,发挥"缓冲带"作用外;还逐渐承担起对执法行为进行评查监督把关,发挥"审查员"作用;根据具体场景对执法方式提出建议,丰富执法手段,发挥"智囊团"作用,在执法一线场景下以法律专业知识多维度规范和监督执法行为,从细节提升政府依法行政水平。

（四）率先推进综合执法改革

行政执法一定程度上存在"看得见的管不着,管得着的看不见"问题,由于执法力量主要集中于市、区两级,一些基层违法行为看不见,而基层虽看得见违法行为但没有执法权,导致部分违法行为长期得不到纠正。为此,深圳早在2006年、2010年就探索将城管综合执法事权、规划土地监察执法等交由街道实施。党的十八大后,深圳不断完善综合执法体制,2018年构建了专业与综合结合的行政执法体系,2021年率先完成街道综合行政执法体制改革。

城市管理综合执法的早期探索。深圳是最早探索城市管理综合执法的城市,早在1998年,深圳市罗湖区就开展城市管理综合执法试点,设立城市管理执法局,与城市管理办公室合署办公,集中行使行政处罚权。2006年在当时的宝安区、龙岗区部分街道开展街道综合执法试点,街道设立综合执法队,以区行政执法局名义行使行政执法权。街道执法队实行"条块结合,以块为主"的管理模式，在一定程度上增强了基层执法力量，提高了基层执行力，收到良好效果。城市管理综合执法在深圳历次机构改革中职能有所调整，各层级职责分配也有所调整，但总体框架和工作模式变化不大，综合执法解决了部门之间推诿问题，也减少了多主体执法的扰民问题，提高了执法效率，受到各界广泛认可。

**构建专业与综合结合的行政执法体系。** 城市管理涉及广，综合执法的"综合"对于部分专业性特别强的领域往往心有余而力不足，综合与专业结合的执法改革需求和呼声越来越强烈，在城市管理日渐精细化背景下得以推出。2018年，深圳提出构建"1+8+X"行政执法体系。城管综合执法队伍负责市容市貌等15类行政执法权，此为"1"；劳动、文体旅游、卫生等8个大部门内部形成专业性综合执法队伍，此为"8"；各区基层开展执法创新点，数量不限，此为"X"，如大鹏新区整合生态环保、规划土地、农林水务、海洋渔业等执法资源，设立生态资源环境综合执法局，强化自然生态资源执法统筹。2019年，深圳统筹配置全市行政执法职能和执法资源，先后组建了市市场稽查局、市生态环境综合执法支队、海洋综合执法支队等。市场稽查局负责查处市场和质量监管、食品药品监管领域大要案、跨区域案件以及上级交办、移送案件；海洋综合执法支队负责对违反海域使用管理规定的行为进行查处，以加大海洋生态环境保护。专业与综合结合的执法模式，既保持了综合执法的优势，也兼顾专业领域执法的专业性，保障了执法质量。

**率先推进街道综合执法。** 过去20多年综合执法改革虽取得较好成效，但因行政责任与法律责任不匹配，亦存在责任不清问题。近年来中央和省提出了关于推进乡镇街道综合行政执法改革的要求，2021年3月，深圳市政府印发了《关于完善街道综合行政执法体制机制的决定》和《关于街道综合行政执法的公告》，统筹配置行政执法职能和执法资源，向街道下达行政执法专项编制2254名，充实街道执法力量，推动执法重心和力量下移，率先实现街道综合执法改革在深圳落地。深圳市全面依法治市委员会办公室、市司法局对全市各区各部门职责事项进行梳理研究，根据事项特点并经相关部门沟通协调后，最终划定城市管理、市容环境、教育培训、房屋租赁、规土监察等"17+1"类475个职权事项纳入街道综合行政执法范围,以街道名义开展执法。同时,编制下沉、人员下沉、加强培训、完善督查考核,推动职责法定化、队伍正规化、执法规范化、手段智能化、参与社会化,构建权责明晰、运转顺畅、执法规范、服务热情的街道综合行政执法体系,切实提升基层治理能力水平。

深圳在行政执法制度方面还进行了很多其他探索,如探索行政处罚裁量标准化,指引一线执法人员合法合理行使行政处罚自由裁量权;探索行政处罚案件陪审听证制度,引入大学教师、知名律师等社会力量参与行政处罚案件的审议和裁量,使一些疑难案件、久拖不决的行政处罚案件情况更加清晰并得到处理;城市管理行政执法寻求法院强制执行,执结全国首宗自然人在公共场所乱扔垃圾拒罚强制执行案,表明了政府和社会对违法行为"零容忍"态度,捍卫了法律尊严。

## 第三节　创新与规范同步提升决策科学化民主化

### 一　不断完善行政决策程序

行政决策是行政权力运行的起点。因此,规范行政决策行为是规范行政权力运行的关键,在法治政府建设中起着重要作用,其中重大行政决策法治化是重中之重。重点是建立完善决策程序及相关制度,切切实实把好行政决策程序关。

(一) 制定重大行政决策程序制度

党的十八大以来,深圳市政府不断推进决策的科学化、民主化,逐渐形成一套制度。2016年深圳市即制定了《深圳市人民政府重大行政决策程序规定》,并陆续出台与之相配套的《深圳市重大行政决策专家咨询论证暂行办法》《深圳市人民政府重大决策公示暂行办法》《深圳市重大事项社会稳定风险评估办法》《深圳市人民政府重大行政决策合法性审查办法》等规范性文件,形成一套较为完备的重大行政决策制度体系。

2019年国务院发布《重大行政决策程序暂行条例》，2021年9月广东省政府发布《广东省重大行政决策程序规定》后，深圳根据该条例对重大行政决策事项的范围、决策程序、监督等方面的规定，对《深圳市人民政府重大行政决策程序规定》进行修改完善于2022年2月发布，进一步优化重大行政决策程序，保障科学民主依法决策。

（二）加强重大行政决策目录管理

重大行政决策程序建立以来，深圳市政府每年都严格做到在年初公开当年的重大行政决策事项目录和重大行政决策听证事项目录，同时要求市政府各工作部门、各区也按时公布每年重大行政决策事项目录和重大行政决策听证事项目录，并对各职能部门和各区落实决策程序情况进行督促考核。从近年的考核结果看，各部门、各区能够按行政决策程序进行决策。

（三）建立重大行政决策一站式可视化公示平台

深圳市政府在"深圳政府在线"开设了重大行政决策信息发布和公众参与专题栏目，并推动各区政府、新区管委会和市政府工作部门在门户网站设立相应栏目。2020年，政府网站集约化管理后，该功能得到一定融合，为社会公众查询重大行政决策信息、提出意见建议提供了较便利的渠道。深圳盐田区从网民的访问需求和阅读习惯，重构了政府网站信息公开栏目框架结构，将决策信息公开与决策程序各环节结合起来，创新打造了重大行政决策一站式可视化公示平台。在页面设置上，由传统的文件展示改为图文并茂的形式，简洁易用、层次清晰，界面人性化、内容板块化，提升了网站的便捷度和美观度，增强对公众的吸引力。栏目设置上，有项目简介、时间安排、文件材料、风险评估、公众参与方式、决策公告和联系方式七个栏目，其中"公众参与方式"栏目设置了专家论证、听证、问卷调查、线上意见征集和意见反馈五个子栏目，作为公众参与的通道。在公示内容上，按照决策启动、公众参与、专家论证、风险评估、决策公布进行全过程一站式展示，使专栏各项功能系统更完善、更实用、更便捷。改版后，该专栏月均访问人次达到改版前四倍，大幅提高了重大行政决策公示的效果。

### （四）严格重大行政决策合法性审查

《深圳市人民政府重大行政决策合法性审查办法》明确规定了重大行政决策必须由市政府法律顾问室进行合法性审查，出具法律意见，进行法律把关，防范法律风险。近年来，列入市政府重大行政决策目录的事项都严格开展了合法性审查，部门和区的重大行政决策事项也由相应的法制机构进行合法性审查。

## 二 充分发挥法律顾问参谋把关作用

政府工作人员，包括领导干部的法律知识有限，在具体行政和执法中对于权力边界可能存在认识不清，在政策制定、招商引资、政府合同签订中可能认识不到法律风险，政府法律顾问制度的建立对于规范行政权力、提高行政效能、防范法律风险具有重要意义。深圳是我国最早建立政府法律顾问制度的城市，从1988年建立法律顾问制度至今已经整整34年。这34年间，政府法律顾问制度随着改革开放的深入而不断完善，逐渐成为深圳法治建设的"闪亮名片"，并于2014年荣膺了"中国法治政府奖"，组委会的颁奖词是：政府法律顾问制度彰显了现代化大都市对法治政府的孜孜以求。

2013年党的十八届三中全会提出了"普遍建立政府法律顾问制度"的要求，2014年党的十八届四中全会进一步提出要"积极推行政府法律顾问制度，建立以政府法制机构人员为主体、吸收专家和律师参加的法律顾问队伍"。2016年中共中央办公厅、国务院办公厅印发了《关于推行法律顾问制度和公职律师公司律师制度的意见》，对推进普遍的政府法律顾问制度作出全面部署。在这一背景下，顶着荣誉的深圳继续推进法律顾问制度的创新与完善。

### （一）创新成立市委法律顾问室

2016年，深圳创建市委法律顾问制度，将法律顾问制度拓展到党委，并建立了"1名总法律顾问+3名法律顾问+3名联络员"的"1+3+3"党委法律顾问制度模式，为市委科学民主依法决策提供专业支持。2017年，深圳在市委办公厅文件法规处正式加挂市委法律顾问室牌子，建立起"专家牵头、团队跟进、专人坐班"的多层化法律顾问制度设置，市委法律顾问室内部公务人员"党政专才"与外聘法律顾问"法律专才"优势互补，增强了市委法律顾问室的作用。

(二) 推进全面建立法律顾问制度

根据中央关于全面推进政府法律顾问制度工作的要求，2018年，深圳在总结多年工作经验基础上，全面修订了《深圳市人民政府法律顾问工作规则》，明确市政府法律顾问室对全市政府法律顾问工作的统筹职责，负责整体推进全市政府法律顾问工作，推动政府法律顾问制度向基层延伸，形成市、区、街道三级法律顾问体系，顾问队伍也不断加强，既有专职法律顾问、也有兼职法律顾问和法律专家咨询委员。随着基层治理的加强，法律顾问进一步延伸到社区，实行"一社区一法律顾问"制度。社区法律顾问既为社区党委、社区工作站等党政部门在基层的组织提供法律服务，提高基层依法行政水平和纠纷化解能力，也参与基层法律服务、法制宣传教育，为社区企业和居民提供法律服务，提升市民法律意识和依法办事能力，成为推动社会法治建设的一支力量。

(三) 重视发挥政府法律顾问作用

政府法律顾问室的作用越来越被重视，工作内容的范围在制度发展中不断拓展，从协助政府审查法律文书，为政府决策部署和项目建设提供法律意见，到代理政府参加诉讼，并逐步拓展到协助政府处置突发事件、调解社会矛盾。政府的重大行政决策、重点项目、重大合作项目合作协议，重点国有企业的组建、改制、重组、战略合作，以及政府信息公开等事项都由法律顾问室进行法律把关，政府法律顾问室也深度参与处置突发事件和历史遗留问题，防范和化解政府法律风险。其中，法律顾问全程参与市政府重大改革、重大项目、重大合同相关重大行政决策过程已经成为常态，市政府法律顾问室审查行政决策、重大项目的次数，审查合同、出具法律意见的份数逐年稳步增多。2017—2021年，深圳市人民政府法律顾问室审查行政决策、重大项目分别为81次、315次、468次、467次、430次，出具法律意见书479份、590份、657份、799份、

755份①，为重大决策、重大项目建设、疫情防控和突发事件应对等提供有力的法律支持，防范和化解了政府法律风险，成为依法行政工作中的"智慧外脑"。

| | 2017年 | 2018年 | 2019年 | 2020年 | 2021年 |
|---|---|---|---|---|---|
| 审查行政决策、重大项目（次） | 81 | 315 | 468 | 467 | 430 |
| 出具法律意见（份） | 479 | 590 | 657 | 799 | 755 |

图3-1　2017—2021年深圳市人民政府法律顾问室工作情况

### 三　源头把关政府"红头文件"

"红头文件"是社会上对政府机关印发的带有大红字标题的行政性文件的俗称，主要是指各级政府和政府部门发布的具有普遍约束力的决定、命令、办法和指示，可以归为"规范性文件"。② 行政机关发布的"红头文件"具有普遍约束力。政府"红头文件"的法律层级虽低，但在社会现实中却往往成为基层行政和执法的主要依据，甚至出现"黑头（即法律）不如红头（即文件）"的倒置现象。较长一段时间，由于对"红头文件"制定没有专门规定，制发"红关文件"程序不明、要求不严，导致内容不规范、乱发滥发现

---

① 数据来源为历年深圳市法治政府建设年度报告。
② 黄祥钊：《规范政府红头文件 推进法治政府建设》，载张骁儒主编《深圳法治发展报告（2016）》，社会科学文献出版社2016年版，第111页。

象严重，违法或者不适当的"红头文件"大有所在，损害了群众的切身利益，也削弱了政府的公信力，成为法治政府建设中必须排除障碍，全面治理和规范"红头文件"势在必行。

（一）党的十八大以前深圳对规范性文件管理的探索

党的十八届四中全会《关于全面推进依法治国若干重大问题的决定》提出了加强备案审查制度的要求，把规范性文件纳入审查范围，依法撤销和纠正违宪违法的规范性文件，为以法治方式规范"红头文件"提出了明晰的路径。事实上，早在1992年深圳就发布了《深圳市规范性文件备案规定》，建立了规范性文件备案制度。但由于发布后再备案的事后备案具有滞后性，纠错难、纠错成本大。2000年深圳开始探索建立了规范性文件前置审查制度，在全国率先出台《深圳市行政机关规范性文件管理规定》（市政府第94号令），规定深圳市政府及政府各部门制定规范性文件在正式发布前必须先送市政府法制机构进行合法性和文字技术审查，经审查通过并在《深圳市人民政府公报》上公布后方可执行。此后2007年深圳市人民政府办公厅又印发了《关于加强行政机关规范性文件管理若干问题的意见》，进一步完善规范性文件管理，逐渐建立了统一要求、统一审查、统一编号、统一期限、统一发布、统一查询的"六统一"制度以及清理制度，通过即时清理、定期清理和集中清理相结合的清理工作方式，避免一些行政机关发布的规范性文件长久有效，或者变成名存实亡的"僵尸文件"。该规定的制定和实施，有效防止了行政权力随意扩张，遏制了规范性文件过多过滥问题，实现规范性文件减量提质。该规定实施后至2012年，市政府法制机构审查通过市政府规范性文件达1170件次，审查通过的市政府部门文件共计1350件次，并在2007年、2009年、2010年多次开展集中清理，重新发布或废止了一大批规范性文件。规范性文件前置审查和清理制度从源头上保障了行政机关严格依法行政，该制度后来被国家相关制度所吸纳。

（二）党的十八大后对规范性文件管理的完善

党的十八大以后，随着法治政府建设的深入推进，中共中央和国务院先后出台的《中共中央国务院关于全面推进依法治国若干重大问题的决定》《法治政府建设实施纲要（2015—2020年）》等一系列重要文件，均对规范性文件管理提出新的要求，为规范管理"红头文件"做出了顶层设计。根据上述文件，所有规范性文件均纳入备案审查范围，违宪违法的规范性文件要依法撤销和纠正。根据上述有关规定的精神，深圳在规范性文件管理方面又进行了一系列探索、创新和完善。

一是完善人大审查规范性文件制度。规范性文件的内容必须符合宪法和法律规定，这是对规范性文件的最基本要求，也是中央和国家文件反复强调的。人民代表大会作为国家权力机关、立法机关，具有监督行政权力运行的权力、法律监督的权力等多重监督权，对规范性文件制定的监督既是法律赋予人大的权力，也是中央的要求。对规范性文件进行合法性审查是监督的重要方式之一。早在2012年，深圳市人大常委会制定了《深圳市人民代表大会常务委员会规范性文件审查办法》。党的十八届四中全会后，根据会议相关精神，2015年8月深圳市人大常委会修订了规范性文件备案审查工作办法，进一步明确了规范性文件备案审查的范围，将包括"红头文件"在内的规范性文件均纳入备案审查范围，强化了人大对规范性文件制定的监督，对不符合法律法规规定的规范性文件，市人大常委会有权予以撤销。2018年深圳市政府常务会议通过的《深圳市行政机关规范性文件管理规定》，专章规定了规范性文件备案，强调要求政府规范性文件发布后，政府办公厅（室）应当按照规定将政府规范性文件报送上级人民政府和同级人民代表大会常务委员会备案。这是政府自觉接受权力机关的监督的体现，唯此，规范性文件才不会再"任性"，才能确保实施的最好社会效果。

二是统一规范性文件标识和查询平台。在原来统一要求、统一审查、统一编号、统一期限、统一发布、统一查询的"六统一"制度基础上，实践中，深圳逐渐统一市直部门和各区政府规范性文件的标识，即文字号中均标"规"字。2017年7月深圳市政府及市政府办公厅规范性文件也开始在文号中标注"规"字，实现全市规范性文件统一标识。与此同时，深圳继续完善了统一查询的平台和要求，建设了全市规范性文件统一查询平台，全市生效的规范性文件文本，不仅市政府、市政府办公厅制定的规范性文件，而且市政府各工作部门和各区政府对外公布生效的规范性文件文本，均在全市统一平台上公布，通过"深圳政府法制信息网""深圳法制"微信公众号等平台均可查询。

三是持续完善规范性文件管理制度。在规范性文件清理实践中，深圳发现，由于缺乏系统的规范性文件清理制度，不符合上位法的规章和规范性文件未及时得到修改完善、不适应经济社会发展情况的规章和规范性文件未及时予以废止的现象比较突出。针对这一问题，2014年年底深圳市制定了《深圳市规章和规范性文件清理办法》，建立起系统的政府规章和规范性文件动态清理、适时调整机制，从制度上保障全市现行有效的规章和规范性文件能够随着经济社会的发展和国家法律法规的不断完善，始终与上位法协调一致，始终与深圳经济社会发展现实相适应。随着规范性文件管理实践经验的不断积累，2018年1月深圳市政府常务会议对《深圳市行政机关规范性文件管理规定》进行了全面修订。修订后的管理规定进一步明确了规范性文件的内涵、制定主体、监督管理主体、内容和形式要求，严禁规范性文件创设行政审批、行政强制、行政处罚、行政征收等行政权力，建立规范性文件起草过程公众广泛参与的制度，细化合法性审查内容和程序，全面推行规范性文件有效期制度，要求加强规范性文件解读，以及违法制定规范性文件的责任追究制度等。该规定除延续以前的规定外，要求市政府规范性文件在提请市政府常务会议审议前、市政府工作部门和各区规范性文件发布前必须先经政府法制机构合法性审查，在规范性文件制定主体、范围、权限、程序等方面，提出了比国家要求更为严格、更加具体的要求，并在原来"六统一"基础上，又增加了统一征求意见和统一有效期限，形成了规范性文件"八统一"管理模式[1]，对规范性文件制定形成有效制约，实现政府规范性文件的源头规范。当年4月，深圳市法治政府建设领导小组办公室针对规范性文件统一登

---

[1] "八统一"即统一要求、统一审查、统一征求意见、统一有效期限、统一登记、统一编号、统一发布、统一查询平台。

记、统一编号、统一印发的具体规则还专门印发了《市政府部门规范性文件发文字号规则》，以清晰明了的文号编制规则提升文件归档查阅和监督管理的便利性。

四是严把规范性文件审查关。2013年到2021年间，根据职责安排，深圳市司法局[①]严格把好规范性文件制定关，始终认真履行规范性文件前置审查和备案职能，持续加大规范性文件审查的深度和广度，逐渐从注重形式审查到形式审查和实体审查并重的转变，不仅审查规范性文件起草程序的合法性，特别是公众参与程序情况，也审查规范性文件内容的合理性、合法性、协调性，以及文本的逻辑结构、文字表述、制定技术，从源头管好规范性文件。市政府及其各工作部门每年提请市政府法制部门审查的规范性文件均在200件左右，而通过率均在80%—90%之间，每年都有数十件规范性文件未能通过审查。这一方面说明政府工作部门起草规范性文件的总体水平尚可，但仍需进一步提高；同时也说明政府法制部门发挥了重要的审查把关作用，确保了发布的规范性文件的质量。而各制定单位在规范性文件管理不断严格的情况下，能够紧紧跟上管理要求，规范性文件草案的质量稳中有升。

表3-1　　2014—2021年深圳市政府工作部门规范性文件审查情况[②]

| | 2014年 | 2015年 | 2016年 | 2017年 | 2018年 | 2019年 | 2020年 | 2021年 |
|---|---|---|---|---|---|---|---|---|
| 市政府工作部门提请审查规范性文件数（件） | 184 | 230 | 196 | 224 | 204 | 185 | 215 | 193 |
| 市司法局审查通过数（件） | 154 | 189 | 176 | 205 | 165 | 165 | 192 | 163 |
| 审查通过率（%） | 83.70 | 82.17 | 89.80 | 91.52 | 80.88 | 89.19 | 89.30 | 84.46 |

---

① 2018年以前为深圳市政府法制办。
② "市政府工作部门提请审查规范性文件数"和"市司法局审查通过数"数据来源于深圳市司法局官网的数据发布，审查通过率为计算而得。

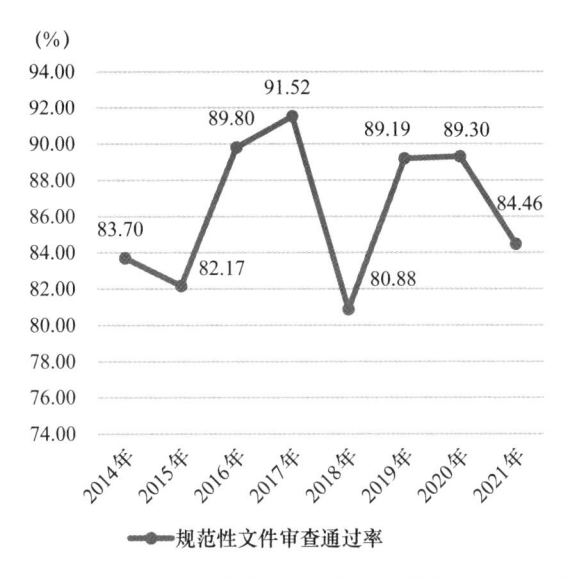

图 3－2　2014—2021 年深圳市政府工作部门规范性文件审查通过率

五是及时开展规范性文件清理。党的十八大以后，随着改革步伐的加大，经济社会发展的具体环境变化加快，国家法治建设也不断完善，原来制定的规章和规范性文件经过一段时间后不合时宜的现象逐渐增多，适时清理规范性文件摆上议事日程。2013 年根据转变政府职能需要，由深圳市法制办对市政府及部门规范性文件中与服务科学发展、转变经济发展方式和加快转型升级、建设现代化国际化先进城市不相适应的内容进行评估梳理，对 19 件市政府规范性文件、56 件部门规范性文件进行修改，废止了 65 件市政府规范性文件、110 件部门规范性文件。2016 年针对深化行政审批制度改革需要，从依法解决审批制度改革中的立法限制问题出发，对规章进行全面清理和专项清理，对当时有效的 174 项规章进行全面清理，对行政审批事项职权调整涉及的规章依据进行了专项清理，并根据清理结果开展规章的修订和废止工作。同时对全市规范性文件进行清理，通过筛选整理形成市政府规范性文件目录，审查、审核各类规范性文件 849 件；审查市政府工作部门规范性文件 196 件，审查通过 176 件。2017 年又对涉及"放管服"改革的相关文件进行了专项清理。通过清理，废止或修改规范性文件49项，其中市政府规范性文件2件、市政府工作部门规范性文件25件、区政府及其部门规范性文件22件。与此同时，深圳对1979—2015年期间以深圳市政府及市政府办公厅名义发布的红头文件进行了集中清理，对筛查出的39万余份红头文件逐一进行审核，于2017年完成清理工作，形成了深圳市规范性文件有效目录和失效目录。2018年，深圳又组织开展了产权保护、公平竞争、生态环境保护、民营经济发展以及证明事项等多个方面的规章和规范性文件的专项清理，同时推进相应的立改废工作，确保现行规章规范性文件与上位规定保持一致和全市规范性文件的协调性。2019年深圳开展优化营商环境文件专项清理工作，重点对涉及机构改革、涉企涉民办事证明文件中"兜底规定"进行清理，对12件市政府及其工作部门制定的规范性文件、137件区政府及其工作部门制定的规范性文件进行了修改或废止。[1] 2021年开展了涉民法典和行政处罚法的规章和规范性文件清理，对13件规章、4件规范性文件提出了拟修改、废止意见。[2]

## 第四节 自我监督与社会监督共同规制政府行为

### 一 强化行政复议自我纠错功能

行政复议既是化解行政争议的渠道，也是行政体系内自我纠错的方式。行政复议由于方便快捷和不收取任何费用等优点，受行政相对人欢迎。行政复议能够纠正违法或不当的具体行政行为，具有保护公民、法人和其他组织合法权益的重要作用，是监督行政机关依法行使职权的重要方式之一，行政复议案件办理质量的提升对于化解行政争议意义重大。深圳的行政复议机关在履行职责过程中，

---

[1]《深圳市2019年法治政府建设工作情况报告》，深圳市人民政府办公厅官网，http://www.sz.gov.cn/gkmlpt/content/7/7898/post_789839/.htm/#751，访问时间2021年4月13日。

[2]《深圳市司法局关于公开征求修改废止部分市政府规章和市政府行政规范性文件意见的通告》，深圳市司法局官网，http://sf.sz.gov.cn/ztzl/zflf/lfxmyjzj/content/post_9030539.html，访问时间2022年2月10日。

重视不断推进行政复议规范化、专业化、信息化建设，努力提升行政复议的公信力，充分发挥行政复议化解行政争议的主渠道作用，并探索针对案件办理中发现的行政执法中存在的突出问题发出行政复议建议书等做法，从源头上预防和减少行政纠纷。2020年以来，聚焦重点任务，扎实推进行政复议体制改革，有效发挥行政复议的纠错功能。

（一）持续发挥行政复议纠错功能

党的十八大后，党和国家对依法治国的要求越来越高，但一些行政执法机构和执法人员还未能及时适应新要求提高执法的规范性，行政纠纷案件时有发生，而行政复议对行政执法的监督作用和纠错功能也未充分发挥出来。为此，我国2014年11月修改了行政诉讼法[1]，规定行政复议机构也可作为行政诉讼的被告人。在这一背景下，深圳行政复议案件的数据不断增长，行政复议机关办理案件的公正性和效率也大幅提高，有效发挥行政复议化解行政纠纷和纠错的功能。

2014年至2015年深圳市政府复议办公室每年办理行政复议案件均在2000件左右，其中2014年登记复议申请2247件，受理2204件，办结1846件；2015年登记复议申请1749件，受理1507件，办结1215件。2015年5月1日新行政诉讼法生效后，由于规定行政复议机关也可以作为行政诉讼案件的被告人，行政相对人选择行政复议解纷的积极性大增，行政复议案件数量出现井喷式增长，2016年提出申请数达3017宗、受理2577宗、办结2209宗。行政复议案件纠错率迅速攀升。办结的行政复议案件中，直接纠错率[2]2014年、2015年、2016年分别为0.65%、12.59%、29.94%，综合纠错率[3]分别为6.28%、24.61%、42.84%，行政复议对行政执法的监督作用和纠错功能充分发挥出来。

---

[1] 2015年5月1日生效。

[2] 直接纠错率是指行政复议处理结果为撤销、变更、确认违法和责令履行法定职责等直接纠错决定的比例。

[3] 除直接纠错外，申请人与被申请人和解而使行政复议终止亦为纠错方式。撤销、变更、确认违法、责令履行、终止等占行政复议案件处理结果的比例为综合纠错率。

2017年深圳市法制办行政复议案件数量继续增长，但增幅不大，提出申请数达3148宗，办结2879宗，纠错率也基本稳定下来。决定维持的比重较上年提升了18个百分点，终止、撤销或确认违法的案件比例有所降低，直接纠错率为13.55%，综合纠错率为22.26%，这可能因为执法规范化要求不断提高，且受上年大量复议案件被裁定终止、撤销或确认违法影响，行政机关依法行政、依法执法水平得到较大提高，显示行政复议对行政执法的监督作用充分发挥出来。

2018年深圳市行政复议办受理行政复议案件数量在多年持续增加后首次大幅下降，登记复议申请数为1615宗，受理1309宗，办结1147宗。在已办结的行政复议案件中，直接纠正率10.29%，行政复议综合纠正率32.00%。

2018年深圳行政复议案件数量大幅减少，这可能与"两随机一公开"执法全面推广后执法规范性进一步提高和执法争议减少有关。办结的行政复议案件中，被撤销或确认违法的案件比例继续降低，但终止的案件总件数虽略少于2017年，比例却有一定幅度上升。总体而言，行政复议的直接纠错率有所下降，但间接纠错率有所上升，较好发挥了行政复议对行政执法的监督作用。2019年深圳市政府复议办受理行政复议案件数量较上年有较大幅度上升，但与之前几年基本相当，直接纠错率继续下降。

2020年后，随着行政复议制度改革的推进，一级政府只设立一个行政复议机构，关于市政府及工作部门的行政复议案件集中由市复议办集中管辖，深圳市行政复议办受理的案件再次大幅增长，2020年申请数4409件，办结数3801件，直接纠错率3.29%，综合纠错率33.09%。2021年申请数6282件，办结数4737件，直接纠错率2.20%，综合纠错率28.44%。

2016年以来直接纠错率的持续下降，已降到较低水平，显示依法行政的质量不断提高；但间接纠错率下降缓慢，说明还要在细节上不断完善依法行政依法执法的能力水平。总体而言，行政复议已成为化解深圳行政争议的主渠道，并较好发挥了行政复议保护行政相对人合法权益和对行政执法监督的作用。

表 3-2　　　　2014—2021 年深圳市政府行政
　　　　　复议办公室行政复议案件情况①　　　单位：件

| 年份 | 登记复议申请 | 受理 | 受理后办结 | 维持 | 撤销 | 确认违法 | 责令履行 | 驳回 | 终止 |
|---|---|---|---|---|---|---|---|---|---|
| 2014 年 | 2247 | 2204 | 1846 | 1727 | 6 | 6 | 0 | 3 | 104 |
| 2015 年 | 1749 | 1507 | 1215 | 888 | 95 | 58 | 0 | 28 | 146 |
| 2016 年 | 2822 | 2597 | 1954 | 872 | 278 | 301 | 6 | 245 | 252 |
| 2017 年 | 3148② | 2681③ | 2879 | 1795 | 228 | 131 | 31 | 443 | 251 |
| 2018 年 | 1615 | 1309 | 1147 | 531 | 70 | 35 | 13 | 249 | 249 |
| 2019 年 | 2159 | 1755 | 1544 | 985 | 80 | 21 | 3 | 106 | 349 |
| 2020 年 | 4409 | 4181 | 3801 | 1976 | 88 | 18 | 19 | 568 | 1132 |
| 2021 年 | 6282 | 4989 | 4737 | 2647 | 70 | 11 | 23 | 743 | 1243 |

图 3-3　2014—2021 年深圳市政府复议办结案件情况

① 数据来源：深圳市司法局官网业务统计数据。
② 另有上年存量案件 643 件。
③ 另有上年存量案件 643 件。

(二) 探索推进行政复议工作标准化提高效率

2018年，深圳市政府复议办主动对已有的行政复议案件的立案、审理、决定等所涉及的法律文书进行全面梳理，按照行政复议工作流程，研究规范行政复议工作，编制了统一的行政复议法律文书样式，规范了法律文书格式和文号，并将行政复议申请书格式样本公布在微信公众号"深圳法制"的行政复议栏目，方便当事人提起行政复议，开启办案标准的探索。

2019年4月深圳市司法局印发了《深圳市人民政府行政复议办公室行政复议听证规则》和《深圳市人民政府行政复议办公室在互联网公布行政复议文书的规定》。前者总结2017年推行以听证方式审理复议案件以来的工作经验形成制度，对听证范围、听证通知程序、听证组成员构成、听证参加人的权利义务、回避制度、听证的一般程序等进行规范，以充分保障听证参加人的合法权益。后者则从提升行政复议透明度和公信力出发，建立在互联网公布行政复议文书制度，明确应当公布的行政复议文书类型、公布的统一平台、公布规则，以及需公布的行政复议文书技术处理标准等，方便了当事人，也提高了办案的质量和效率。

深圳还通过加强行政复议听证工作，充分发挥行政复议建议书和典型案例的指导作用，不断提高案件办理质量。对行政复议过程中发现行政机关存在的问题，积极发出行政复议建议书，先后就行政机关的文书送达、政府信息公开答复、规范证据形式等问题提出建议。

(三) 全面深化行政复议体制改革纠错功能再增强

为破解行政复议案件量大、面广、人手少的困局，2018年深圳市政府主动开始探索全市行政复议案件集中管辖，以期提高行政复议的专业化水平。2020年10月，开展行政复议体制改革列入《深圳建设中国特色社会主义先行示范区综合改革试点首批授权事项清单》后，深圳率先全面推动行政复议体制改革，逐步实现行政复议的机构编制集约化、案件审理信息化、案件管理标准化、复议人员专业化。2021年9月，深圳市政府印发《深圳市行政复议体制改革实施方案》，全面推进行政复议制度改革。

在机构编制集约化方面，2021年上半年，深圳完成行政复议机构融合，全市的行政复议机关由原来的71家精简为10家，即市一级一个，九个行政区各一个，市、区人民政府行政复议办公室分别设在市、区司法局，以市、区人民政府行政复议办公室名义办理行政复议案件。到2021年年底，行政复议职责和编制资源整合全部完成，行政复议体制改革如期高标准、高效率落地。

在复议人员专业化方面，行政复议工作人员由兼职为主转变为以专职为主，并要求初任行政复议人员必须具有法律职业资格证书，通过调任等方式吸引了一批专业人才，并探索市、区行政复议工作人员交流转任机制。

在案件审理信息化方面，深圳建成"深圳市行政复议办案平台"，市、区司法局统一使用。该平台还与行政执法机关、人民法院实现全过程信息互联互通，打通信息壁垒，提高办案质量和效率。与此同时，在"i深圳"App推出"掌上复议"功能，当事人可通过"i深圳"App线上完成复议申请、办案进度查询、听证等一系列活动，一方面，方便了当事人，提高了行政复议效率，节约了行政复议成本；另一方面，提升了行政复议的透明度，促进了案件办理的公平公正。

在案件管理标准化方面，深圳市司法局制定了《深圳市行政复议服务保障标准》，统一办案程序、案件管理、文书格式、行政复议咨询委员会等，形成行政复议制度的"深圳标准"。

通过深圳行政复议体制改革，进一步提升行政复议的公正性、效益性、便民性，更好发挥行政复议纠正行政机关违法或者不当的行政行为、化解行政争议的主渠道作用。

## 二　加强政府信息公开工作

法治政府建设离不开积极推进政府信息公开工作，这既是监督政府的需要，也是经济社会发展的需要。首先，政府信息公开有利于保障公民知情权、监督权，激发公民参与经济社会建设的积极性。政府信息公开制度建立的最初目的是为了保障公民的知情权，并为公民监督权的实现提供保障。及时、充分的政务信息公开，使公民可通过公开途径找到自己想要了解的信息，公职人员及其权力行使的行为就将置于广泛的公民监督之中。同时，在共建共治共享的新型社会治理模式下，及时、完整、准确的政府信息公开可以促进政府与公众沟通和对话，拓展公民参与，调动公众参与公共决策的积极性，实现有效公众参与和多元主体共治，促进行政决策更为公开、透明、科学。其次，政府信息公开有利于促进营商环境的优化。及时公开政府信息，可以增进企业、社会组织和个人对政府的信任，有利于提升政府的公信力。而信息公开本身又可以促使政府提升政务服务水平，带来营商环境的优化。特别是市场准入条件以负面清单的方式予以发布、行政许可的条件以标准形式发布、开办企业的程序明晰规定、行政执法的基准提前发布等，都有利于改善政务服务，优化公共资源配置，为企业提供公平公正的发展环境。第三，政府信息公开有利于促进经济社会的发展。社会信息资源主要由政府掌握，经济活动、社会活动的决策在很大程度上要以政府信息为依据。随着经济活动、社会活动的日益复杂化，公众对政府信息的需求不断增加，包括政府数据在内的政府信息的公开有利于增强经济决策、社会决策的科学性，提高经济效益和社会效率。而大数据时代的来临推动了数字经济的发展，包括政府数据在内政府信息的开放，将创造巨大的公共价值，为经济发展创造新机会，促进信息产业快速发展，并催生数字经济的产生与发展，提升经济发展质量和新的竞争力。第四，政府信息公开有利于改善人们的生活。政府信息具有权威性、专业性和全面性的特点，政府信息及时、全面公开，也为人们生活提供信息指南，特别是充分的信息公开可以推动社会创新，推动公共服务智能化、精准化，改善人们的生活。

作为改革的先行者，深圳较早就重视从建设法治政府、透明政府出发，持续优化政府信息公开工作，在满足公众知情权、监督权，增进公众对政府的信任，降低社会管理成本的同时，先行示范发挥以政府信息公开促进社会信息资源流通，服务经济社会发展。特别是2019年国务院修订《政府信息公开条例》后，深圳按照新条例对政府信息公开提出的新要求，承续过去政府信息公开工作积累的经验，从更好满足人民群众知情权和更好发挥政府信息公开对于经济社会发展的重要作用出发，积极以平台与制度建设提升政府信息公开工作水平。

（一）以标准化规范化建设优化信息公开质量

新条例出台后，深圳市修订了政府信息公开指南、公开目录、依申请公开工作规范和操作流程，完善绩效考核指标，并根据国务院办公厅每年印发的政务公开工作要点，制定本市当年政务公开工作要点分工方案，组织全市各单位完成政策决策和执行公开、重点领域信息公开、解读和回应关切等方面工作。鼓励各区探索政府信息标准化公开的具体方式，对主动公开的内容范围，依申请公开的接收、受理、办结全流程等进行规范，建立政府依申请模板库，实现答复模块化，确保答复质量和时效，以制度保障信息公开工作的标准化、信息化。

（二）以信息化智慧化提升公众获取信息的便利性

2019年，由深圳市政务服务数据管理局统筹开展全市政府门户网站的集约化建设和管理，全市的政府门户网站全部集约化到"深圳政府在线"，实现一个入口可以阅读所有政府公开信息。同时对网站内容进行整合，完善栏目设置和统一栏目内容，方便公众检索和浏览。由于网站建设的科学和使用的便利，在《2019年中国政府网站绩效评估报告》中，"深圳政府在线"位居副省级城市政府网站第一名。

深圳政务新媒体的集约化也同步推进，全市1800多个政务新媒体集约整合为200多个，成为公众了解深圳市政府信息的重要窗口平台，"深圳微博发布"微博公众号、"深圳卫健委""深圳交委"微信公众号等政务微博微信公众号成为公众了解政府信息的重要渠道。2019年年初深圳在一网两微基础上，又推出集信息公开、政务服务、公共服务、便民服务等多功能于一体的政务服务App"i深圳"，形成以政府网站、政务服务网为统一数据源，新媒体、"i深圳"、自助查询服务等各类终端融会贯通，一站发布、多渠道公开的多端、多维立体的政务公开模式。

深圳一些区还探索推进政府信息查询智慧化。坪山区由政务服务数据管理局统筹协调全区各单位共同推进政务服务和政务公开工作，打通流程、机制和数据，在大数据平台建设时进行信息分级分类，需要主动公开事件，提前分类出来，使政府信息公开逐渐从"小数据公开"走向"大数据公开"。龙华区在全市率先建成"产业政策查询平台"，将企业服务有关信息聚类整合，形成企业信息库，为企业提供精准匹配扶持信息，实现政务公开的信息化、精准化、智能化。

（三）以数据公开满足经济社会发展

深圳建设的政务大数据中心，每天有超过 2000 万条数据在 10 个区和 76 个市级单位之间交换共享，成为全国唯一的"国家政务信息共享示范市"。2019 年以来，深圳每年出台年度政府数据开放计划，向社会开放政府持有的公共数据，仅 2019 年就开放政府机构、教育科技、卫生健康、交通运输、财税金融、企业信用等 14 个领域、1584 类目录、2.5 亿条数据；2020 年开放的数据接近 2.8 亿条。在信息公开和数据开放的推动下，大数据、云计算、物联网等新一代信息技术产业已经发展成为深圳市新的优势产业，优化了深圳的产业结构，成为经济增长的新支点。智慧城市建设快速推进，利用一云一网一平台三库[①]，推动了政务服务以及出行、医疗、购物、居住、交易、教育等生活方式的智能化。《2019 年中国政府网站绩效评估报告》中，深圳政府信息公开网站位居副省级城市政府网站首位。

## 第五节　走向政府治理法治化

深圳在法治政府建设方面持续探索创新，受到上级政府和社会普遍关注和认可。2013 年以来广东省每年开展全省依法行政考评，深圳连年名列前茅，均被评为优秀等级。2021 年 6 月中央全面依法治国委员会办公室发布《关于第一批全国法治政府建设示范地区和

---

[①] 即一朵政务云、一张政务网、一个信息资源共享平台以及公共基础信息资源库、公共信用主题库、电子证照库。

项目名单的公示》，深圳入选全国法治政府建设示范市。在目前国内普遍认可的法治政府建设第三方评估——中国政法大学法治政府研究院法治政府蓝皮书和法治政府评估报告及中国法治政府奖的评选中，每年深圳均名列前茅，每届均有深圳的创新项目获得提名。2013年深圳法治政府建设指标体系获推出的第二届"中国法治政府奖"，2014年深圳政府法律顾问制度又获得第三届"中国法治政府奖"，2016年深圳坪山区的"构建公共信用信息应用新机制助推法治政府和诚信坪山建设"项目获第五届"中国法治政府奖"。2015年在国内100个被评估城市（"百城法治政府评估"）中位列总分第一[①]；2016年位居第二；2017年基于2014年该评估开展以来深圳排名始终名列前茅，授予深圳"法治政府建设典范城市"称号；2018年以总分790.13分的高分继续荣登榜首。这是学界和社会公众对深圳近年来法治政府建设和探索实践的充分肯定，这一权威第三方的客观评价也给予深圳法治工作者极大的鼓舞。2019年，中国社科院、中国社科院科研局、中国社科院社会学研究所、社科文献出版社发布的《中国营商环境与民营企业家评价调查报告》显示：深圳法治环境指数得分81.49分，位居全国第一，深圳营商环境综合评分居全国第二。近年来，在各类其他关于中国城市营商环境的排行榜，深圳也均居于前列，这标志着深圳法治政府建设走在了全国前列。

但是，深圳的法治政府建设也还存在不少需要提升的方面，政府职责边界不清、行政执法规范性不足以及政府越位缺位现象仍一定程度存在。市场监管、社会管理中仍存在的运动式执法为主、常规性执法不足、执法不严、违法不纠的现象；公共服务领域供给不平衡、不足和浪费现象并存；行政责任制度方面，虽建立了行政纠错和问责机制，但问责标准不清、纠错程序不完善。总体上，行政权及其运行存在一定随意性，机构增减、编制增加、政府职责履行均存在一定的随意性，选择性执法、选择性信息公开、重大决策选择性征求公众意见等现象仍较突出。这些问题的存在与目前法治政

---

[①] 《百座城市法治政府评估出炉：深圳广州北京居前三》，http://www.chinanews.com，访问时间2022年4月30日。

府建设主要由政府以自我规制方式推进，形成经验后未通过立法予以固定，外部约束不足有关，暴露了政府自我规制式法治政府建设模式的弊病，政府治理法治化已迫在眉睫。

**一 立法规范行政权**

目前关于政府机构的设定、编制的确定、政府权责的安排、责任的追究，以及许多程序性方面的具体规定，主要以政府规范性文件和内部文件形式规定，稳定性和法律约束力不足。即"依法行政"存在所依之法尚不完善，"依法行政"亟须人大立法使行政权的设定、运行和监督有法可依。与此同时，政府职能转变、机构改革成果也亟须上升为法律。2019年9月24日中共中央政治局第十七次集体学习会上，习近平总书记强调，"我们要在坚持好、巩固好已经建立起来并经过实践检验的根本制度、基本制度、重要制度的前提下，坚持从我国国情出发，继续加强制度创新，加快建立健全国家治理急需的制度、满足人民日益增长的美好生活需要必备的制度。要及时总结实践中的好经验好做法，成熟的经验和做法可以上升为制度、转化为法律"。深圳在政府职能转变、机构改革方面已经取得很多经验，应当通过制定特区条例将这些经验上升为法律，巩固下来，持久发挥作用，提升治理能力。近年来，市人大常委会适应"放管服"改革对数十项法规进行修订，是适应改革需要通过立法规范行政权的重要体现。但规范行政权的立法，除了在各项经济社会管理的法规中明晰关于部门权责外，还要制定有关行政权及其运行、监督的专门法规，实现行政法治。当前急切需要制定的法规至少包括有关机构编制、权力清单和责任清单编制规则、政府信息公开等方面的专门法规。

（一）制定政府机构编制条例

尽管国务院已经出台《地方各级人民政府机构设置和编制管理条例》，但其中有些规定比较原则，在管理程序等方面存在法律空白，需要通过地方性立法予以细化。目前深圳市关于机构、职能、编制管理的规定都是规范性文件，存在时效短、效力层级不高的问题，且侧重于从行政管理的角度规范市编委和市编办的内部工作流程，内容不够全面。与此同时，经历多次机构改革后，深圳市政府机构职能管理工作已建立一套较为完善、高效、固定的原则和工作制度，探索出许多有益的经验和做法，有必要将改革创新的作法通过立法固定下来。

因此建议深圳尽快出台机构编制管理条例，通过立法完善政府机构、机构职能、人员编制等方面的管理制度，以及机构职能监督机制，实现政府机构职能法治化，使政府机构职能管理由现在的政策型管理向法制型管理转变。

（二）制定权力清单和责任清单的编制规则

近年来，中央将政府权力清单、责任清单和市场准入负面清单"三张清单"制度作为推进简政放权、依法行政的重要抓手。尽管"三张清单"对于明晰政府职权和责任起到积极作用，但目前政府权力清单、责任清单的编制基本是由行政职能机关首先提出清单初稿，由编制机构审核和法制机构合法性审查，最后由市政府加以确认公布，从编制流程看，实际上属行政机关的自我规制。特别是编制部门和法制部门则更明显存在自己编制自己责任清单的情形。这样的编制流程，在没有法律规范权力清单和责任清单的编制的情况下，按照公共选择理论，作为"经济人"的行政机关，有可能为了弱化责任或者逃避责任，选择有利于自己的编制依据。由于现实工作中主要就是"依清单行政"，政府部门可能偏离依法行政，逸脱行政权的法律规制，导致法治风险。

因此，有必要通过人大立法明确权力清单和责任清单的编制规则，明晰编制主体、编制依据、编制内容以及编制程序。在责任清单编制的内容方面，可以规定包括部门职责、职责边界、部门职责对应的权力事项、公共服务事项、事中事后监管、职责行使流程图、追责情形和追责依据。在清单编制程序上，应当有充分的信息公开、常态化的外部参与、人大对清单的备案审查等适当的程序，从而避免行政机关在编制中出现偏私情形，确保清单所列权力均有法律依据，部门责任不遗漏于清单之外。

（三）推进法定机构立法

深圳市探索法定机构管理模式已经16年，形成了一定经验。但目前深圳市关于法定机构的纲领性规定，是市委办公厅、市政府办公厅发布的《关于推进法定机构试点的意见》，其性质上属于规范性文件，效力等级较低；内容上虽明确了法定机构的性质、法律地位、职责、治理结构、监督管理等基本事项，但较为原则、粗疏，很多具体操作层面上的问题未规定和明确。而具体试点法定机构的立法，目前也仅深圳国际仲裁院由人大颁布了法规，其他机构有的制定了政府规章，有的仅制定了规范性文件，未实现"法定"。因此，推进法定机构立法非常必要。

一是制定法定机构基本法。以经济特区立法方式制定《深圳经济特区法定机构条例》，对法定机构的共性问题作一般性、总括性规定，包括法定机构的性质、职责定位、设立程序、治理结构、运行机制、人事管理、财务管理和监督管理等。在具体制度设计上，由于法定机构改革涉及编制、财政、人事等部门职责，需要建立统筹协调机构，以便统一解决；法定机构突破了事业单位管理体制，需要建立与其运作相适应的财务、人事管理规则，以提高法定机构运作效率；法定机构具有去行政化的特点，需要明确与政府的关系，以确保既强化法定机构的执行职能，又防止决策层对法定机构具体业务的不当干预；法定机构运行自主性强，需要建立完善的信息公开和公众监督机制，以确保公共服务目的的实现。

二是制定具体法定机构人大立法。为每个试点法定机构制定特区条例，对该机构的成立、管理职责、治理结构、运作管理、财务人事管理、监督机制等事项作出具体规定。特别是要根据每个法定机构的职责、业务特点有针对性地在管理架构、经费来源、人员使用、薪酬分配进行制度设计，确保法定机构的功能和作用的充分发挥，为社会提供高质量的公共服务。

## 二 完善重大行政决策程序

深圳建立重大行政决策程序制度已经多年。根据规定，政府各部门每年必须向社会公布当年重大行政决策事项目录，纳入目录的事项在决策中必须遵循公众参与、专家论证、风险评估、合法性审查和集体讨论决定的程序，有的还需要开展听证，以保障决策质量和促进社会共识形成。但遗憾的是，由于对程序的重要作用认识不足，出于怕麻烦等原因，一些公众关注度高、存在争议较多、本应该通过完善的程序解决争议和排除风险的事项未列入目录，未按照相关程序进行决策，结果政策实施时麻烦不断，亟须进一步完善重大行政决策程序。

（一）重大行政决策事项进目录从选择项调整为必入项

特别是涉及民生问题的重大政策的制定和调整应当作为重大行政决策事项目录的必入项而非选择项。一方面，通过完善的程序，确保重大政策制定和调整科学合理，并在公众参与中调适公众心理预期、缓和社会矛盾，确保政策顺利实施；另一方面，所谓"繁琐"的程序也会倒逼责任部门系统思考本部门工作，提高政策制定和调整的系统性，防止政策"零敲碎打""朝令夕改"，反复大翻转，增强政策的协调性、稳定性、精细化，促进稳定、公平、可预期社会环境的形成。

（二）完善部门间沟通与跨领域共同研讨机制

随着经济社会活动的复杂化，人口、经济、社会等各方面问题相互交织，几乎所有重大决策所依据的信息都超越一个部门所掌握，同时政策实施产生的影响也跨越一个部门职责范围，各种隐藏的经济风险、社会风险、安全风险、法律风险往往超越一个部门、一个领域专家能够发现和解决的能力范围。因此，重大行政决策必须建立相关部门间沟通和信息共享交换机制，并组织各领域专家进行跨学科研讨论证，及时发现和排除可能涉及的风险，有数据支持的事项还应当进行必要的测试，政策或程序调整幅度大的事项还应当组织模拟演练。

（三）加强重大行政决策后评估工作和适时微调机制

目前深圳市人大已经建立立法全程评估制度、市政府也已建立规章后评估制度，但重大行政决策后评估制度还未建立。相较于法规规章，重大行政决策对企业、社会组织和市民的影响更为直接，特别是涉及民生方面重大政策的制定和调整，广大市民马上就感受到对自身的影响，政策合不合理、友不友好，在实施一段时间后就已显现。对于争议比较大的，要尽快启动后评估工作，及时发现存在的问题及原因,及时调整政策中产生不利影响的方面或补好漏洞。对于实施较平稳的政策,在实施 3—5 年后也要择机开展后评估,特别是评估政策在新环境下的适应性,及时发现问题和对政策进行微调,确保政策制度与社会经济发展及客观环境变化相适应。

### 三 完善法治政府建设考评工作

尽管深圳法治政府建设指标体系不断完善,但是由于指标较多,在实际的法治政府建设考评中,每年只是对部分项目进行考评,至今未开展对所有指标全面考评,无法进行纵向比较,亦无法体现整体情况。考评方法上基于被考评单位自查填报为基础,结合法律专家问卷调查和对报送材料审查打分为主,公众参与不足,负面信息收集机制不健全,影响了考评效果。总体而言,目前的法治政府建设情况考评仍主要是政府内部监督措施,但又因为在绩效考评中所占分值不高,未形成对被考评单位的直接压力,考评工作仍有待优化加强。一是完善考评办法,统一考评内容和标准,探索建立更为科学、合理、全面、客观的法治政府考评制度。二是完善考评信息收集机制,委托第三方机构多渠道收集考评对象在法治政府建设方面的负面信息,使考评信息更为全面。三是有效引入公众评价和监督,引导公众参与考评,考评结果向社会公开。四是加强与上级依法行政考评的衔接,减轻被考评单位负担,提高两级考评整体效能。

### 四 优化政府信息公开工作

随着经济活动、社会活动的日益复杂化,公众对政府信息的需求不断增加,政府信息公开工作情况越来越受社会重视,成为法治政府建设中不可忽视的一环。深圳政府信息工作中,公开信息持续扩大,及时性增强,便利性提高,重视回应公众关切、政民互动不断增多,政府信息公开在线办理水平显著提高,政府信息公开工作总体较好,但亦存在不少问题,与公众需求还有一定差距,依申请公开无法提供或其他处理比例较高,显示公众对政府信息需求强劲,但政府信息收集和制作无法满足需求,必须持续优化政府信息公开工作。

（一）激发政府信息公开的自觉性，变被动公开为主动公开

习近平总书记指出，"城市管理应该像绣花一样精细"。深圳在探索符合超大城市特点和规律的社会治理新路子、强化依法治理、创建法治城市示范中，提升政府信息公开工作质量是其中一个小环节，是"绣花"中精细的一针，看似微小，却对全局有一定影响。特别是政府透明度社会关注度日益提高的今天，高质量的政府信息公开工作不仅可以赢得公众对政府的信任，降低社会管理成本，而且能够促进信息流通，促进经济社会发展。因此随着经济社会的发展，公众对实现知情权、参与权、监督权的期待提高，社会对政府信息需求增多，政府信息公开工作应当有新的突破，从被动向主动的转变，从满足公众知情权向满足经济社会发展潜在需求转变，并充分借助信息和智能技术快速发展带来的便利，主动作为，在细节上完善工作机制和办事流程，发挥技术的力量，不断提高政府信息公开工作质量。

（二）加强《政府信息公开条例》配套制度建设，强化制度执行力

制定《政府信息公开条例》相配套的程序性细化规范，深化细化主动公开制度，重视根据情势变化调整扩充目录，持续扩大主动公开信息范围，确保权力运行到哪里，政府信息公开就延伸到哪里，最大限度规范行政机关的主动公开行为，确保真正做到应公开尽公开。完善政府信息公开会商协调的具体程序，对涉及多个部门的政府信息公开，应当组织相关部门进行会商，并形成顺畅的信息传递、交流、核实、公开的工作流程，以保证信息的准确性和公开的及时性。探索建立政府信息公开负面清单制度，各行政机关根据实际情况制定信息公开负面清单并公之于众，以防止国家秘密、商业机密、个人隐私的不当公开，杜绝政府信息公开中的不规范行为。

（三）充分应用信息技术，提高依申请公开的效率

针对政府信息依申请公开中公众错误选择了申请对象，既影响了申请人获取信息，又增加了被申请单位的工作量、降低行政效率

的问题，可借助"智慧城市""数字政府"和电子政务发展的有利之机，完善依申请公开程序，实行一门进入后自动分发的机制，由系统根据申请内容，结合各部门职责，自动分发到相应政府部门承办，以提高依申请公开的便利性和办理效率。加强政府信息的收集和加工制作工作，对于日常工作可以收集的信息，应当加强收集工作；对于已经持有的信息，应当探索利用大数据、云计算等技术，主动对公众关心领域的信息进行加工处理，以满足公众需求和为提高经济社会管理效率提供信息支持。

（四）加强依申请公开研究，将依申请公开作为城市治理的信号灯

依申请公开是公众对信息需求的反映。某一领域依申请公开量大，反映该领域主动公开不充分，需要加大主动公开工作力度；在主动公开较充分的情况下，依申请公开通常是个性化的信息需求，千差万别，比较分散，如果短时间内出现大量就某一问题或某类问题的依申请公开，在某种程度上说明这一领域或这一问题在一定范围内受到集中关注，应予重视，要研究申请内容、申请人情况，通过公众对政府信息关注的动向，了解其背后可能的事件，判断是否采取有关措施，及时作出应对。

法治政府建设是一个历史的渐进的过程，不可能一蹴而就或者毕其功于一役。未来，深圳继续以习近平法治思想为指导，继续坚持创新与规范同步、约束权力与提升服务并重，对标国际一流标准、超越国际一流标准，按照中国特色社会主义法治建设的目标和要求，持续提升依法决策、依法行政能力和水平，加快建设一流法治政府，为城市治理现代化提供重要支撑。

# 第四章　促进公正：全面推进司法改革

2011年3月10日，时任全国人大常委会委员长吴邦国在十一届全国人大四次会议第二次全体会议上宣布：中国特色社会主义法律体系已经形成。中国特色社会主义法律体系的形成意味着我国各领域基本实现"有法可依"，法律的实施由此提到更重要的位置。正如习近平总书记指出"法律的生命在于实施。如果有了法律而不实施，或者实施不力，搞得有法不依、执法不严、违法不究，那制定再多的法律也无济于事"。法律的有效实施成为全面依法治国的重点和难点，其中司法是维护公平正义的最后一道防线，既是法律实施体系的重要组成部分，也对整个法律实施体系中起着托底保障作用。司法公正是社会信仰法律的基础，是政府依法行政和公民守法的保障，是法治的生命线。完善司法管理体制和司法权力运行机制，发挥好司法作为维护公平正义最后一道防线作用，努力让人民群众在每一个司法案件中感受到公平正义，是党的十八大后的司法工作和司法改革的重点。

深圳司法机关秉持敢于改革、善于创新的特区精神，针对司法领域长期存在的案多人少、权责不一，司法系统行政化严重，审判权检察权独立性不足、各种监督干预过多过滥，办案标准不统一、效率不高，司法不公等问题，在全国率先启动法官检察官职业化改革、法院检察院人员分类改革和审判权检察权运行机制改革，并逐渐推进司法责任制改革、创新提升司法专业化水平等，打造更彰显专业化、职业化特征、更契合司法逻辑规律的司法队伍，建立遵循司法规律的审判权检察权运行机制，为深圳建设一流法治城市提供可靠的司法保障。

# 第一节　司法改革的必要性与经验积累

从只有三十几万人口的边陲小镇发展到千万人口的超大城市，深圳只用了30年；从GDP只有2.7亿元到接近万亿元，深圳只用了30年。到2012年年底，深圳人口已达1054万人，GDP已达12950亿元。人口和经济规模的快速增长带来了城市的繁荣，也难免出现各种纠纷矛盾、违法犯罪。各种案件随着人口密度、经济密度的快速增长而增长。2012年，深圳全市法院全年受理案件188774件，办结178315件；全市检察院全年共批准逮捕刑事犯罪嫌疑人26801人，提起公诉29317人。[①] 法院、检察院围绕司法为民公正司法主线，狠抓执法办案第一要务，全面加强管理监督，着力提高司法公信，努力让人民群众在每一个司法案件中都感受到公平正义，为深圳一流法治城市建设和经济社会健康发展做出了积极贡献。但是，案多人少问题日益突出，同时办案效率不高、司法不公等全国普遍性问题在深圳也同样存在，司法体系内外均呼唤司法改革。

## 一　案多人少问题突出

随着人口快速膨胀、经济快速发展及社会快速转型，社会矛盾纠纷呈高发多发状态，案件数量持续增长，法院、检察院办案压力越来越大。2012年，深圳已经连续数年每年批准逮捕刑事犯罪嫌疑人和提起公诉均在两万多人，占全省约五分之一，但深圳全市检察院工作人员仅1300多人，占全省十分之一，人均办案量为全省平均的两倍。全市法院连续多年受理各类案件18万件左右，办结案件接近18万件，但全市法院干警仅有2000多人，其中法官不足千人，年人均办案量超过200件，案多人少问题突出，司法审判能力

---

[①] 数据来源：2012年深圳市中级人民法院工作报告，2012年深圳市人民检察院工作报告。

达到极限。①

## 二 司法公信力不足问题明显

司法公信力不足，司法不受信任，未能成为社会公平正义的最后防线，是司法工作面临的最大问题。审判机关、检察机关运行的行政化现象较严重，上下级法院、检察院过度强调监督管理，设置大量不必要的考核、问责，强化请示、汇报等制度，使下级法院、检察院办案独立性受到影响。审判机关内部存在"审者不判，判者不审"问题，导致司法的不公和低效，由此走上了一个恶性循环，导致群众"信访不信法"。

## 三 先行试点经验丰富

深圳一直重视通过不断探索司法改革，提高司法效率和促进司法公正。党的十八大前，各区就先后推进了审判公开改革、裁判文书改革、知识产权审判"三审合一"改革、家事审判方式改革、未成年人刑事审判制度改革、爱心调解制度改革，以及"速裁法庭""夜间法庭""办标准案""取保候审听证"等数十项改革，主动探索促进司法公正和提高司法效率的具体方式。

2012年年初，深圳市中级人民法院编制了《深圳法院改革创新（2012—2014）》，开始探索审判权运行机制改革、法院人员分类改革等试点工作，分别指定盐田区人民法院、福田区人民法院先行试点。

2012年深圳盐田法院率先开始试点法院人员分类改革和法官职业化改革，制定了《法院人员分类管理和法官职业化改革方案》，将法院工作人员区分为法官、审判辅助人员和司法行政人员三类，法官从参照公务员管理体系中分离出来，按照严准入、严要求、严监管同时给予相对较高待遇保障的"三严一高"思路进行单独职务序列管理，并实行单独的薪级工资制度，在打造专业化、职业化法官队伍的同时，提高法官职业待遇和经济待遇，使法官居于法院工

---

① 数据来源：2009—2012年深圳市人民检察院工作报告，2009—2012年深圳市中级人民法院工作报告。

作的核心位置，法官荣誉和尊严得到全面尊重。法官助理也实行单独职务序列管理，建立"以岗聘用、以岗定酬，能上能下、能进能出"的法官助理管理制度，法官助理岗位实行等级升降管理，工资待遇与等级挂钩，总体薪级水平大幅提升，从而提高了工作积极主动性，提升了司法保障水平。

福田法院针对审判资源短缺、审判职权配置不均等问题，改变过去办案力量配置在庭、科、室的资源配置方式，2012年推行审判长负责制改革，探索审判权运行机制改革路径。参照"项目团队"管理学理念，按照"让审理者裁判，由裁判者负责"、权责统一原则，组建以审判长（主审法官）为中心的新型审判团队。一个审判团队除1名审判长外，还包括2名普通法官、3名法官助理和4名其他司法辅助人员，形成"1+2+3+4"的团队模式。审判团队是审判办案的基本单元，既是办案责任主体也是审判管理主体，审判长是团队的核心，拥有职业意义上的独立审判权，行使案件分配、人员调配、文书签发、业务管理等职权，直接接受分管副院长、院长和审委会的指导和监督，确保审判团队的公正、中立和独立裁判。审判长负责制的实施，一是初步实现了审、判合一，审者自审；二是实现了审判管理的去行政化和扁平化，审判权运行结构更契合司法逻辑，办案效果也更突出。

当福田审判权运行机制改革一路推进之时，福田区检察院也于2012年3月启动检察权运行机制改革，同年7月底正式实施，并于12月被广东省院确定为检察官办案责任制改革试点单位。该项改革着眼于探索建立以检察官为中心，科学配置职权、明确办案责任。主要内容包括按照"大部制"模式和"决策—执行—监督"的权力配置模型，形成三个决策机构（党组会、检察长办公会和检察委员会）、四个业务职能部（职务犯罪侦查部、刑事犯罪检控部、诉讼监督部、犯罪预防和社会建设促进部）、三个监督机构（纪检监察、政令督查、案件管理）的"343"格局。业务部门按业务类型整合为24类40个主办检察官团队。团队以主办检察官为中心，是相对独立的办案团队。取消案件的行政审批程序，除法律规定必须由检察长或检委会决定的事项外，其他案件处理权均由主办检察官决定。主办检察官对本团队工作和人员行使领导和管理权，同时建立"谁决定、谁负责"的办案终身负责制，确保责任到团队、责任到人。

此后不久，罗湖也开始推行审判权运行机制改革试点，这些试点为全市司法改革积累了大量经验。

### 四　改革思路逐渐明晰

根据中央精神，结合深圳多年司法改革探索经验，关于司法改革的研究讨论空前增多，司法改革的重点、难点和注意要点逐渐清晰，改革的突破口、改革的顺序步骤逐渐明晰，为改革作好了理论准备。

筑好社会公平正义的最后防线是司法改革的最终目标。从这一总目标出发，层层抽丝剥茧。司法要发挥好社会公平正义最后防线作用必须建立司法公信，只有整个社会相信司法、尊重司法，司法的社会公平正义最后防线才会呈现，才会发挥作用。否则，纠纷化解会另辟蹊径，司法裁判将不被尊重和执行，最后防线将荡然无存。而重建司法公信，一是要促进司法公正，二是要提高司法效率，三是要树立司法权威。公正是公信的前提，正义不应迟到，及时进行裁判、高效化解纠纷，让公平正义适时到来，司法才有权威。司法改革，就是要针对当时存在的司法不公、效率低下、缺乏权威等突出问题，通过对产生这些问题的体制机制进行变革，从根本上消除产生这些问题的因素，促进司法公正、提高司法效率，使人们信任司法、尊重司法判决，建立公正高效权威的司法体系。

而影响司法公正、效率和权威的直接因素主要包括三个方面：一是司法机关的设置，二是司法权力（审判权检察权）的运行机制，三是司法人员的素质。在司法机构设置方面，大到司法权力的分配，即公、检、法、司各机关职能职责定位及权限范围及相互关系，上下级司法机关的权力分配与相互关系；小到司法机关办案单元设置以及内部机构设置及相互关系等，均对司法公正、效率产生直接影响。在司法权力运行方面，办案单元设置、办案流程设计等，亦对司法公正、效率产生直接影响。司法人员方面，法官检察官素质、司法辅助人员配备，无一不影响司法公正和效率。

法官检察官具有精良的业务素质和高尚的品格且能有效发挥素质和品格作用，司法机关能够独立运作使司法裁判能够得到普遍尊重和执行，有体系化的监督制约机制确保前两者不出现偏差，这些都是提升司法公正、效率和权威不可或缺的要求。根据这些要求，一是要进行法官检察官职业化改革，提升法官检察官的素质并提供职业保障；二是规范辅助人员配备，为提高办案效率提供充足支撑；三是完善审判权检察权运行机制，保障法官检察官独立办案权，同时建立司法责任制，使权力得到相应制约；四是排除外部干扰，以保障司法独立办案权确保司法公正。

由此，深圳的全面推进司法改革首先从法官检察官职业化改革开始，紧接着推进人员分类管理改革、审判权检察权运行机制改革，司法责任制改革也很快跟上，禁止司法干预的措施也配合推出，用两年时间到 2016 年年底司法改革任务全部落地。之后不断深化改革，在人员配备、办案方式上不断优化，在权力运行机制上不断完善，在司法责任制上不断强化，在司法服务上不断便民化，司法公正效率同时大幅提升。

## 第二节　率先全面推进司法改革

2013 年 11 月，党的十八届三中全会审议通过的《中共中央关于全面深化改革若干重大问题的决定》，提出了全面深化司法体制改革的要求。2014 年中央全面深化改革领导小组出台《关于深化司法体制和社会体制改革的意见及贯彻实施分工方案》和《关于司法体制改革试点若干问题的框架意见》等一系列关于深化司法体制改革的指导性文件。而在此前最高人民法院就已确定深圳市、区两级人民法院试点审判权运行机制改革，深圳检察机关也在最高人民检察院、广东省人民检察院指导下，探索检察权运行的改革路径。因此深圳先行一步，率先在全国全面推进司法改革。

### 一 率先开展司法人员分类管理和法官检察官职业化改革

2014年2月21日,在自发探索、总结经验、充分论证的基础上,深圳市出台《深圳市法院工作人员分类管理和法官职业化改革方案》,这是我国第一个正式施行的法院人员分类管理改革和法官职业化改革方案。当年7月,组建完成全新的审判工作团队,初步构建了法官主体地位突出、权责统一的新格局。正式对法官工资薪级进行了套转。

在法官职业化改革过程中,深圳特别重视保持司法工作连续性和队伍稳定性。法官作为法律的守护者,在维护社会公平正义方面一直发挥着重要作用。司法改革是改革影响司法公正、效率和权威的因素和环节,不是推倒重来,不能阻断司法工作的连续性,因此不仅不能打击司法人员的工作积极性,而且是要更好激发司法人员的积极性和活力。因此,深圳的司法改革方案总体上以保持司法工作的连续性和队伍的稳定性为基础,在人员分类管理和法官职业化改革中,尽量兼顾各类人员的利益,充分调动司法机关各类人员的工作积极性,平稳过渡。

改革的基本原则和主要内容是以人员科学分类为前提,以去行政化为突破口,以加强法官的职业保障为重点,将法院工作人员划分为法官、审判辅助人员和司法行政人员,突出法官职业特性,对法官实行单独职务序列管理,并建立独立薪酬体系和符合法官职业特点的管理制度,形成对法官的员额、职级、职数、薪酬、选任、交流、考核、监督、培训等的一整套制度,优化了法院人力资源资源配置,充实了审判业务力量,强化了法官的职业责任,真正落实"让审理者裁判、由裁判者负责",推动了司法公正。

法院其他人员则分别对应此前深圳已经实行的公务员管理改革中的综合管理类公务员和专业技术类公务员进行管理,其中法官助理、书记员等审判辅助人员和司法行政人员按照综合管理类公务员管理,司法警察按照深圳市专业技术类公务员的警察职务序列进行管理。

深圳市区两级检察院则是作为广东省检察体制改革的试点单位,

在全省检察改革方案的框架下,按照深圳市委的部署进行先行先试。深圳市检察改革工作领导小组于2014年7月成立,2014年12月《深圳市检察机关工作人员分类管理和检察官职业化改革方案》以及相配套的《深圳市改革检察权运行机制完善检察官办案责任制实施方案》《深圳市法检系统司法警察分类管理改革实施方案》同时获得批准并开始实施,以检察人员分类管理和检察官职业化改革为基础、以完善检察官办案责任制为核心的深圳检察改革由此全面展开。

与法院改革类似,深圳检察改革也是以人员科学分类为前提,将检察机关工作人员分为检察官、检察辅助人员、司法行政人员三类,实行检察官单独职务序列管理。以检察官等级为基础,实行单独的检察官职务序列管理,并建立与检察官等级相对应的工资薪酬待遇。全市检察官分为8个等级,对应57个薪级,按照薪级享受工资福利保障。检察官实行员额制,其中最鲜明的特色是,入额检察官必须放弃行政职务。检察机关其他人员也分别对应此前深圳已经实行的公务员管理改革中的综合管理类公务员和专业技术类公务员进行管理,其中检察辅助人员和司法行政人员按照综合管理类公务员管理,司法警察按照深圳市专业技术类公务员的警察职务序列进行管理。

2015年深圳基本完成法院检察院人员分类改革和法官检察官职业化改革,员额法官检察官相关薪酬等职业保障均得到落实,其他人员也按照改革方案完成分类管理。此后到2016年全国法官检察官职业化改革全面推开,按中央的最新政策,深圳法院检察院开展了"中央员额制法官""中央员额制检察官"入额工作,按中央给定的员额数从1057名原深圳员额法官中选拔出841名法官成为首批入额法官,深圳检察机关也按照中央确定的员额比例,在862个深圳员额检察官中遴选出603名检察官。深圳在开展再次入额工作的同时,也在全国率先启动了法官员额的退出机制,设定自愿退出员额政策和不予入额条件,妥善分流安置未入额法官,实现平稳过渡。

## 二 率先开展审判权检察权运行机制改革

在法院检察院人员分类管理和法官检察官职业化改革的同时,

审判权检察权运行机制改革的方案也相应推出。在人员分类完成、员额制法官入额工作完成后，审判权运行机制改革正式启动。员额法官、法官助理、书记员组成审判团队，审判团队成为最基本的办案单元和审判管理单元，各自独立履职。独任法官、合议庭和审判委员会有各自权责范围，法官和合议庭独立行使审判权。法院院领导及庭长不能随意干预审判团队的审判过程和结果，审判监督只能通过审判委员会、审判长联席会议进行。裁判文书的签发，属于独任法官职权范围的案件，由独任法官自行签发；属于合议庭职权范围的案件，由合议庭成员依次签署；法院领导和庭长无权签发未参加合议审理的案件的裁判文书。通过改革，实现审与判相统一，"审者不判、判者不审"痼疾得到矫正；实现审判管理扁平化，审批环节大大减少，管理链条大大缩短，办案效率大大提高；实现审判监督规范化，减少了案件办理中的不当干扰，保证了审判独立；实现法官权责明晰化，有利于建立科学规范的责任追究制度。

在检察权运行机制改革方面，着力从检察官管理、机构设置和办案机制三个维度推进去行政化，突出司法属性。机构设置上，打破内部机构行政化建制，对检察机关内部机构进行优化重组，根据工作性质类别组成公诉部、职务犯罪侦查部（对外称反贪局）、诉讼监督部3个业务部门，以及业务管理、业务保障、综合管理、政治部4个辅助类机构和司法行政类机构，共7个部门。三个业务部门设立事务处，负责司法行政事务以及归口管理检察辅助人员，使检察官可以专注于业务工作。检察官管理上，由于原业务部门被撤销，相应的中层干部岗位也不复存在，原业务部门的中层干部选择员额检察官的，全部免去行政职务。案件办理上，实行主任检察官制度，按照检察官员额数的三分之一左右选任主任检察官，以主任检察官为核心，配备若干名检察官和检察辅助人员，形成团队。主任检察官具有检察事务管理权和案件审核权，直接对分管检察长负责，实现扁平化管理。

### 三 率先全面落实司法责任制

如果说法官职业化改革解决了谁是"审理者"问题，审判权运行机制改革解决了谁是"裁判者"问题，司法责任制改革则是要解决"审理者""裁判者"作为裁判主体应当承担的责任及怎样承担责任问题。这一系列改革最终促成有能力、能负责的优秀人才成为裁判主体，从而提升司法的公正和公信。

深圳法院在基本完成人员分类管理和法官职业化改革以及审判权运行机制改革的基础上，2016年深圳出台了《落实司法责任制工作指引》，为"让审理者裁判，由裁判者负责"提供系统化、规范化、流程化、可操作的工作指南，在全国率先全面落实司法责任制。

司法责任制改革的整体思路是保障法官在个案上独立办案的同时，宏观上加强管理监督，在完善审判权力运行机制的同时，落实责任追究机制。在这项改革中，深圳法院创造性提出了审判权、审判管理权和审判监督权的配置理论，并体现在《落实司法责任制工作指引》中。一是取消案件审批制，全面确立法官与合议庭独立办案机制，通过流程化的工作指引，对合议庭如何审理案件、合议案件以及如何制作签署文书进行细致翔实的规定，使法官在办理案件过程中是审理者、裁判者，也是裁判文书的署名者、签发者，真正实现让审理者裁判。二是宏观上加强监督管理，由裁判者负责。在个案充分放权的前提下，通过加强院庭长的监督管理职能对权力的科学有序规范行使进行约束。重点是发挥诉讼程序自身的监督作用，绝大部分案件主要通过启动上诉程序、申诉再审程序等进行事后监督，以及通过案件质量评查发现问题、纠正问题。只有少部分特定类型案件需要由院庭长在遵循有度、有序、有痕、有责原则的前提下进行个案监督。所谓的有度，是指严格限定事中监督的个案范围；所谓的有序是指严格限定院庭长行使监督权的方式、期限；同时监督的形式和程序要留痕，此为"有痕"；院庭长对特定案件怠于履行监督职责应当"失职担责"，此为"有责"。

深圳在建立司法责任制过程中，着重于完善法律适用统一机制，做到预防在先。不同法官因经验和能力等方面的不同存在审判思路和观点的差异，审判权下沉至承办法官和合议庭后案件裁判尺度不一的风险增加，出现"类案不同判"问题。为此，深圳法院采取多项具体措施统一裁判尺度。各审判业务领域均出台裁判指引，完善标准化办案体系；实施裁判指引例外适用的报备制度，法官在办理案件过程中，对于没有裁判指引、指导性案例参考的重大自由裁量事项，要依托专业法官会议进行业务交流，明确处理标准，统一裁判思路；建设法院案例库，优化典型案例编选程序，定期编选、发布具有指导意义的典型案例，为法官办案提供实证性的参考。总之，通过建立较为全面、系统的标准化办案体系，最大限度地避免和减少"类案不同判"的现象。

严格的审判责任制是司法责任制改革的核心。深圳建立了违法审判线索发现机制，将案件质量评查作为责任认定和追究的前置程序。建立违法审判责任的认定机制，案件质量评查委员会评定为瑕疵案件的，需经案件治理评查委员会确认，再由审判委员会最终审定。评查为瑕疵的案件纳入法官业绩考核、记入业绩档案；问题案件移交纪检监察部门启动违法审判责任追究程序。但在建立案件质量评查制度和违法审判责任认定机制、落实办案责任制的同时，也注意避免办案责任严苛化、扩大化，防止出现法官依法履职却遭受不当责任追究的情况发生，从而消除法官办案的后顾之忧。

司法责任制改革促使裁判主体的身份得以回归，法官职责定位更加精准，职业尊荣感得到较大提升，稳定并吸引了优秀法官向审判一线集中。符合司法规律的权力运行机制逐步得到确立，法院整体办案质效水平得到明显提升，一审、二审程序后当事人服判息诉率大幅提升。

深圳检察机关的司法责任制改革主要围绕建立主任检察官办案责任制推进，突出主任检察官的办案主体地位。全市检察机关选任出三百多名主任检察官，组建以主任检察官为核心的办案组织，同时制定并落实检察官权力清单，检察权按照"谁办理、谁决定、谁负责"的模式运行，原来由检察长行使的部分权力被授予主任检察官行使，同时对办案结果负责。司法责任制改革凸显检察官的办案主体地位，在员额管理、绩效考核、监督制约、责任追究等机制不断完善中进一步压实司法责任。也压实了检察官责任，在政法编制仅为北京、上海的三分之一、广州的三分之二、人均办案量位居全国前列的情况下，司法办案和内部管理均实现提质增效。

## 第三节　持续深化司法体制综合配套改革

通过人员分类管理、法官检察官职业化改革、落实司法责任制，以及人财物统管、司法职业保障等重点改革的持续深入推进，新型审判权检察权运行机制和责任追究机制已经能够较好运行。司法体制改革逐渐进入全面落实、综合配套、深化实践、提升效能的新阶段。党的十九大报告明确提出，深化司法体制综合配套改革，全面落实司法责任制，努力让人民群众在每一个司法案件中感受到公平正义。[①] 综合配套改革成为新时代司法改革的新任务新要求。一直走在全国司法改革前列的深圳法院，亦率先推动综合配套改革作为建立公正权威司法体系的新的突破口，主动谋划，于2018年5月制定出台了《深圳法院深化司法体制综合配套改革全面落实司法责任制工作规划（2018—2019）》，从缓解司法供需矛盾、完善监督管理制度、健全人才养成机制、加强依法履职保障、优化司法职权配置、深化诉讼机制改革、加快智慧法院建设、营造诚信法治环境八大方面，安排了60项重点改革任务，全面推进司法责任制的落实。

2019年8月，《中共中央国务院关于支持深圳建设中国特色社会主义先行示范区的意见》出台后，深圳中级人民法院结合中央对司法责任制综合配套改革的部署，于2020年年初印发了《深化司法责任制综合配套改革服务保障深圳建设中国特色社会主义先行示范区行动方案（2020—2022年）》，对中央有关部署进行了细化分解，并结合中央综合授权改革试点、民事诉讼程序繁简分流改革试点、涉创业板证券案件集中管辖等试点工作，继续深化司法责任制综合配套改革。

---

① 引自习近平总书记代表第十八届中央委员会与2017年10月18日在中国共产党第十九次全国代表大会上做的报告：《决胜全面建成小康社会 夺取新时代中国特色社会主义伟大胜利》。

## 一　权责清单明晰绩效考核

深圳司法体制综合配套改革的一个突出亮点是将各种权责清单化，以细致入微的规定健全有序放权与依法监督相结合的审判监督管理机制。通过制定《落实司法责任制工作指引》《合议庭规则》《审判委员会工作规程》，明确独任法官、合议庭和审判委员会作为不同审判组织的审判职权和责任，防止放权不到位。制定《院庭长办理细则》，明确办案指标，确保院庭长的主要职能和精力从案件审批向直接办案转移。制定《院庭长个案监督权力清单》《院庭长审批事项清单》《执行工作审签权限清单》《经审委会讨论案件裁判文书的制作时限与审核签发》等一系列监督管理清单，确保院庭长准确把握监督管理的边界和内容，消除放权后院庭长担心因监督造成越权的顾虑，防止监督缺位越位。制定《专业法官会议规则》，明确召集程序、议事方式、结果运用，发挥专业法官会议在推动裁判标准统一方面的作用。强化总结审判经验、统一法律适用的指导职能，制定《关于激励法官办理"精品案"加强案例指导工作的实施办法》，定期编发典型案例和优秀裁判文书，统一类型化案件裁判标准。制定《人案动态平衡调配暂行规定》《审判绩效量化计算办法》，明确案件权重系数，科学评价法官工作量和办案质效，发挥绩效考核的激励和导向作用。

## 二　协同改革提升司法质效

深圳司法体制综合配套改革的另一个突出特点是整体性、协同性地推进司法改革项目，体现了"综合"的特点。综合配套改革不是一个个独立的项目组成，而是一系列关联度高、耦合性强的改革项目整体推进，并与原有制度做法有机结合相协调，起到"连点成线、搭线成面、叠面成体"[①] 的作用。深圳法院的改革规划正是这样一系列配套性、系统性的改革项目构成，从而推动司法质效显著提升。

针对案多人少的突出矛盾，深圳法院率先提出"司法供需矛盾"的概念，试图通过改革，整合社会资源和司法资源，探索"前

---

① 顾伟强、朱川、卢腾达：《新时代背景下司法体制综合配套改革的若干思考》，《中国应用法学》2018 年第 3 期。

端治理+二次分流+繁简分流+诉非衔接"系统性解决方案。一方面加强前端治理,创新发展新时代"枫桥经验",着眼于矛盾纠纷前端疏源,参与社会治理,将多元化纠纷解决机制改革作为破解案多人少矛盾、满足群众多元司法需求的举措,借助社会力量,建立诉调对接中心,引入调解组织和特邀调解员,共同推动矛盾纠纷在基层解决、源头化解;依托现代科技,完善纠纷在线解决平台,提高调解效率;建立在线司法确认工作室,实现人民调解与司法确认无缝衔接,增强社会调解公信力,更好发挥作用。另一方面向内挖掘潜力,通过优化繁简分流机制,提高办案效率。早在2016年,深圳法院就已全口径、系统性推进案件繁简分流改革。2018年又出台《进一步深化案件繁简分流机制改革的意见》,优化繁简识别标准,完善繁简分流标准化工作体系,完善简案快办机制,加强综合配套,优化资源配置,实现整体推进。当年深圳法院速裁快审执法官以占全市18.3%的法官,办结了全市法院64%的案件。[①] 再一个是率先推行法院购买社会化服务改革,制定《深圳市法院购买社会化服务暂行办法》,建立了社会化服务购买目录清单,将一般性辅助类、技术类事务外包,依靠社会力量,盘活有限司法资源,提高司法效率。

### 三 综合配套改革成效显著

通过深化司法体制综合配套改革,深圳司法机关办案质效明显提升。在连续多年来案件数量持续大幅增加的巨大压力下,一审二审息诉率一直稳步提高,显示当事人和社会公众较为实在的获得感。全市法院收案数从2013年开始持续的上升,特别是2015年实行立案登记制改革后,案件连续多年快速增长,到2020年最高峰时年受理案件数达到695482件;全市法院办结案件数从2012年的535件上升到2020年的594437件;法官人均结案数由194件上升到536件。法院结案数量连续多年位居广东省第一,法官人均结案数多年居全国之首。每年均有十多个案件被评为国家级、省级精品典型案例,发挥了重要的裁判标杆作用。改革示范性和影响力持续

---

① 数据来源:2019年1月18日,深圳市中级人民法院院长万国营在深圳市第六届人民代表大会第七次会议上作的《深圳市中级人民法院工作报告》。

提升，每年均有多项改革获得全国性改革奖项或成为示范案例向全国推广。而通过多年的诉源治理，全市法院收案数在连续十年快速增长后终于在 2021 年开始下降，法官年人均结案数也开始下降。

| | 2012年 | 2013年 | 2014年 | 2015年 | 2016年 | 2017年 | 2018年 | 2019年 | 2020年 | 2021年 |
|---|---|---|---|---|---|---|---|---|---|---|
| 受理种类案件数（件）| 18877 | 18801 | 22492 | 23688 | 34079 | 44884 | 48311 | 59922 | 69548 | 63884 |
| 办结种类案件数（件）| 17831 | 17889 | 20747 | 22448 | 27763 | 37681 | 41037 | 50413 | 59443 | 53077 |

图 4-1　2012—2021 年深圳法院收结案情况①

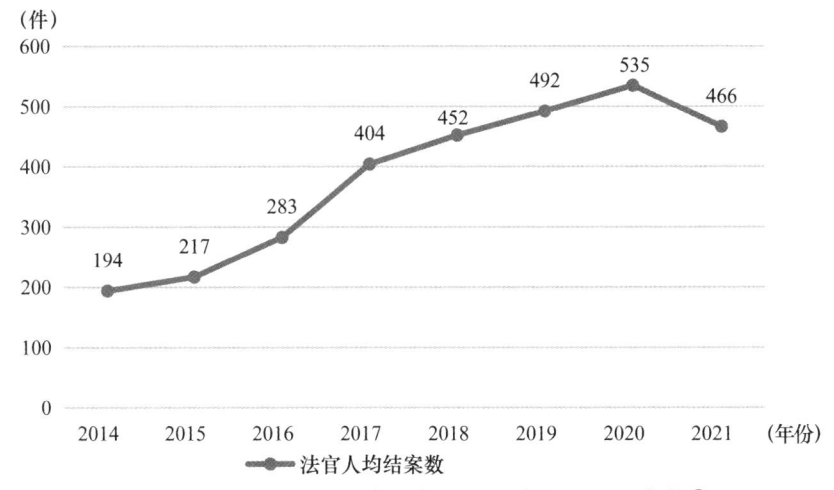

图 4-2　2014—2021 年深圳法院法官年人均结案数②

---

① 数据来源：历年深圳市中级人民法院工作报告，2020 年数据来源于深圳市中级人民法院官网司法数据。

② 数据来源：历年深圳市中级人民法院工作报告。

深圳检察机关在率先完成最高检部署的年度六大改革任务后，开始推进司法责任制综合配套改革，完善领导带头办案机制，强化检委会审查把关作用和对司法办案的动态监督，建立检察长主持每月业务数据分析研判和会商机制，从抓内部管理促进办案质效双提升。深化"捕诉一体"办案模式改革，扎实开展未检工作社会支持体系建设试点，完善认罪认罚从宽制度，创新工作取得大量新进展。在"不捕慎诉"理念下的改革，使2020年以来批准和决定逮捕人数、起诉人数均大幅下降。但近两年，在全市检察机关办理监督案件、公益诉讼案件数量大幅增长，而检察人员同步增加缓慢的情况下，深圳检察机关案多人少的矛盾也进一步凸显。检察人员加班加点、长期超负荷运转的现象逐渐增多，进一步深化综合配套改革更为迫切。为此深圳检察机关进一步压实司法责任制，完善检察权运行机制，加强检察官业绩考评工作，健全员额动态调整和惩戒机制，推动检察管理现代化。

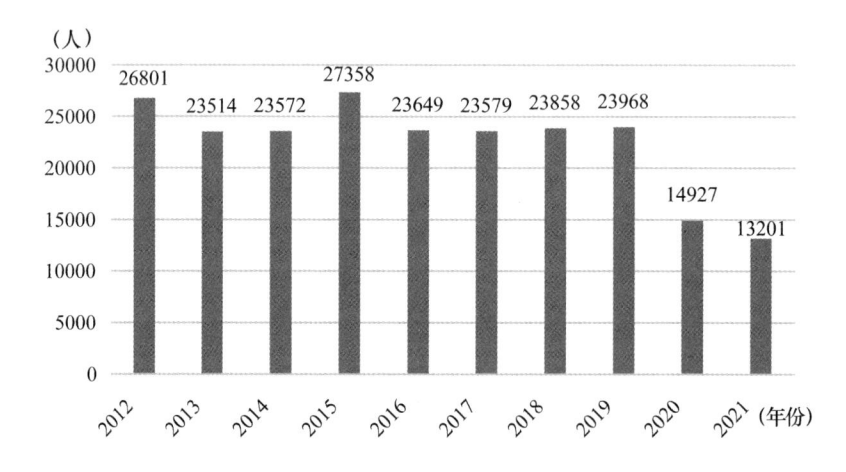

| 年份 | 人数 |
| --- | --- |
| 2012 | 26801 |
| 2013 | 23514 |
| 2014 | 23572 |
| 2015 | 27358 |
| 2016 | 23649 |
| 2017 | 23579 |
| 2018 | 23858 |
| 2019 | 23968 |
| 2020 | 14927 |
| 2021 | 13201 |

图4-3　2012—2021年深圳检察机关批准逮捕人数[1]

---

[1] 数据来源：历年深圳市检察院工作报告和《2020年深圳检察机关主要办案数据公布》，深圳检察网，http://www.shenzhen.jcy.gov.cn，访问时间2022年6月3日。

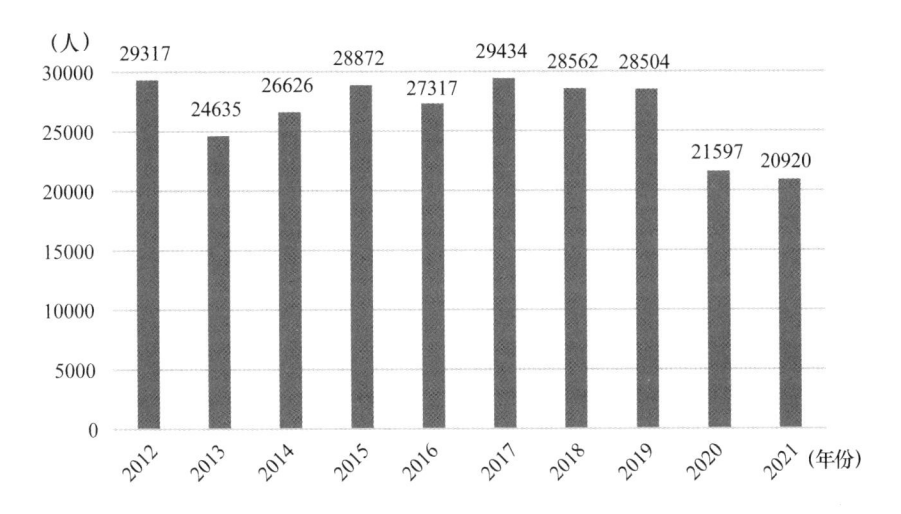

图 4-4　2012—2021 年深圳检察机关起诉人数①

## 第四节　积极探索司法参与社会治理

进入新时代，司法作为国家治理体系的一部分，与社会治理其他方面的互动增强，深圳司法机关主动参与社会治理，以共建共治共享的理念和思路改革创新，优化工作流程，拓展职能空间，在国家治理体系和治理能力现代化中更好发挥作用。在公益诉讼、司法建议、检察建议、参与未成年人保护市域社会治理等方面收效显著。

### 一　开展公益诉讼

公益诉讼是有关组织和个人根据法律授权，就侵犯国家利益、社会利益的行为提起诉讼，由法院依法处理违法的司法活动。②但是，由于提起公益诉讼主体的缺位，在党的十八大以前不少侵犯国

---

①　数据来源：历年深圳市检察院工作报告和《2020年深圳检察机关主要办案数据公布》，深圳检察网，http://www.shenzhen.jcy.gov.cn，访问时间2022年6月3日。
②　颜运秋：《公益诉讼理念与实践研究》，法律出版社2019年版，第47页。

家利益、社会利益的行为未被追究法律责任。早在2008年，深圳市罗湖区检察院就在一起员工集体向法院起诉要求支付工资报酬的案件中向法院发出《支持起诉意见书》，支持员工的合理诉求，成为公益诉讼较早的案例。2011年，因深圳市深燃石油气有限公司违规在饮用水水源一级保护区内设置有严重污染环境隐患的瓶装石油液化气供应点，拒不搬迁和执行行政处罚，为保护水资源环境和市民饮水安全，宝安区人民检察院向宝安区人民法院提起公益诉讼，经法院调解深燃石油气有限公司承诺限期搬离。该案办案的社会效果和法律效果十分明显，入选2011年"中国十大公益诉讼"。[1]

党的十八大前，公益诉讼案件整体较少，法律对于检察机关提起公益诉讼没有明确规定，学界对于检察机关提起公益诉讼的主体适格、程序设计等问题存在一定争议。2012年修改的民事诉讼法明确了检察机关可以提起公益诉讼，2014年党的十八届四中全会通过的《中共中央关于全面推进依法治国若干重大问题的决定》更明确提出"探索建立检察机关提起公益诉讼制度"，由此检察机关提起公益诉讼的试点工作推开。

公益诉讼的提起者可以是行政机关、社会组织和个人，也可以是检察机关。理论上，社会组织具有熟悉相应领域情况、案源信息广泛、收集证据及时、能够动员各方力量参与等方面的明显优势，国外公益诉讼主要由社会组织提起。但目前我国社会组织诉讼能力不足，而检察机关提起公益诉讼有着明显的主体优势。公益诉讼的核心在于保护公共利益，以维护社会秩序和公共利益为己任的检察机关本身就是公共利益的代表，当然可以是公益诉讼的提起者。同时，检察机关是法定的监督机关，当公共得益的管理机关怠于履行职责时，检察机关可督促其提起公益诉讼，也可对有管理职责的执法机关提起诉讼，以保护公共利益。检察机关在长期的法律监督工作中形成的能力，具有的监督办案经验丰富和很强的诉讼能力，有利于提高办理公益诉讼的效率。此外，在社会法治信仰还未完全建立起来的当下，检察机关因其较早的诉讼权威而使公益诉讼案件能

---

[1] 黄海波：《深圳检察机关提起公益诉讼的探索与实践》，载张骁儒主编《深圳法治发展报告（2017）》，社会科学文献出版社2017年版，第142—143页。

够受到重视，有利于推动通过公益诉讼维护好国家利益、社会公共利益。因此，检察机关是我国目前提起公益诉讼的主要主体。

2015年我国开展检察机关提起公益诉讼试点以来，深圳作为广东省的试点城市，积极推进公益诉讼工作。2015年积极介入深圳湾水污染、沙井非法倾倒危险废物等事件的调查，提起民事公益诉讼1件，启动行政公益诉讼前置程序2件，督促、支持有关单位和个人提起民事诉讼3件。2016年，深圳市、区两级检察机关通过各种途径共发现公益诉讼线索72件，其中，进入诉前程序案件（向行政机关或企业发出诉前检察建议）39件，提起民事公益诉讼、行政公益诉讼分别为1件和9件。[①] 深圳检察机关公益诉讼工作为后来公益诉讼在全国检察机关中推行提供了经验借鉴。

从检察机关提起公益诉讼试点，到公益诉讼检察工作在全国全面推开，深圳市检察机关公益诉讼案件的业务不断拓展。一是案件数量迅速增长，从2015年仅3件，2016年10件，2017年72件，2018—2019年连续2年呈井喷状快速增长到1684件，2021年回落为679件。二是案件涉及领域范围有序拓展，从最初主要聚焦于生态环境和资源保护、食品药品安全、国有财产保护、国有土地使用权出让、英烈设施保护等领域，逐渐拓展到个人信息保护、消费者权益保护、无障碍出行设施、燃气安全、窨井盖规范管理、校园监控设备管理、电动自行车管理、规范养犬等众多领域。三是工作模式增多，从单独开展工作拓展为与相关部门、社会组织联合开展专项监督，并支持相关部门和社会组织提起公益诉讼。如支持市生态环境局提起全省首例行政机关起诉的民事公益诉讼；联合市退役军人事务局开展红色革命资源保护专项行动；推动设立生态环境公益基金，为社会组织提起公益诉讼提供支持。四是影响地域范围扩展，从只在本地工作拓展为与其他检察机关协作，共同解决跨区域问题，如深圳市人民检察院与广州军事检察院、驻港部队军事检察院建立军地协作机制，为驻深某部军事用地确权提供支持；前海检察院与南沙、横琴检察院建立海洋环境保护机制，共同守护环珠江

---

① 数据来源：2015年、2016年深圳市人民检察院工作报告。

口海域生态环境。

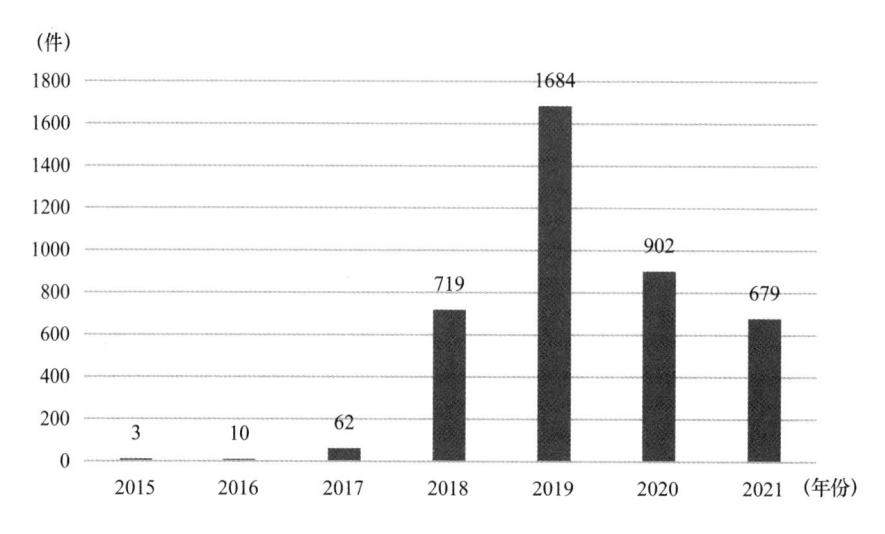

```
(件)
1800
1600                              1684
1400
1200
1000
 800                       719              902
 600                                              679
 400
 200    3      10    62
   0   2015  2016  2017  2018  2019  2020  2021  (年份)
```

**图 4-5　2015—2021 年深圳检察机关立案公益诉讼案件情况**[①]

正如前述，检察机关是公益诉讼的重要主体但不是唯一主体，公益诉讼所保护的利益的公共性决定了只有全社会的共同参与才能最大程度保护公共利益。检察机关在公益诉讼中虽然具有相对的诉讼主体优势，但是由于检察机关并未处于公共利益的一线，在发现案件线索方面存在滞后性，而且公共利益范围广泛，检察机关工作人员存在知识局限性。相比较而言，公共利益所在的相关政府部门、行业组织在这方面存在天然优势。因此检察机关作为公益诉讼主体和对公益诉讼的介入应当是有限的，不可能对每个案件都坚守在诉讼一线、跟踪到最后，而应当做公益诉讼的支持者和保障者，提起公益诉讼只是最后的手段。检察机关办理公益诉讼案件，要以推动相关部门和组织积极履职、消除危害公共利益的因素，和支持相关部门和组织及个人提起公益诉讼、维护公共利益为主，发挥相关部门、组织的专业优势，以更专业的知识、更快的速度、更好的

---

① 数据来源：历年深圳市检察院工作报告和《2020 年深圳检察机关主要办案数据公布》，深圳检察网，http://www.shenzhen.jcy.gov.cn，访问时间 2022 年 6 月 3 日。

公共利益。深圳检察机关在办理公益诉讼案件中，重视与其他公益诉讼主体的关系，并推动了公益诉讼的地方立法，边办案边宣传，唤醒相关机关的社会责任感，激发社会组织的积极性，促进社会公众聚焦和参与公共利益保护行动。

（一）督促行政机关主动作为、依法履职

在深圳检察机关办理公益诉讼案件中，公益诉讼未成为目的，而是强化公共利益保护的手段。检察机关充分发挥检察权对行政权的监督功能，通过个案沟通、专题研讨、联席会议、发检察建议等多种方法，督促行政机关主动作为、依法履职，督促当事人停止侵害、弥补损失。深圳检察机关在开展公益诉讼检察业务时，发现线索多，立案案件多，办理诉前程序案件多，提起诉讼的案件虽在增长但总体不多。2019年立案公益诉讼案件的1684件中，共发出检察建议1589件，提起刑事附带民事公益诉讼15件。2021年深圳检察机关公益诉讼案件中，办理诉前程序案件有485件，提起诉讼只有24件。

（二）协调行政机关和社会组织协力共治

深圳市、区两级检察机关在办理公益诉讼案件中，重视协调司法、行政机关和社会组织共同参与，协力共治。以办理环境公益诉讼为例，深圳市人民检察院2018年10月与深圳市生态环境局签署了《关于在环境公益诉讼工作中加强协作的工作方案》，2019年3月与深圳市志愿者河长联合会签订了《关于在环境公益诉讼中加强工作协作的工作机制》。深圳市福田区人民检察院2018年7月与广东内伶仃福田国家级自然保护区管理局共同发起成立了福田国家级自然保护区生态保护联盟，联盟首批会员包括检察、城管、环境保护、海洋、公安、红树林基金会、观鸟协会、蓝色海洋保护协会、绿源志愿者保护协会等12家司法、行政机关和社会公益组织，建立了信息交流、案件线索移送、联合执法、两法衔接等强化环境公益诉讼工作机制。

（三）推动地方立法

深圳检察机关还根据在公益诉讼试点工作中积累的经验，向市人大提出公益诉讼立法建议，借力特区立法权，推动公益诉讼立法。例如，2016年深圳检察机关就推动在《深圳经济特区绿化条例》规定了公益诉讼的条款。2020年推动《深圳经济特区生态环境公益诉讼规定》出台，对环境公益诉讼的起诉主体及职责分工，诉讼范围，相关公益基金的建立及资金来源与用途等做了详细规定，使环境公益诉讼每个步骤环节有法可依，相关工作有坚实的经费保障。

（四）宣传倡导全民参与

深圳检察机关对公益诉讼案件投入大量宣传报道，除了检察机关的微信公众号外，还在主要媒体开辟专栏，举办主题宣传月、不定期现场活动，利用广播电视、平面媒体、自媒体强化宣传报道力度，特别是通过重点案件连续报道，扩大公益诉讼的影响力，营造人人参与支持公益诉讼的良好舆论氛围。

## 二 推进司法建议工作

司法建议是人民法院行使审判权时，就与案件有关但不属于人民法院审判工作范围的一些问题，向有关单位和个人提出合理化建议，以堵塞漏洞、改进工作、完善制度、消除不利因素。[①] 司法建议是人民法院审判职能的延伸和拓展，是人民法院参与社会治理的重要方式。人民法院的审判工作表现上是对个案的裁判，但其对特定案件的审判和法律适用所形成的裁判结论，体现对社会关系的规范，对于社会行为具有引导作用。但是，由于个案纷繁复杂，数量众多，当事人以及有关组织未必能够明了个案背后隐藏的管理漏洞、社会风险，人民法院如果能够充分利用审判和执行工作中获取的信息，发挥专业优势，针对类型化案件或有影响力的个案中反映折射出的普遍性问题，以司法建议方式将问题与建议传递给有关部门，能够推动其社会管理行为和方式朝向更加规范、有序的方向发展。

党的十八大以来，深圳法院对于司法建议工作逐渐增强。特别是2017年以来深圳中院将司法建议作为重点工作，不断细化开展

---

[①] 林莉红：《行政诉讼法学》，武汉大学出版社2009年版，第245页。

司法建议工作的目标和要求。2019年深圳中院专门下发《关于进一步加强司法建议工作的通知》，从组织管理、质量把控、发送程序、督促落实四大方面进行了规范，全院和全市基层法院均形成制度规范体系。在组织管理方面，市区两级法院和各审判执行业务部门均将司法建议工作纳入整体工作部署，与其他业务同部署、同落实、同督促。在质量把控方面，制定了《关于进一步提高司法建议质量的指导意见》，强调制作司法建议书的必要性、针对性、规范性、实效性，要求概括问题准确，反映症结客观精准，被建议对象准确，问题所涉及的法律法规及政策依据准确；制定了《深圳市中级人民法院司法建议工作规程》的要求，对司法建议的制发格式、行文规范、主题把握、文字编辑等方面进行了规范。在发送程序方面，明确审批、签发流程，并建立了"司法建议"平台，实行统一编号、统一管理，避免同类问题重复建议。在市区两级法院的重视和推动下，发出司法建议数量虽无明显增多，但质量明显提升。

深圳市委也高度重视发挥司法建议在推动城市治理体系和治理能力现代化中的作用，2020年出台全国首个地方党委《关于加强人民法院司法建议工作的意见》，明确人民法院在审判工作中发现涉及经济社会发展重大问题、行业或部门工作需要采取措施的普遍性问题以及单位或部门规章制度中存在严重漏洞或重大风险等情况的，应当及时发出司法建议。为提升司法建议质量和法院制发司法建议的积极性，该意见还建立了司法建议落实情况的反馈机制以及对落实反馈的考核机制，被建议单位应当两个月内作出相应处理，并书面回复人民法院，不采纳的应当书面说明理由。被建议单位在规定期限内经督促没有正当理由不整改或者整改不到位的，人民法院可以将相关情况通报其上级机关、行政主管部门或行业自律组织等，必要时还可以报告同级党委、人大，通报同级政府、纪检监察机关。此外，还将司法建议落实反馈情况纳入法治政府建设考核指标体系，以严密的制度督促被建议单位重视司法建议，让软性的司法建议发挥刚性作用。法官制发司法建议的积极性有一定提升。2010—2014年全市法院发出司法建议为795件，2015—2020年全市法院发出司法建议为1039件，2021年全市法院发出司法建议

183 件，有一定增长。① 司法建议工作促进了有关行政管理机关、企事业单位和社会团体完善管理、改进工作、规范行为，取得了较好成效。

**三 推进检察建议工作**

检察建议是人民检察院依法履行法律监督职责的重要方式，检察机关在工作中发现执法违法、犯罪隐患、管理漏洞等问题，可以向相关单位和组织提出检察建议，监督其正确履职。与人民法院司法建议性质不同，检察建议属于检察机关依法履职的方式，包括再审检察建议、纠正违法检察建议、社会治理检察建议和公益诉讼检察建议等。深圳检察建议工作起步没司法建议早，但发展快，特别是2018年后快速增长。2015—2019年全市检察机关发出检察建议分别为28件、64件、16件、1120件、1760件，2021年为1087件。②

为进一步加强检察建议工作，2020年4月，深圳市委在出台《关于加强人民法院司法建议工作的意见》的同时也出台《关于加强人民检察院检察建议工作的意见》，其重点包括：第一，强调了保障检察机关的调查核实权。调查核实权是法律赋予检察机关的一项基本职权，检察机关依法对检察建议相关事项采取调查核实的，任何机关、社会团体和个人不得拒绝或者妨碍。第二，突出了检察建议的监督作用。体现在送达方式上，对于涉及事项社会影响大、群众关注度高的检察建议，可以采取现场送达等公开送达方式，必要时还可以邀请人大代表、政协委员、特约检察员、人民监督员、媒体代表或其他相关人员参加，扩大社会影响力，加强监督。第三，加强了检察建议的刚性约束。对检察建议的落实反馈、考评与监督等也作了明确规定，将各单位回复、落实检察建议情况纳入法治政府建设考评指标体系，建立检察机关定期向市委、市人大常委会专项报告制度。与考评结合的刚性约束在实践中发挥了重要作

---

① 数据来源：2014—2021年深圳市中级人民法院工作报告。
② 数据来源：历年深圳市检察院工作报告和《2020年深圳检察机关主要办案数据公布》，深圳检察网，http://www.shenzhen.jcy.gov.cn，访问时间2022年6月3日。

用，2020 年，277 件公益诉讼诉前检察建议，被监督的行政机关到期回复率达 100%。以检察建议方式参与社会治理，较好维护了司法公正，促进了依法行政，预防和减少了违法犯罪，更好保护公共利益和维护个人及组织合法权益。

而地方党委出台专门文件支持和加强司法建议和检察建议的做法被各地学习借鉴，2020 年以来很多地方党委制定了加强司法建议、检察建议的文件，起到了很好的示范作用。

**四 参与未成年人保护市域治理**

未成年人健康成长关乎亿万家庭幸福安宁，关乎中华民族伟大复兴。党和国家历来高度重视未成年人保护工作，社会各界也十分关切未成年人保护。但是近年来，未成年人犯罪和侵害未成年人犯罪数量连续上升。面对严峻的涉未成年人案件形势，深圳司法部门在办理涉罪未成年人案件和侵害未成年人案件中发现，现行未成年人保护工作体制下，已经不足以消除涉案未成年人再犯和再次被侵害的风险，亦难满足涉案未成年人回归社会的需求。为此，深圳未成年人检察（以下简称"未检"）积极参与市域社会治理，联动家庭保护、学校保护、社会保护、网络保护、政府保护，探索建立了未成年人综合司法保护体系，形成未成年人保护合力。

2018 年深圳未检就确定了"一点两面、四大检察"未检工作总体布局和"三步走"的总体规划。以精准帮教为切入点，在被性侵未成年人保护和防止校园欺凌家庭暴力为主要内容的两个社会上游拓展面，全面开展刑事检察、民事检察、行政检察和公益诉讼四大检察业务。第一步是在总结以往工作经验基础上，2019 年 7 月制定了"涉罪未成年人精准帮教深圳标准"（简称"精准帮教深圳标准"），依托标准建立专业司法社工培育体系，为未成年人综合保护提供基础条件；第二步是运用精准帮教培育的专业司法社工，开展全面探索，2021 年 9 月又首创并发布了"被性侵未成年人精准保护深圳标准"（简称"精准保护深圳标准"），形成全面的未成年人保护深圳标准体系；第三步是依托系统全面的未成年人保护深圳标准体系，发挥专业引领作用，推动成立了全国首家党委领导、司法主导、政府主责、专业驱动、科技保障、社会协同的未成年人综合司法保护委员会，使未成年人国家监护法律制度体系得到完善。

整个体系的构建遵循了"深圳标准"的思维、共建共治共享的理念，通过制定两套标准和联合团市委、深圳社工学院、深圳社工协会等机构共同培养专业司法社工开展个案管理，将对未成年的保护从以司法办案和现场应急心理疏导为主要内容的"末端型"升级为全面修复被破坏的社会关系、恢复并改善被性侵未成年人成长进程的"起点型"综合保护，并实现涉罪未成年人精准帮教全覆盖和被性侵未成年人精准保护全覆盖。针对两项服务，研发了"智慧未检精准帮教云服务平台系统"和"智慧未检精准保护云服务平台系统"，将两套标准的全部规范固化在系统中，依托系统支持、规范所有帮教和保护工作，并实现所有数据实时自动统计、自动更新、自动分析、自动考核、自动展示，大幅提高了工作效能。

在整个工作体系中，深圳未检深耕司法保护，厚植综合治理专业基础，系统做优涉罪未成年人全链条精准帮教和被侵害未成年人精准保护。以标准化明晰司法办案人员、司法社工和帮教专家这三个核心主体在工作流程中每个环节的各自职责及互动方式。未检通过自身正规化、专业化、职业化建设，提高法律监督能力水平，借助四大检察一体化运行的优势，立足检察监督职能，以司法保护联动上游五大保护，实现从个案保护到类案保护，从类案保护到制度建设，从而主动融入未成年人保护的综合治理体系，形成综合治理闭环。

深圳智慧未检精准帮教系统上线3年，纳入未检系统的个案逐年增多，帮教社工、督导社工、帮教专家和检察官的总帮教次数以及人均开展帮教次数均稳步增加；未成年人犯罪的不逮捕率、不起诉率、跟踪率、社会调查率、帮教率均逐年提升，再犯率稳定在较低水平。智慧未检精准保护系统上线半年时间，一站式保护率、一次性取证率均明显提升，专业力量二次有效介入率大幅提高，有效加强了精准保护工作。

## 第五节 完善司法体制机制始终在路上

深圳司法改革经历了自发探索、全面推进、优化提升三个阶段。国家全面推进司法改革前，在最高人民法院、最高人民检察院的支持下，已经自发进行了大量微改革、微探索。国家司法改革总体要求出台后，率先全面推进改革，推动人员分类管理和法官检察官职业化改革、审判权检察权运行机制改革、立案登记制改革等，最早实现所有改革项目落地。在上述改革项目落地后，又积极推进司法责任制改革和各项配套改革，发展智慧法院、智慧检务，优化司法服务，不断提升司法质效，一刻也不停歇，始终走在完善司法体制机制的路上。

深圳的改革思路明晰、措施得力、效果明显，得到了中央肯定，为全国司法改革提供了有益经验。司法改革推行以来，深圳法官检察官面貌焕然一新、司法机关办案质量和效率得到提高、司法公信力不断提升，改革效果明显。但是，司法改革是纷繁复杂的系统工程，涉及方方面面，不可能一步到位，需要在逐步推进中不断完善。

作为走在前面的先行者，有时遇到上位体制的制约，无法配套推进，影响效果。有些自主摸索的改革与将来国家改革战略未必一致，面临再调整再改革甚至推倒重来的风险。因此，国家要加强对地方司法改革的宏观指导，及时将地方改革中探索出的成功做法和具体制度总结确定下来，成熟一个确定一个，并做好配套衔接工作，连点成线、组线成面、叠面成体，形成系统，减少地方改革风险，并加速推进改革。

当前，深圳司法改革还存在人员配置不合理问题，受政法编数量限制，案多人少问题始终未得到有效解决。最初是法官检察官员额不足，导致人均办案量高启，严重透支法官检察官体力精力。在法官检察官员额基本满足后，法官助理、书记员等司法辅助人员不足问题突出，目前通过改革，以聘用制方式暂时弥补法官助理人员不足问题。但由于待遇和职业前景受限，队伍始终处于不稳定状态，既影响了工作质量和效率，也影响法官检察官后备队伍储备[①]，给予法院检察院应有的编制待遇实有必要。另外，经过诉源治理的努力，2021年全市法院收案量有所减少，但深圳对外开放程度较高、经济活动活跃，商业纠纷纷繁复杂，新型案件层出不穷，敏感案件数量较多，案件办理难度较大，这一现实状况是长期的。法官人均结案数仍处于高位，"简案快办"基本实现，"繁案精审"还无法广泛实现，人员长期超负荷工作，长远看势必影响司法效率和办案质量的持续提升及司法责任制改革的良性开展。打破政法编原有配给方式，探索根据案件数量、类型等指标确定政法编势在必行。

深圳司法改革的脚步还将继续迈向前。任何工作的最终目标是服务于人，任何工作始终需要人去做，因此所有的改革创新一方面要从服务对象的需求出发，同时也要充分考虑从业人员的保障。司法体制改革，归根结底要有利于提高司法公正与效率，党的十八大以来，通过人员分类管理改革、法官检察官职业保障制度改革、审判权检察权运行机制改革、司法责任制改革，司法机关及其人员责权利已经清晰，权力运行基本理顺，办案责任基本落实，公正司法的宏观制度框架已经搭建好。深圳司法机关还在办案过程中自发在知识产权保护、环境生态保护、未成年人保护、民营企业和民营企业家保护、犯罪嫌疑人人权保护、律师权利保障等诸多方面开展了微改革微创新，提高和保证司法工作质量和效率。未来，深圳司法机关要继续开展"敢为天下先"的地方实验，在继续完善司法责任制的同时也继续在激发司法人员积极性上进行探索，提高职业尊荣感；继续加强对新型案件的研究和探索创新案件办理，继续探索发挥好审判功能、检察功能，让人民在每一个案件中感受到公平正义，并为探索中国特色社会主义法治道路提供深圳经验。

---

① 由于法官助理离职率高，有较高比例法官助理从新手到熟手之后不久就离职了，深圳法院也因此被人戏称为"法律职业培训班"。

# 第五章　尚法有序：建设模范法治社会

　　法治社会是构筑法治国家的基础。习近平总书记在很多场合强调建设法治社会的重要性。"和谐社会应该是法治社会"[1]，"要加快实现社会治理法治化，依法防范风险、化解矛盾、维护权益，营造公平、透明、可预期的法治环境"[2]。法治社会是法治国家、法治政府、法治社会一体建设中最贴近人民群众生活的部分，法治社会建设情况是人民群众评价法治建设情况最直接的方面，也是最影响人民群众获得感、幸福感、安全感的方面。法治社会首先必须民众普遍信仰法律，同时基层社会按法治方式运作，需要用法时身边能够获得法律服务。因此，法治文化建设和法律信仰的养成，基层治理法治化、公共法律服务普及化是法治社会的基本特征。党的十八大以来，深圳积极发展法治文化，推动社会主义法治文化成为城市主流文化，"尚法"成为新时代深圳精神；不断探索完善社会领域立法，努力以法治保障"幼有所育、学有所教、劳有所得、病有所医、老有所养、住有所居、弱有所扶"；不断拓宽公众有序参与社会治理的渠道，促进共建共治共享，法治共治全力推进社会治理现代化；推进公共法律服务进社区、进园区、进企业，加强基层治理中的法治元素，努力建设模范法治社会。

## 第一节　加强法治社会建设的紧迫性

　　党的十八大前，中国特色社会主义法律体系已经形成，但是法

---

[1] 习近平：《论坚持全面依法治国》，中央文献出版社2020年版，第103页。
[2] 习近平：《论坚持全面依法治国》，中央文献出版社2020年版，第234页。

律体系的形成不等于实现了法治，实践中大量法律沦为具文，法律在社会生活中缺乏权威，法律有时被遵守，有时不被遵守，一定程度上存在"有法律无法治"状态。尽管深圳在法治建设方面走在全国前列，但也存在同样问题，社会法治建设存在多方面薄弱环节，成为法治城市建设中的一个显著短板。

## 一 法治社会建设存在薄弱环节

### （一）社会治理中法治思维不够

党的十八大前，基层社会管理中管制思维还较严重，领导干部、特别是基层领导干部在社会管理中还不善于用法律手段化解社会矛盾，往往只会用行政手段和经济手段解决问题。这种法治思维欠缺的问题在部分领导和干部中存在，在许多普通民众中也存在。以加强社会管理、维护社会稳定为例，部分领导和政府工作人员片面认为加强社会管理就是加大管理力度，要采取严厉措施严管重罚，甚至以改革创新为名，采取法律未授权甚至禁止的措施，甚至随意将"维稳"扩大化和盲目化，将社会生活中一些细枝末节的一般性矛盾纠纷都视为影响社会稳定问题。群众表达诉求和矛盾纠纷解决上，部分群众信权不信法、信访不信法、信闹不信法，遇事不是通过法律途径解决问题或依法表达诉求，而是直接上访，权利意识觉醒与维权理性不足之间矛盾突出，一方面有了法律意识，希望用法律来维护自己的利益；另一方面又不愿意被法律约束，不满法律程序上的限制要求；一方面愤慨他人侵害自己利益；另一方面自己却坦然违法。

### （二）社会领域法律法规不完善

自1992年深圳取得经济特区立法权到2012年已经整整20年，经过这20年努力，适应当时市场经济发展的法规体系已经比较完备，但是社会领域立法相对滞后，一方面，社会领域存在大量立法空白，社会管理规范缺失问题突出；与此同时，已有法律法规有些落后于社会发展，未能有效应对新的社会问题和回应社会需求，存在不适应社会发展现实的现象。一是当时社会管理的法律规范多为行政法规或部门规章、规范性文件，部门立法之间协调性不足，系统性不强，有些法律规定内容相抵触或者不够衔接、操作性差。随着社会的发展，社会现象日益复杂化，社会管理中越来越多问题涉及多个部门职权，已有立法不能适应社会发展要求，也不适应人民期待。二是深圳很多政府部门很早就自发在城市管理、社会管理中用治理理念开展工作，发展社会组织，探索政府、社会组织、市民共同进行社会治理。社会组织、市民等公众参与社会治理现象的不断增多，但原有法律法规相关规定很少，已经无法满足公众参与工作的需要。

（三）制度化的社会利益诉求表达渠道不畅通

我国《宪法》《立法法》《选举法》信访条例等对公民利益诉求表达均有明确规定，但具体的落实机制还不完善，表达渠道不够畅通，导致党委政府无法及时了解民意、集中民智，在一定程度上影响了社会管理科学化。

## 二 法治社会建设的重点举措

这十年，加强社会法治建设主要是改变过分依赖行政手段管制社会的传统方式和思维模式，以法治思维、法律手段管理社会，通过法律规定、运用法治思维和法治方式协调社会关系，规范社会行为，化解社会矛盾，解决社会问题，促进社会公正，应对社会风险，保持社会稳定，实现社会发展。因此，应着重解决法治思维的培养、立法的完善、基层治理的法治化等方面问题。

（一）培养法治思维

关于"法制"和"法治"在我国提出已有数十年，法治进步也一直很快，但无论是政府工作人员还是普通市民，对法律的理解还是存在法律工具主义的观念。法治建设的重点在于政府在社会管理活动中如何利用法律手段管理社会、管理民众、管理流动人口和特殊人群，对于如何强化与实现法律对国家公权力的控制与制约，不够重视，导致对公权力的制约不足、对政府履职的规范不足，社会领域尤为突出。由于法治思维的欠缺，社会管理中政府"缺位""越位"现象并存。法治社会建设，首要是提升领导干部法治思维和以法治方式解决问题能力，使领导干部和公职人员正确理解和认识法律和法治，正确理解法律与权力的关系，树立法律至上观念，走出法律工具价值的局限，弘扬法律与法治自身的独立价值与目的价值，强化法律对公权力的制约作用，在社会建设中加强法治，以法治推进社会管理创新，提升社会治理水平。同时要以法治思维正确认识社会矛盾纠纷。法治社会并非没有冲突和矛盾，有矛盾和冲突是正常的社会现象，我们强调社会和谐稳定，不是消灭矛盾，而是能够化解矛盾，一个成功的社会应该善于管理冲突，而不是杜绝冲突。法治思维下，应当将群众呼吁解决社会问题、依法维护权益等现象视为正当诉求，按法律方式推动解决，而不必视作不稳定的因素。应当着力畅通利益诉求表达渠道，保证人民群众的意见得到充分表达，合理诉求得到满足，合法利益得到保障，同时完善矛盾纠纷多元解决机制，把矛盾和冲突的处理纳入制度化的轨道，从而科学合理解决。

(二) 完善社会领域立法

法治社会应当把尊重人民的主体地位和保障群众合法权益作为法治建设的出发点和落脚点，以法律重构社会治理的基本框架，通过法律明确界定政府、社会组织、公民在社会管理中的权力、权利、义务和责任，建立健全权利平等、机会平等、规则平等的制度规范。从完善社会民生法律保障和规范社会秩序入手，把修改完善民生领域法律及制定配套法规和完善基层治理制度规范摆在更加突出的位置，对已不适应新情况新要求，不利于进一步推进社会建设与发展的法规制度及时进行修改完善，使不同法规规范之间相互配套衔接、协调一致。特别是随着我国社会主要矛盾转化为人民日益增长的美好生活需要和不平衡不充分的发展之间的矛盾，根据"幼有所育、学有所教、劳有所得、病有所医、老有所养、住有所居、弱有所扶"的发展要求，要通过完善教育、医疗、就业和劳动社会保障、住房、收入分配、扶贫济困等方面的法律制度，从制度上保障相关事业的发展，从源头上解决群众最现实、最关心的问题，补齐民生短板、促进社会公平正义。同时，要重视以法律平衡各种利益，政府的社会管理要在法治的框架内进行，防止以公共利益或社会利益为由限制或剥夺公民权利、损害公民合法权益。对于前期探索创新的向社会放权的改革措施,已经证明行之有效的基本治理方式要通过立法固定下来,形成有效的法律机制。特别将由社会自我管理更有效、社会组织提供服务更专业的领域放权给社会,由社会组织等多元主体参与管理和提供公共服务的,要通过立法完善相关制度。社区党委领导下社区多元主体共同参与社区治理的模式,涉及的各主体关系协调,资源要素合理配置等,需要通过立法完善相关制度,使社会运行和谐有序,社会管理协调高效。

(三) 构建多元共治的法律制度

法治社会建设需要多元主体的共同参与,共建共治共享。公众有序参与社会治理既是对公众民主权利的尊重,也是提高社会治理水平的需要。针对公众参与社会治理渠道较少、参与方式单一,对社会组织的支持不足、监管不到位,社会自治空间不足与社会组织自律不够同时存在等问题,一是要增加政策法规制定过程中的公众参与。政策和法规规章制定和实施必然对社会公众产生约束,难免因利益差异而出现矛盾冲突,要不断增加市民民主参与政策法规规章制定的机会和方式,努力实现各类社会组织和公民参与的方式方法制度化、法制化,特别是涉及社会民生方面政策制度的制定修改,要通过征求意见、公示、听证、咨询、协商的方式明确争论焦点,通过利益表达、理性沟通的方式引导诉求表达,使政策法规制定者找准问题关键,探索较为普适的解决方案,增强政策法规的科学性和可接受度,而使矛盾冲突最大限度地缓和与消解,甚至因为公众参与政策法规制定而产生对政策法规的认同感和亲密感,为政策法规的顺利实施打下社会基础。二是规范发展社会组织。社会组织参与社会建设建立在一定的自我规制、自我管理和自我服务能力基础上,形成社会自治机制。因此要着力推动行业组织和基层自治组织的发展,发挥其在充分协商、有效沟通基础上的自律、互律作用,提高社会自我约束、自我规制能力;推动法律、会计、审计等中介服务规模的增长和专业化水平的提高,以适应经济关系和社会关系日益复杂化下服务需求不断增多、服务要求不断提高的现实,并有效发挥中介组织对经济社会活动的规范和监督作用;积极推动公益组织、非营利组织发展,形成公共服务提供主体多元化的新格局；加强各种社会组织内部制度建设，在内部治理结构完善的基础上更好地参与社会治理。三是完善政府与企业、社会组织、个人的协同共治机制。以协同善治为导向充分发挥社会组织和市民共同参与社会治理，建立政府与企业、社会组织之间的决策互动机制、长期合作机制、资源共享机制等，构建政府与企业、社会组织之间的伙伴关系；加强社会共治的制度保障，在政府采购以及社会组织管理、监管和绩效评价等重点领域制定相关法规政策，特别是明确社会组织、企业等主体在社会治理中的定位、责任和权限；创新并完善社会治理多种资金扶持方式，建立社会参与的激励机制，充分发挥社会组织、企业等在社会治理中的作用，构建社会协同共治体系。

## 第二节 推动社会主义法治文化成为城市主流文化

文化具有很强的影响力和渗透力，文化在一定程度上能够影响人们的价值观念与思维模式，进而影响人们的行为。弘扬法治精神，形成法治信仰，建设中国特色社会主义法治文化是推进全面依法治国、建设社会主义法治国家的重要内容，也是法治社会形成的重要保障。在法治建设中，立法、执法、司法这些显性的规范制度固然重要，对法治精神、法治文化、法治行为方式这些隐性力量作用的引导也不容忽视。"徒法不足以自行"，既是要求严格执法和公正司法，也包含了公众普遍守法，从根本上说，后者更重要。立法是为了形成公众普遍适用的规则，执法、司法是规则实施的保障，立法、执法、司法的目的都是促进公众普遍遵守一定的规则。形成公众普遍认同的规则，并被公众普遍自觉遵守，这才是法治的最终目标。而公众普遍自觉守法，需要以法律信仰和法治文化为支撑。法治文化是法治社会形成持久的精神动力和行为保障。

深圳较早提出建设社会主义法治文化的目标，并把法治文化建设置于精神文明建设、文明城市建设、城市文化建设、城市文明发展之中，从法律知识普及、法律意识培养，到法治思维养成、法律信仰培育逐步推进，成为城市文化、城市精神的重要组成部分，逐渐催生"尚法"成为新时代深圳精神。

**一 推进社会主义法治文化成为城市主流文化**

早在2010年5月深圳就在第五次党代会上提出"加强法治文化建设，推动全民普法，树立法治理念，塑造现代法治公民，率先建成社会主义法治城市"的目标，法治文化建设成为市民素质提升和法治城市建设的重要内容。此后，深圳以培养公民普遍的法律信仰、加强市民法制宣传教育、建设法治文化基地、增强法治文化的感染力和影响力等为重点，大力推进法治文化建设，充分发挥了法治文化工作的引导、教育和服务作用，为全市的社会经济发展制造了良好的法治文化氛围。

2014年党的十八届四中全会通过的《中共中央关于全面推进依法治国若干重大问题的决定》指出"法律的权威源自人民的内心拥护和真诚信仰"，同时要求"必须弘扬社会主义法治精神，建设社会主义法治文化，增强全社会厉行法治的积极性和主动性，形成守法光荣、违法可耻的社会氛围，使全体人民都成为社会主义法治的忠实崇尚者、自觉遵守者、坚定捍卫者"。深圳市委随即出台的《关于贯彻落实党的十八届四中全会精神 加快建设一流法治城市的重点工作方案》也强调了相关要求，并从构建社会普法教育机制、推动领导干部带头学法守法、提升市民法治素养、创新法治宣传教育方式、建设社会主义法治文化等方面对普法工作和法治文化建设作出部署，推动领导干部和广大市民接受、认同现代法治文化观念，培养社会公众的法律意识、法治思维，培育法治观念、法律信仰，推动社会主义法治文化成为主流文化。2017年深圳市"七五"普法规划则站在了弘扬社会主义法治精神、建设社会主义法治文化的高度对普法工作进行详细布置，发展法治文化，培育公民法律信仰，提高市民素质，已经成为深圳文化发展、文化建设的重要组成部分。

2020年，深圳提出新时代深圳精神，"敢闯敢试，开放包容，务实尚法，追求卓越"，"尚法"成为新时代深圳精神的重要内容。

2021年出台的《深圳城市文明建设规划（2020—2050）》提出"在全市开展全覆盖宪法精神、法治文化的宣讲教育，弘扬社会主义法治精神，增强全民法治观念，夯实依法治国社会基础"。法治文化成为城市文明的重要内容。深圳市2022年7月发布的《关于开展法治宣传教育的第八个五年规划（2021—2025年）》再次专门用一个部分部署"加强社会主义法治文化建设"，从传承发扬中华优秀传统法律文化、加强法治文化阵地建设、促进法治文化交流三个方面提出规划要求，专门提出在城市建设中融入更多法治元素，法治文化与文化发展、城市发展各方面深度融合。

## 二 推进多层次法治文化齐发展

法治文化作为人类的精神文明成果，内容丰富且呈多层次性。包括法律知识、法律意识、法治观念、法治精神、法治思维、法律信仰，以及深层次的法治立场、法治心理，以及理论领域的法治价值、法治思想、法治理论、法治学说等。不同层次法治文化之间有一定递进关系，又相互影响，发展法治文化必须推动各层次各方面共同发展。

深圳在发展法治文化过程中，深刻认识到法治文化的发展绝不能停留于一般性的普法，而是应当重视不同层次法治文化同时推进，既做好打基础的一般传播普及法律知识工作，也开展思辨性深度讨论引发法律价值思考；既开展普通群众喜闻乐见的法治文艺活动，也推进高端法治论坛等法治理论研讨，通过广泛宣传，让只能少数人参加的讲座、研讨、辩论成为公共话题，产生大范围的影响。

推动人们认识、思考法律的价值的重要意义在于每一项法律、每一条法律规定，本身隐藏着一定的价值、代表了一种理想信念和文化力量。只有将具体的法律规定、法律条文背后潜藏的社会价值观念展现出来，体现公平正义、符合公众价值的科学立法才会得到社会公众的认同和拥护。诸多法律都得到公众认同，就会形成对法律普遍的尊重和信仰，从而自觉遵从和维护，形成法治精神，并将法治精神内化为社会文化，使市民从被动服从法律转变为自觉遵从法律，并爱护法律、自觉维护法律。而且，当字面上的法律制度与行动中的法律观念、外在的法律规则与内在的法律信仰相互契合，法律就成为民众生活的一部分，民众也会自觉遵循法律文本背后的秩序。在这种情况下，即使法律规定还不尽完善，依据法治精神、法律的一般原则以及日常生活中的公序良俗，也可以自觉规范自己的行为和调整社会关系，形成良好的社会秩序。

深圳2014年开始推出的"民断是非"大型思辨性公益普法活动就是这样一项旨在通过辩论和深度讲论，让群众思考立法价值，理解法律价值，培育法治思维的活动。活动内容是每期选择一个争议性法律话题，由法律工作者或法学院学生组成的辩论队进行论辩，普通市民组成的"陪审团"对辩论进行评审，最后由法律专家进行点评。活动将专业性和群众性结合起来，让参与的市民在活动中思考学习法律，达到学会思考法律问题的效果。截至2022年8月，"民断是非"大型思辨性公益普法活动已经举办80期。深圳市法学会联合罗湖区法院、罗湖法律文化书院、深圳市蓝海现代法律服务发展中心、西南政法学院校友会等多家机构开展的"深圳法治论坛"等法律文化系列活动也已经延续多年，邀请国内法学名家开设讲坛，现场进行互动，向公众全面展示法律文化，宣扬法治价值理念。由中国法学会主办、2015年开始由深圳市政府承办的全国性高端法治论坛——中国经济社会发展法治论坛，该论坛2016年更名为"中国法治论坛"，将会址永久定于深圳，每年举办，至今已经举办多届。论坛每年吸引国内法学界众多顶级大咖云集深圳研讨我国法治发展的最新问题与未来发展趋势，既为深圳法治发展提供指引，也增强了深圳的法治文化氛围。深圳法院2012年开始开展直播庭审活动以来，每年直播场数不断增加，2017年"千场直播，当庭宣判"、2018年"万场直播，当庭宣判"、2019年"天天直播，当庭宣判"活动，至今天天有直播。2015—2020年网络直接庭审16.1万场，2.2亿人次在线观看。[1]通过直播庭审，不仅实现司法公开、加强监督，而且让群众在观看中准确了解怎样判定法律事

---

[1] 数据来源：2021年深圳市中级人民法院工作报告。

实、每一个法律条文的准确理解、每一项法律规定的价值追求，无疑也是生动的法治文化活动。

法治文化会随着经济社会的发展、发生而演变。我们推进全面依法治国，必须坚持以习近平新时代中国特色社会主义思想为指引，以习近平法治思想为指导，坚持党的领导、坚持社会主义道路、坚持以人民为中心，形成社会主义法治体系。在这一过程中发展中国特色社会主义法治文化，既要从世界法治文明成果汲取法治文化共有属性，也要立足中国特色社会主义建设中的中国国情，继承中华法文化中的精华，形成社会主义法治文化。深圳在加强社会主义法治文化建设中，重视以社会主义法治为基本立场的法治文化建设，在始终强调将社会主义核心价值观、爱国主义教育、公民道德教育全面体现到普法工作中之外，也根据我国社会主义法治新要求，重视继承发展中华优秀传统文化和红色法治文化的保护、宣传和传承，在"八五"普法规划中专门提出要求。

### 三　推动多元主体共同参与法治文化建设

法治文化建设不是宣传部门一家的事，普法也不是普法办一家的事，深圳市委宣传部和深圳市司法局一直都很重视调动各方资源共同推进法治文化建设和普法工作。一是调动全市各种媒体资源，挖掘社区、交通场站等各种场地资源，开始全方位、立体式宣传；二是提出并推广"谁执法谁普法"责任制，并鼓励普法方式创新，提高普法针对性、准确性、丰富性；三是调动各类社会组织和个人参与法治文化建设，丰富法治文化活动的形式，增强吸引力和感染力。

多年来本地电视台、广播电台、报纸均有普法公益广告占广告比重要求，目前所设置法治专栏常办常新。"法治第一线""代表来了""网警在行动"等众多法治节目，以身边事以案释法，传播法治文化。深圳司法局的"公民法律素质提升资助计划"，吸引社会力量参与普法和法治文化建设工作，至今已实施十多年。该项目以政府资金资助方式，鼓励、支持、引导企业、社会组织和个人参与法治文化建设，培育了一批有经验的普法机构和"民断是非""歌乐山大讲堂""蓝海法律沙龙""剧说宪法"等有影响力的法治文化项目，促进了普法形式的创新升级。福田区司法局2015年在公共法律服务中心实体平台和虚拟平台的建设中，在平台上建设了"法治文化创客中心""法律图书馆""公众模拟法庭""法治文化走廊"等一系列特色功能板块，使福田区公共法律服务中心不仅仅是市民接受法治文化熏陶的教育基地，还成为法治文化公共产品和创意机构的孵化、培育和推广基地。深圳市团委联合教育部门、司法机关、社会组织、基层社区以及社会法律专业人士，以"社会组织+"为核心的"青少年普法工程"，与志愿组织共同推出的"新雨计划"，以戏剧、夏令营、主题班会、个案帮等青少年喜闻乐见的方式深入学校、深入基层社区。深圳图书馆开展"图书馆+"系列普法活动，举办"图说特区法规展""经典法律图书展""深圳市公诉人与律师控辩大赛"等系列活动，展现特区法治成就，启发法治思维，培养公民法律信仰，培育城市法治精神。深圳市法学会的"深圳法治论坛"集合各种法律资源，发挥各家所长，持续产生影响。

**四　增强法治文化活动品牌影响力**

十年来，深圳一直将社会主义法治文化建设作为法治建设的基础性工程来抓，吸引多元主体参与开展多层次的法治文化活动，老品牌活动持续推进，新品牌不断打造，老平台持续发挥作用，新平台带来新体验，推进法治宣传教育与群众文化生活的结合，持续增强社会主义法治文化的渗透力、引导力和感染力，逐渐形成融知识普及、能力培养、观念引导、行为规范为一体的深圳特色法治文化建设模式。2003年启动的"法制大观园活动"、2007年创设的"公民法律大讲堂"、2013年开始开展"深圳十大法治事件""深圳十大政法创新"评选活动，以及"校园模拟法庭""校园法律文化节"等一系列富有深圳地方特色的法治文化品牌活动多年持续开展，市民参与度、关注度不断提高。深圳税收历史文化展馆、南山区法院法律文化博物馆和法律图书馆、龙岗区青少年法制教育馆等法治文化示范基地建立十多年仍深受市民欢迎。

深圳的法治文化建设紧随法治发展步伐，跟随社会热点打造新平台，开展新活动，保持社会高关注度，收到很好的实效。例如，在新的宪法修正案出台后不久，深圳市普法办相继推出宪法进万家、宪法进酒店、宪法字帖、口袋书《走近宪法》等一系列宣传活动和宣传方式，并构筑搭载宪法内容、覆盖"海陆空地"出行载体的系列活动。深圳盐田区建设了以宪法为主题的宪法公园，设置了永久性的宪法宣誓平台，为市民提供感染宪法文化的实体平台。又如，《民法典》编纂期间，深圳市龙华区就策划修建民法公园，将民法的理论元素聚集于公园，同时设计以"华仔"的一生为线索，讲解人一生中将会遇到的主要法律问题及法律规定，将民法知识生动地融合入日常生活场景中，让人们休憩过程中学法懂法，成为高质量《民法典》宣传平台。

随着法治文化建设多年的持续投入，深圳法治文化载体基地不断增多，法治文化公园、法治文化广场、法治文化长廊遍布全市各街道社区，使市民在休闲中学法，在学法中休闲，法治文化融入日常生活。

### 五 促进"关键少数"法治素养提升

《关于全面推进依法治国若干重大问题的决定》指出"党员干部是全面推进依法治国的重要组织者、推动者、实践者，要自觉提高运用法治思维和法治方式深化改革、推动发展、化解矛盾、维护稳定能力，高级干部尤其要以身作则、以上率下"。特别是高级领导干部在法治建设中具有示范带头作用。领导干部视宪法和法律为权威，具有制度意识、法治思维，自觉依法执政、依法行政、依法办事，以法治思维看问题想事情，以法治方式解难题办实事，就会在党政机关中形成依法办事的风气，并带动整个社会形成崇尚法律、遵守法律、维护法律权威的氛围。因此，对作为"关键少数"的领导干部的法治思维的培养至关重要。深圳一直重视领导干部的法律素质，要求领导干部带头学法、模范守法。党的十八大以后，中央关于提高党政领导干部运用法治思维和法治方式处理问题的能力的要求提出后，深圳以领导干部法治思维养成为重点，不断完善领导干部学法用法制度,并加强考核,不断提高领导干部法律素养,带动党政机关工作人员尊崇法律、信仰法律,党政机关依法决策、依法行政能力和水平大幅提升。

(一) 完善领导干部学法考法制度

将法治教育列为党校主体班必修课,领导干部任职培训都要参加学法培训和学法考试。推行典型案例教学,在全市行政机关开展典型案例巡回讲座,通过行政诉讼中典型并具有针对性的案例,指导各部门提高依法行政意识,培养领导干部法治思维,将法律作为"用权"的边界、"用权"的准绳、"用权"的尺度。为防止领导干部学法走过场,2014年深圳开始实行新任局级干部任职法律考试制度,规定所有新提任的局级干部必须参加任职法律考试,考试未通过的,委任制局级干部将相应延长试用期至考试通过,选任制局级干部则暂缓提请法定选举机关选举[①]。目前该项规定已经形成制度,大幅提高了局级领导干部法律知识水平。深圳还建立市政府常务会议"局长讲法"工作机制,开展"双月学法"活动等,定期集中学习重要法律法规。领导干部学法考法带动了机关事业单位其他公职人员学法考法的积极性,推动了相关制度的完善。公务人员入职培训,都要参加学法培训和学法考试;执法人员要定期参加法律培训,将参加培训情况与执法证取得挂钩。近年来党政机关、事业单位领导干部以及公务员、职员考核式、实践式学法制度不断完善,网上培训考试平台课题体系不断完善,学习考试便利性大幅增加。公职人员每年均需完成规定学习内容并参加考试,法治教育率达到100%。

(二) 增强领导干部宪法意识

2018年,宪法修正案通过后,深圳值此重要契机,加大对于宪法权威的宣传贯彻力度,加强对领导干部对宪法的学习培训力度,深圳市组织领导干部进行了专题研修和专题学习,培养宪法意识、宪法素养,增强对宪法权威性的认识,将全面从严治党和全面依法治国有机结合起来,形成带头宣传实施宪法的良好氛围。落实党的

---

① 详见2014年1月深圳市委组织部与市依法治市办联合下发《关于开展新任局级干部任职法律考试的通知》。

十八届四中全会所确立的宪法宣誓制度，落实各级人大及其常委会选举或者领导干部就职时向宪法公开宣示的制度落在实处，成为深圳领导干部和国家工作人员率先信仰宪法的重要形式加以固定，强化领导干部从宪法中认识国家权力运作。

（三）"述法"纳入干部述职考核

2013 年以来在深圳市管领导班子和市管干部的年度考核工作中，就将依法行政、依法办事情况列入班子年度工作总结、个人述职报告内容，依法办事情况成为评价领导班子和领导干部的一项重要指标。2015 年进一步把法治建设成效作为衡量各级领导班子和领导干部实绩的重要标准，纳入政绩考核指标体系，探索建立了领导班子和领导干部述职、述廉、述法三位一体的考核制度。此后，深圳持续推动"述法"工作规范化、法治化，2020 年福田区试行选取 3 名区部门领导在区委全面依法治区委员会全体会议上组织述法。2021 年深圳市委全面依法治市委员会办公室出台《深圳市党政工作部门及区委区政府主要负责人履行推进法治建设第一责任人职责述职工作实施细则（试行）》，规定市、区两级法治党政主要负责人均要进行"年终述法"，并选取 4 家市直部门主要负责人在市委全面依法治市委员会会议上进行"会议述法"。会议述法体现了市委对法治工作的重视，有效地推动领导干部发挥"关键少数"作用，确保依法办事、依法履职，为推进法治先行示范城市建设提供了有力保障。

## 第三节　探索完善社会领域立法

尽管党的十八大前夕中国特色社会主义法律体系已经形成，但是发展不平衡是我国现阶段的基本国情，我国幅员辽阔，地区差异大、城乡差异大，这决定了法律不可能细致到规定每个地方的具体细节，各地区需要根据当地实际情况制定与本地区经济社会发展相适应、符合当地文化传统和其他特色的法规规章，以满足地区经济社会发展需要和良好经济社会秩序需要。深圳是一个从边陲小镇快速发展起来的超大城市，社会建设较长时间一直落后于经济发展。21世纪初以来，深圳市委市政府已经认识到这一问题，并提出建设"和谐深圳"的目标，大力推进社会建设，但短时间的快速补短急需法制保障。社会领域立法逐渐受到重视，并制定了数十部关于社会建设、城市管理等方面的法规规章，规范了社会秩序，促进了社会发展，按照"深圳质量"的要求向高质量发展方向迈进。

党的十八大以来，习近平总书记反复强调"人民对美好生活的向往，就是我们的奋斗目标"，并对教育发展、做好就业工作、社会保障制度、健康中国建设、平安中国建设、基层治理等民生建设和社会治理的方方面面提出具体要求。一直勇挑重担、走在前列的深圳比照要求后，深刻认识自身民生建设的短板和人民的美好生活需要对社会治理进一步提升的需求，在加大民生领域投入的同时，按照全面推进依法治国、改革要于法有据的要求，积极推进社会领域立法，以法治保障民生建设优质发展和社会治理水平再上新台阶。

## 一　完善社会建设基本法

2012年深圳制定出台了《深圳经济特区社会建设促进条例》，条例共七章，除总则、附则外，其他五章分别为基本公共服务、社区建设、社会组织、社会管理创新、促进和保障。其中基本公共服务分七节，分别为公共教育、就业促进、收入分配与劳动者权益、社会保障、医疗卫生、住房保障、公共交通。整个条例内容的着力点是"促进"。在基本公共服务部分，主要从促进相关公共服务事业发展的角度，规定政府责任、制度供给、机制建立、保障措施等。社区建设、社会组织、社会管理创新部分偏重于将改革创新成果固定下来和引领深化改革。条例的实施推动了深圳基本公共服务事业的发展和社会管理创新，社会建设步伐加快。

但是，随着我国发展进入新时代，中央对民生领域发展和社会治理提出了很多新要求，深圳原来制定的社会建设促进条例逐渐不能适应发展的需要。为进一步加强深圳经济特区社会建设，提高民生保障水平，加强和创新社会治理。2020年，条例的修订被列入立法计划。经过全面修改，采取废旧立新方式，2022年深圳市人大常委会通过《深圳经济特区社会建设条例》。该条例以全新的框架和主体内容出现，共有五章，除总则、附则、促进和保障外，主体内容整合为民生建设、社会治理两章。民生建设领域围绕先行示范区建设"民生七有"的目标，主要规定了公共教育、劳动就业、社会保障、卫生健康以及住房发展等方面的内容。社会治理部分主要规定矛盾纠纷化解、社会治安防控、公共安全保障、基层社会治理四个方面内容。条例明确了坚持以人民为中心的发展思想和坚持党的领导、政府主导、社会协同、公众参与、法治保障、科技支撑的原则，强调了公平正义的基本原则，强调了落实"七有"的先行示范要求。同时也明确提出提高保障和改善民生水平应当尽力而为、量力而行，强调着重于普惠性、兜底性、基础性民生建设，体现了实事求是的精神。对于加强和创新社会治理，强调了树立全周期管理理念和共建共治共享的原则，强调了加强系统治理、依法治理、综合治理、源头治理，促进社会治理现代化。应当说，新条例贯彻落实了中央最新精神，契合了人民日益提高的美好生活需求对社会建设立法的要求。

**二 完善民生领域立法**

发展经济的根本目的是提高人民的生活水平，促进人的发展。建设中国特色社会主义必须不断提高人民生活水平，让广大人民共享经济发展成果，也只有这样，才能实现社会长治久安。党的十八大以来，深圳一方面不断修订完善过去已经制定的民生领域法规规章，如2014年修订了《深圳经济特区促进全民健身条例》《深圳经济特区无偿献血条例》《深圳市学校安全管理条例》等，同时，又根据民生领域发展需求继续推进创新立法。

（一）创新卫生健康方面立法

2016年制定《深圳经济特区医疗条例》。该条例对深圳经济特区医疗资源配置与保障、医疗机构、医疗卫生人员和医疗服务管理、医疗秩序与纠纷处理、医疗监督管理、法律责任等做了详细的规定。这是全国首部地方性医疗基本法规，其中关于医疗机构登记、医疗卫生人员执业、行业自律等内容，充分利用经济特区立法权对现行法律法规中不适应当前医疗卫生事业发展需要的内容进行变通、创新和完善，为全国和其他省市后来的医疗改革提供了参考借鉴。该条例2019年、2022年又对部分条款进行了修订，以不断适应改革发展的需要。

根据急救事业发展的需要，2018年制定《深圳经济特区医疗急救条例》，除依法保障市民获得医疗急救服务的权利、规范医疗急救行为外，还从急救"急"的特点出发，倡导市民自救、互救，鼓励具备急救能力的市民参与社会急救，特别是医疗人员还未到来前的急救。此外，该条例还鼓励企业、社会组织和个人捐助，促进医疗急救事业发展。

为推进健康深圳建设，2020年通过《深圳经济特区健康条例》，从健康城市、健康促进、健康服务、健康保障四个方面进行规定，以促进人的生理健康、心理健康和良好的社会适应能力。突出特点是强调把人民健康放在优先发展战略地位，将健康融入所有政策；强调健康的全民参与，既要建立全民健康制度体系，又要自主自律、健康生活；强调预防为主、防治结合，从优化健康服务、完善健康保障、建设健康环境、发展健康产业多维度推进，目标是提升居民健康水平。该条例是国内首部地方性健康法规，通过系统、详尽的规定，为提高居民健康水平提供法治保障。

健身方面，早在1999年深圳就以市政府规章形成制定了《深圳经济特区促进全民健身若干规定》，推动了全民健身运动。实施15年后，根据全民健康的进一步需求，2014年对该规定进行全面修改后以特区立法形式通过了《深圳经济特区促进全民健身条例》。

（二）加强社会保障方面立法

为与市场经济发展和灵活用工制度相适应，早在20世纪80年代深圳就探索实行社会养老保险制度，并于1998年制定了《深圳经济特区企业员工社会养老保险条例》。进入21世纪，随着社会养老保险覆盖的扩大以及社会养老保险制度改革的推进，2012年深圳对条例进行全面修改，制定了适用于职工社会养老保险和居民养老保险的《深圳经济特区社会养老保险条例》，《深圳经济特区企业员工社会养老保险条例》相应废止。新条例的施行，完善了深圳市的社会养老保险制度，较好地维护了劳动者合法权益和社会和谐稳定。深圳对养老保险及其立法的探索为国家建立基本养老制度和制定相关法律提供了经验。近年来，随着基本养老保险全国统筹、省级统筹的深入推进，深圳原条例的部分内容与国家、广东省政策存在一些差异，为逐步向国家和广东省的规定衔接，深圳于2020年、2021年对条例部分条款进行了修改，以适应新形势、新要求。

在残联人士保障方面，2015年修订《深圳市残疾人特殊困难救助办法》，增加了多项救助内容，设立护理补助、生活补助、住房困难补助等项目，提高残疾人就读高等院校的学杂费补助等，同时扩大补助对象范围，进一步提高深圳残疾人社会保障水平。2016年又制定了《深圳经济特区实施〈中华人民共和国残疾人保障法〉办法》，建立以人为本、科学发展、政府主导、社会参与和鼓励帮扶的残疾人保障工作原则，并从预防和康复、教育和文化生活、就业促进、社会服务、社会保障等方面加强残疾人社会保障的措施、完善服务体系，增进残疾人民生福祉。2021年深圳制定《深圳经济特区无障碍城市建设条例》，提出了无障碍城市理念，将无障碍环境建设提升到无障碍城市建设，从硬件建设到意识培养、服务提供，多角度、多层次地体现人文关怀。

在最低生活保障方面，2021年制定《深圳市最低生活保障办法》，进一步健全深圳的最低生活保障制度，实行更加科学化的最低生活保障标准的确定方式和调整机制，同时进一步规范最低生活保障的申请、核对调查、审批、待遇发放以及监督管理，更好保障居民基本生活。同时制定了《深圳市居民经济状况核对办法》，规范居民经济状况核对工作，为民生保障工作提供科学依据。

（三）推进民生其他立法

劳动就业方面，针对欠薪隐匿或者逃逸导致的欠薪保障执行难题，2014年制定《〈深圳经济特区欠薪保障条例〉实施细则》，细化欠薪隐匿或者逃逸的认定范围，解决"匿而不逃"的执行难题，并增加了集体欠薪垫付申请的处理，强化对劳动者合法权益的保护。2018年市政府常务会议制定《深圳市劳动能力鉴定管理办法》，加强劳动能力鉴定管理，规范劳动能力鉴定工作。

公共教育方面，2022年6月深圳制定了《深圳经济特区学前教育条例》，《深圳经济特区职业教育条例》也已经进入人大审议阶段。

住房发展方面，深圳市政府常务会议对2011年颁布的《深圳市人才安居暂行办法》进行全面修改，采取废旧立新方式制定《深圳市人才安居办法》。目前正在制定深圳经济特区不动产登记条例，以及深圳市公共住房规划建设管理办法、深圳市公共租赁住房管理办法、深圳市保障性租赁住房管理办法、深圳市共有产权住房管理办法等政府规章。

养老服务方面，2020年通过《深圳经济特区养老服务条例》，确立了政府主导、政策扶持、社会参与、市场运作的养老服务原则和以居家养老为基础、社区养老为依托、机构养老为支撑的养老服务体系，促进医养康养相结合，有效满足老年人多样化、多层次养老服务需求。从养老服务设施的规划和建设到各种类型养老服务的发展要求均做出详细规定，明确了基本养老服务财政投入机制，并创新建立了长期护理保险制度，为深圳实现老有颐养提供法治保障。而《深圳市长期护理保险办法》已经列入2022年政府立法计划。

### 三 制定基层治理法规

一个城市的社会治理水平是这个城市最大的人居环境。深圳通过社会管理体制改革和创新所形成的经验做法是城市发展的重要资源。这些经验做法通过立法固化并随着改革的深化不断完善，成为城市可持续发展的保障。

（一）创新制定居住证条例

深圳经济特区建立时只有30多万人口，到特区建立30周年时，人口已经膨胀到1000万。大量外来人口的流入为城市带来充足的人才和劳动力的同时，也对人口管理带来极大的挑战。经济特区成立以来，人口管理一直是深圳社会管理的重中之重的大事。深圳也一直探索完善人口管理方式，从"边境通行证"到"以房管人"，从卡住流入人数到实行居住地管辖，逐渐有序。因人口底数不清和无序流动而附带的社会治安问题逐渐缓解。同时，和谐社会理念和"和谐深圳"建设目标的提出，也使人口管理理念发生重大转变，以居住证为载体的人口管理与服务一体化模式创新出台，收到很好的效果。

随着人口管理理念和方式的转变，2014年深圳市人大常委会通过了《深圳经济特区居住证条例》。该条例将深圳对于流动人口管理方式创新以特区法规固定下来，实行对外来人口从控制、管理为主转向管理与服务并重，实行以服务促管理的人口管理服务新模式。该条例规范了办理居住证的条件和程序，建立了面向非户籍人口的基本公共服务提供机制，实现对深圳外来人口服务管理的提档升级。这是全国第一个以地方法规的形式对居住证立法。居住证制度后来推广到全国，成为目前外来人口管理的重要制度。

（二）创新社区治理立法

社区是城市的基本单元，一个城市社区治理状况很大程度上反映了这个城市社会治理情况。作为移民城市的深圳，多数社区从零到有逐步发展起来，社区从管理到治理在发展中不断探索完善，从单一治理主体走向治理主体多元化。目前深圳的社区治理机构主要有五个类型：一是政党组织，即社区党委；二是政府派出机构，即社区工作站；三是自治组织，包括社区居委会和业主大会及业主委员会；四是企业，主要是物业管理公司（城市社区）和股份合作公司（村改居社区）；五是社会组织，如政府购买服务的社工机构，初步形成各种类型社区治理机构共同参与的多元共治社区治理结构。在治理主体多元化过程中，各主体发挥什么作用，各主体之间的关系是怎样的，深圳各区各街道的社区经历较长时间探索。有时行政力量不足导致基层管理措施落实不到位，有时行政管得多了，社区自治组织的作用发挥不出来，同时政府不堪重负。随着党对基层领导的加强，社工等社会组织在深圳的成长，党委领导下社区各主体各有分工、相互协作的社区治理模式逐渐形成，并通过制度确定下来。特别是通过制定党内法规和规范性文件，突出党的领导核心作用。

在市级层面，2015年出台《深圳市基层管理体制改革指导意见》，建立了以社区党委为核心，以社区工作站为政务管理服务平台，以居民自治为基础，企业和社区共同参与的社区治理新机制。2021年年初深圳市委成立了基层治理领导小组，由市委书记担任组长，统筹协调全市基层治理工作。在街道层面，2018年制定出台地方党内法规《中国共产党深圳市街道工作委员会工作规则（试行）》，明确街道党工委在基层治理中的"轴心"作用。推进街道管理体制改革，优化街道内设机构设置，提升管理服务效能。在社区层面，2016年出台《关于推进社区党建标准化建设意见》，2017年出台《关于推进城市基层党建"标准+"模式的意见》，2018年出台《中国共产党深圳市社区委员会工作规则（试行）》等党内法规和规范性文件，深化社区治理结构改革，强化社区经费与阵地保障，落实社区党委的领导保障权、人事安排权、监督管理权、事务决策权，全面提升社区党组织的组织力。巩固以社区党委为核心，居委会、工作站、物业公司、社会组织、群团组织、驻区单位等各方共同参与、共建共治共享基层治理格局。利用社区党群服务中心这个城市基层社会公共"新空间"，激发市场和社会各种力量，整合各种资源开展各项工作，丰富人民生活，建设和谐美好社会。

物业管理兼顾市场性和社会性双重属性，是现代城市社区管理的重要主体和基层治理的重要组成部分。深圳是中国内地物业管理的发源地，也是最早对物业管理进行立法的城市。早在1988年，深圳市就以规范性文件形式出台了《住宅区管理细则》，对住宅区的管理体制、维修养护及收费等做了规定。1992年深圳取得经济特区立法权后，物业管理条例即被列入立法计划，并于1994年出台《深圳经济特区住宅区物业管理条例》。2007年根据物业管理已经扩展到写字楼、工业厂房、学校、政府机关的实际情况，条例进行全面修改后更名为《深圳经济特区物业管理条例》，调整范围大为扩大。物业管理公司提供的服务改善了生产生活环境，维护了社区良好秩序，促进了邻里和谐，成为基层治理的一支重要力量。

随着社会的不断发展进步、国家法律的不断完善、居民和业主对物业服务要求的提升及个人权利诉求的增多，原条例规定下业主大会主体定位不清晰、业主委员会成立难和运作不规范、业主共有制度缺失、业主共有资金混淆不清等问题日益凸显，成为社区不和谐因素，修改物业管理条例的呼声越来越高。条例修订稿起草过程中，各种声音众多，显示物业管理在社区管理、基层治理中错综复杂的关系。条例修订从立法调研到审议通过历经 6 年终于在 2019 年以全新面貌出台。

新条例立足深圳基层治理结构特点和社区、物业管理行业发展实际情况，在遵守《物权法》的前提下，在一些具体管理方式上进行创新，完善了业主自治制度，建立业主大会备案制度，破解业主组织"缺位"问题；创设业主委员会选举两轮投票制，降低选举门槛，有效提高成立率；确定业主大会权利保留事项，细化业主委员会委员任职条件，增加业主委员会委员禁止性行为、公示义务，引入审计制度，规范业主委员会运作；规范前期物业管理活动，明晰界定业主共有资金的范围，强化业主共有资金的监管，完善物业专项维修资金制度，确保资金顺利归集、合理使用；明晰界定共有物业，建立停车位使用规则，完善共有物业管理和明晰经营收益归属，维护业主权益，以明晰的法律规定减少纠纷产生的土壤。明确社区党委对业主组织、物业公司的领导作用和具体领导方式，强化对业主自治管理、物业专业服务的政策引导与扶持以及具体方式，社区居民委员会的指导和监督作用及具体方式，进一步完善党委领导、政府监管、市场主导、社会参与、居民自治的共建共治共享的社区治理结构。

（三）创新制定矛盾纠纷多元化解条例

对于社会矛盾纠纷的化解，深圳通过司法改革提升司法公信力，守好社会公平正义最后防线，也不断探索通过和解、调解、行政裁决、行政复议、仲裁等多元方式化解矛盾纠纷，并搭建了一系列平台，开展诉源治理，不断提升非诉纠纷解决效率。但仍存在矛盾纠纷解决中部分部门职责定位不清、角色定位不准、职能相互交叉等问题，纠纷化解机制建设保障也仍不充分，社会力量参与矛盾纠纷化解工作的积极性和主动性还未充分调动起来。为明确界定相关职能部门在矛盾纠纷非诉讼方式化解体系中的职责分工和充分调动社会力量和基层群众参与矛盾纠纷化解工作，优化各类纠纷化解资源配置，深圳于2022年制定通过了《深圳经济特区矛盾纠纷多元化解条例》。条例明确坚持非诉优先的矛盾纠纷多元化解原则，鼓励当事人优先选择非诉讼方式化解矛盾纠纷，也鼓励律师引导非诉化解。同时详细规定了市、区、街道以及有关部门在矛盾纠纷化解中的责任。

**四 加强安全保障立法**

安全是城市可持续发展的必要保障，深圳一直重视城市安全保障立法，早在1997年就制定《深圳经济特区安全管理条例》，从安全管理职责、应急救援、生产安全管理、公共场所的安全管理、事故调查处理、安全检查与整改等方面对城市安全管理进行了较系统的规定。深圳经济特区成立以来，安全保障方面制定了100多部法规规章和规范性文件，对道路交通安全、公共设施安全、食品药品安全、社会治安安全、自然安全等许多方面的管理和防范进行规范，较好保障了经济社会稳定发展。党的十八大以来，深圳统筹发展与安全，又有多项立法推出。

如前所述，深圳作为改革开放的窗口和改革试验田，人口始终处于快速发展中，是全国最大的移民城市，也是户籍人口与实际管理人口比例倒挂最严重的城市，人口结构的复杂性、与城市发展的快速性杂糅，加之临近边境地区，导致社会环境异常复杂，社会治安形势一度非常严峻。因此1992年深圳取得特区立法权后就为社会治安综合治理开展立法工作，并于1994年审议通过《深圳经济特区社会治安综合治理条例》。该条例明确规定，社会治安综合治理是全社会的共同任务，因此条例具体条文围绕组织和动员全社会的力量，运用行政、法律、教育、经济、文化等各种手段，对社会治安进行综合治理，打击和预防违法犯罪，维护社会秩序，保持社会稳定。条例制定后，仅2003年对有关流浪乞讨人员的救助和吸毒人员戒毒治疗工作的个别条款进行了修改。条例施行以来，对指导和规范深圳的社会治安综合治理工作，维护社会秩序和稳定发挥了重要作用。

但随着深圳经济、社会的发展，特别是党的十八大以来，党中央、国务院对社会治安综合治理工作提出了许多新政策、新要求，深圳社会治安综合治理工作机制也发生较大变化，社会治安综合治理对象也出现新情况、新问题、新变化，原条例越来越不能适应和满足新时代深圳社会治安综合治理的需要。因应发展和形势的变化，深圳对条例进行了全面修改，并以"平安建设"的目标命名条例，2020年出台《深圳经济特区平安建设条例》。条例在基础建设方面强调实行网络化管理，依托网络开展平安建设的各项工作，探索建立以社会基础信息大数据库为基础的智慧社会治理机制。条例把原处于管理盲区的寄递物流安全管理纳入立法。条例扩大了社会共治的范围和对象，政府的责任主体单位大幅增加，同时社会公众参与范围、途径和方式扩大拓宽，提出发展壮大平安志愿者、社区工作者、群防群治队伍等专业化、职业化、社会化力量。总体而言，条例将平安深圳建设中探索形成的经验做法以特区立法方式固化。这是全国首部平安建设专门立法。

除平安建设条例外，深圳在道路生产安全、交通安全、食品安全、应急管理等方面均进行了创新立法。

生产安全方面，深圳2022年制定了《深圳经济特区安全生产监督管理条例》。该条例着重厘清了政府部门安全生产监督管理职责，规范政府部门监管行为，并对不同类型生产经营单位实行差别化管理。同时实行安全生产监管社会共治模式，扩大社会各界参与安全生产监督的范围，拓展社会监督方式。加大处罚力度，增加安全生产违法成本。在此前，2018年市政府制定了《深圳市生产经营单位安全生产主体责任规定》，强化了生产经营单位安全生产主体责任，促进生产安全事故的预防和减少，保障人民群众生命和财产安全。2020年制定了《深圳经济特区电梯使用安全若干规定》，明确了电梯安全第一责任人，创设了电梯质量保修制度，具体规定了电梯故障应急处理程序、公共场所电梯安全管理特别措施等内容。

道路交通安全方面，2014年修订了《深圳经济特区道路交通安全违法行为处罚条例》，加重了违章处罚，使道路交通违章行为大为减少。此后又多次修订，以适应道路交通安全管理需要，促进道路交通安全状况根本好转。

食品安全方面，根据人民对食品安全管理水平提高的期待，2018年制定《深圳经济特区食品安全监督条例》，从政府监管职责、政府监管措施、食品生产经营者自我监督、社会监督四大方面规定食品安全监督责任和措施，其中不乏制度创新，例如，针对食品药品监督管理部门，要求建立食品安全指数定期发布制度；针对食品生产经营者，要求建立食品安全追溯体系；同时鼓励食品生产经营者制定和实施严于食品安全国家标准或者地方标准的企业标准，体现鼓励企业提供优质产品给消费者的导向。该条例2020年进行了修改，但只涉及个别条款，主要是因为该条例个别关于法律责任的条款与国家2019年出台的国务院法规不一致，需要实现相应衔接。而此前的2014年，深圳制定了《深圳市豆制品质量安全监督管理若干规定》《深圳市亚硝酸盐监督管理若干规定》。

在应急管理方面，新冠肺炎疫情对城市应对公共卫生事件能力的考验提示，突发公共卫生事件应急需要一套完整的法律规定。为此2020年深圳紧急制定了《深圳经济特区突发公共卫生事件应急条例》，从应急准备、应急物资储备与供应、监测、预警与报告、应急处置、联防联控与基层治理等方面对突发公共卫生事件应急作了较系统规定。着重规定传染病疫情、食品安全事故、职业中毒事件以及群体性不明原因疾病和其他严重影响公众健康事件的应急处置。条例的制定，全面提升了疫情依法防控、依法治理能力，为疫情防控工作提供坚实的法治保障。

### 五 率先推进城市文明立法

2012年年底深圳市人大常委会通过了《深圳经济特区文明行为促进条例》，这是全国首部关于城市文明建设的法规，对于深圳市民养成文明行为习惯具有重要意义。但实施中也发现，法规存在软性规定过多、操作性不够强等问题，为适应深圳城市文明提升的需要，2019年深圳对法规进行了较大幅度修改，更名为《深圳经济特区文明行为条例》发布。新条例优化了监管措施和法律责任，增强了可操作性，并将文明城市建设的一些创新工作方法和制度，通过立法固化和完善，探索将文明纳入法治的刚性框架，以法治促进文明发展。

深圳市委市政府于 2000 年创立并举办"深圳读书月"活动，有效提升了市民素质。2013 年深圳被联合国教科文组织授予"全球全民阅读典范城市"称号。为进一步促进全民阅读，更好保障市民阅读权利，持续提升市民文明素质，2015 年深圳通过了《深圳经济特区全民阅读促进条例》。条例提出了政府引导和社会参与相结合的全民阅读促进工作原则，鼓励依法设立公益性阅读组织，由政府与社会各界协同提供全民阅读服务，推动全民阅读活动。

为增强科普工作规范性稳定性，确保科普工作有持续稳定的人财物保障，深圳对科普工作进行了立法。深圳市人大常委会 2019 年通过《深圳经济特区科学技术普及条例》，树立了"大科普"概念，从建立科普人才队伍建设和管理、科普基地管理、监测评估等方面创建了科普工作的标准体系，为科普工作提供指引服务，推动科普工作走上规范化标准化。

## 第四节　社会组织广泛参与法治建设

《中共中央关于全面推进依法治国若干重大问题的决定》中明确指出"要发挥人民团体和社会组织在法治社会建设中的积极作用"。全面推进依法治国，意味着要多领域、多维度、多主体、全方位推进法治建设。社会组织作为不断成长的社会力量，正在成为法治建设的重要主体之一。由于社会组织具有成员的广泛性和多样性、作为民间力量的亲民性和本土性、活动方式的灵活性和多样性等特点，在参与法治建设和社会治理中可以发挥独特作用。

深圳是全国社会组织密度最大的城市之一，社会组织的发展壮大以及专业化特点使其在社会建设和社会治理中发挥着越来越重要的作用，在法治建设中的作用也逐渐凸显。党的十八大以来，深圳各级党委政府和立法、执法、司法机关积极支持深圳社会组织积极参与法治建设，社会组织在参与立法、普法及法治文化建设、基层矛盾纠纷调处、司法服务等各领域发挥的作用逐渐显现，成为推进法治建设和社会治理现代化的一支新生力量。

**一 积极有序参与立法工作**

社会组织涉及领域广，即便同一领域的社会组织，往往也可能基于不同目标成立，在具体领域有不同的价值追求。同时，社会组织是不同阶层和不同群体的利益代表，它们要比个人更有理性、智慧、影响力和动员能力，也更能形成有序的民主协商和立法参与机制。① 随着立法精细化，深圳立法机关开始注意调动社会组织参与立法的积极性，让代表不同利益的社会组织参与立法讨论、立法听证、立法辩论，使不同观点得到充分表达，立法中更好平衡各种利益，在增强立法民主性的同时提高立法的科学性。例如，在有影响力的社会组织设置立法调研基地、立法工作联系点，通过联系点收集立法有关信息，依托联系点开展立法调研；在立法工作中，针对涉及领域问题主动征求相关领域社会组织意见，在立法听证中由相关领域社会组织作为陈述代表，听取不同利益群体的诉求，已经成为立法工作的新机制。在立法工作中主动向相关领域社会组织征求意见在深圳已经实行多年。2013 年《深圳经济特区控制吸烟条例》修订过程中召开的立法听证会，深圳市人大在发现听证会报名人中缺少法律调整权利义务受影响较大的烟草销售商代表时，主动邀请深圳市零售行业协会作为陈述人参与听证会。2015 年深圳市人大常委会在深圳市律师协会建立立法调研基地。2017 年深圳市法制办启动政府立法工作联系点制度，首批 12 家单位联系点中有五家是社会组织②。2019 年，深圳政府立法工作联系点扩容，深圳市律师协会等行业协会成为新的联系点。

---

① 马长山：《从国家构建到共建共享的法治转向——基于社会组织与法治建设之间关系的考察》，《法学研究》2017 年第 3 期。

② 分别是深圳市质量强市促进会、深圳工业总会、深圳外商投资企业协会、深圳市房地产业协会、深圳市中小企业发展促进会。

**二 提供丰富多彩的普法活动和法治文化产品**

社会治理现代化离不开人的现代化,市民法律素质是人的现代化的重要组成部分。过去较长一段时间,市民法律素质的提升以政府主导型的灌输式普法为主,形式较为单一,内容比较枯燥,普法效果不佳。企业和社会组织在政府资助和支持下参与普法活动,使普法工作更加深入群众,并上升为法治文化建设,深入到不同群体,浸透到日常工作与生活,快速提升市民法律信仰的形成。深圳律师协会、深圳法学会、多所高校校友会、各类行业协会、各种平台型社会组织、各种专业领域的社会组织在普法工作中积极发挥作用。律师协会的"民断是非"、深圳法学会的"深圳法治论坛"、西南政法大学深圳校友会的"歌乐山论坛"等高端普法多年持续开展。深圳市青年社会组织联合会2017年推进以"社会组织+"为核心的青少年普法工程,吸引各类社会组织以各种类型活动为载体的普法活动,特别是防治校园欺凌、青少年毒品预防教育等方面普法活动受到学生、家长、学校、社会的广泛好评。食品药品志愿服务队伍在开展社会监督的同时,也开展食品药品安全方面的知识宣传。社会组织开发设计多样化的普法和法治文化活动,以丰富多彩的法治文化活动浸润群众,培育市民法律信仰。

**三 提供专业的调解服务**

社会组织通常专业性强,依托社会组织成立专业性、行业性调解机构有序参与各类矛盾纠纷化解,有助于资源整合、优势互补,为专业性强、法律关系复杂的纠纷案件提供专业化、高水平的调解服务,高效解决社会矛盾纠纷,发挥人民调解在社会矛盾化解工作体系中的基础作用。深圳行业协会成立专业性的调解委员会或调解中心,利用行业协会专业性,协助企业解决知识产权、金融证券、股权争议、合同履约等纠纷,高效服务会员企业,让企业更加快速有效地解决各种商事纠纷。基层积极引入社会力量成立专业化劳动争议调解组织,推动形成社会组织有序参与和谐劳动关系构建的新格局,探索由行业协会建立劳资纠纷调解小组,建立劳动争议专业化社会化调解新模式。婚姻家庭服务类社会组织建立人民调解委员会，招募公益律师为婚姻家庭遗产继承纠纷提供专业的调解服务，并为公众提供法律咨询、心理疏导、弱势群体权益保护、婚姻家庭遗产继承等多项公益服务，有力地维护家庭和睦、社会和谐。目前深圳全市社会组织建立人民调解组织数十个，其中深圳证券期货业纠纷调解中心、深圳市律师协会、深圳市版权协会、深圳市专利协会、深圳市绿果果低碳环保志愿服务协会、深圳市谐和医患关系协调中心、深圳市潮青联谊会、深圳市幸福谐和继承服务中心、盐田区谐和劳动关系服务中心等社会组织成立的行业性专业调解组织在化解各类纠纷中发挥了重要作用。

**四 专业化司法服务优化工作效果**

社会组织具有服务专业性、回应群众需求灵活性的特点，执法司法机关在案件办理、纠纷调处、法律援助、社区矫正、安置帮扶等工作中，通过购买服务方式让社会组织参与其中提供针对性、专业化的服务，更好实现制度目标，达到法律效果。并且，社会组织参与司法工作，打破依赖增加编制、人员的传统方式解决司法资源供需不足问题，以向社会组织购买服务方式提供司法服务，提升司法工作的效果。例如，各级法院、检察院以及基层司法所通过向深圳社会工作服务中心购买服务的方式，由司法社工为涉案人员提供专业的司法社会工作服务，特别是婚姻家庭案件和涉及未成年人的案件中，进行家事调解、离异人员心理疏导、判后回访等工作，为涉罪未成年人、未成年被害人、离异家庭未成年子女等提供心理疏导等，帮助当事人走出心理危机。部分环境公益组织为环境公益诉讼提供信息、证据等。帮教协会为服刑人员、刑释人员、戒毒所的解戒人员等提供帮扶服务，为服刑人员提供刑释前的就业推介会，为刑释人员提供免费的就业安置。心理、法律、卫生健康等各类社会组织以灵活多样的方式参与社区矫正工作，为社区矫正人员服务提供法律知识、禁毒知识、心理健康、时事政策等方面的宣传辅导，组织其参加社区服务和公益劳动，帮助其在服务社区中修复与社会的关系，培养社会责任感、集体观念和纪律意识，推进刑满释放人员、社区矫正人员回归社会。

**五　开展社会监督和公益维权**

社会组织具有社会监督职能，并可通过自身的影响力发挥公益维权作用。在这方面，深圳市消费者委员会探索了一条有效发挥作用的路径。深圳市消委会作为消费者组织，它的工作没有停留于一般性地解决消费纠纷，而是从消费者投诉和国内外消费事件中发现线索，主动发起保护消费者权益的行动。例如，2016年深圳市消委会发现境外媒体报道宜家抽屉柜安全风险而召回，但国内相同产品未召回的问题，通过反复交涉促成宜家召回问题抽屉柜。深圳市消委会成为全国首个依靠消费者力量推动企业主动召回缺陷产品的消费者组织。2017年深圳消委会发起"好人举手，共建品质消费生态圈"活动，给优质产品点赞，从需求侧出发引导品质消费，倒逼供给侧质量提升。2019年，深圳市消费者委员会通过比较试验发现索尼公司某产品缺陷，敦促其召回缺陷产品，查找并处理问题，这是全国首个通过比较试验促成缺陷产品召回的成功案例，充分发挥消费维权及社会监督职能。2020年深圳市消费者委员会联合深圳市品质消费研究院、广东省游戏产业协会、深圳市互联网文化市场协会、深圳市腾讯计算机系统有限公司等18家单位共同研究制定了国内首个《网络游戏消费者权益保护规范》团体标准，明确网络游戏消费者的权利、网络游戏经营单位的义务，从而规范网络游戏行业对消费者权益的保护。2020年深圳市消委会还推动出台国内首个消费场所公共卫生安全领域团体标准《消费场所公共卫生安全防护管理规范》，促进消费环境优化，让服务更规范，让消费更安全。

**六　在群防群治中发挥重要作用**

共建共治共享的社会治理格局离不开广大市民的参与。特别是在社区，居委会、业委会、楼管员联合会等社区类社会组织可以连结居民，把个体化的参与变成组织化、制度化的参与，更好推动政府、企业、居民等多元主体共同参与社区治理。在群防群治方面，通过社区社会组织的动员和居民的广泛参与，实现动态管理和一呼百应，协助民警一起共同建设平安社区。

## 第五节 完善法律服务体系

法律对于城市经济社会发展的规范和保障作用渗透到日常生活是法治社会的基本体现。但法律作为社会行为规范，在具体领域又具有很强的专业性，公众在经济和社会生活中难免遇到各种各样的法律问题，需要法律专业人员提供帮忙、服务，且不同类型的法律问题需要不同的服务。因此，一方面，法律服务体系必须完善，使各种法律问题都有相应服务支持解决；另一方面，法律服务的取得必须便利，具有可及性，才能确保需要服务的人及时得到服务。深圳在法治发展中，十分重视公共法律服务的发展和市场法律服务行业的发展，推动公共法律服务体系化、普惠化、可及性，律师、公证等法律服务行业快速发展，满足各种差异化服务需求，有效支撑了法治社会的基本状态。

### 一 公共法律服务实现体系化、普惠化、可及性

公共法律服务是政府公共职能的重要组成部分，是保障和改善民生的重要举措，是全面依法治国的基础性、服务性和保障性工作。深圳在不断创新普法教育方式、发展法治文化外，重视拓展公共法律服务的深度、广度和温度，积极推进公共法律服务进学校、进社区、进企业，搭建公共法律服务平台，制作"法治地图"，将法律送到企业和市民身边；发展人民调解，为企业和个人及时化解矛盾纠纷，为困难企业和个人提供法律援助，保障弱势群体合法权益。

（一）建立"一社区一法律顾问"工作体系

2014年以来，深圳逐渐扩大公共法律服务覆盖面，并向社区延伸。2015年福田区在当时全区的95个社区全部建立了法律服务站，以法律服务站为平台，将专业法律工作队伍引入社区，把市、区法律服务项目直接从街道延伸到社区。具体做法是，由街道司法所与律师事务所签约，以签约律师事务所派律师进驻法律服务站，开展法律宣

传、法律咨询、法律代理、法律援助、法律调解等法律服务工作，逐步探索建立起"一社区一法律顾问"工作体系。这一模式后来推广到深圳全市，形成出门可及的高效的社区法律服务工作机制。

2019年光明区依托"1+6+31+N"全业务、一站式的群众诉求服务体系，在全区建设了229个公共法律服务站点或驻点，将法律服务触角式延伸至住宅小区、企业园区、学校、医院和建筑工地等群众密集区，形成"500米公共法律服务圈"。企业和个人从要"出远门"到"下趟楼"就可以接受到公共法律服务，进一步提升便捷性。同时，光明区实行社区法律顾问"1+1+N"常驻模式①，1名执业律师定时服务，加上1名律师助理坐班服务，再加所在律师事务所的若干个律师团队为后援的模式，使公共法律服务供给多元化，更好满足群众公共法律服务需求。在此基础上，建立法律顾问与"调解员"连结机制，法律顾问工作中发现矛盾纠纷，及时进行调解或转介给调解员，实现矛盾纠纷化解由"被动受理"向"主动发现"转变，提高基层化解矛盾纠纷能力。

（二）实现公共法律服务实体平台全覆盖

从2015年6月深圳坪山新区建立公共法律服务中心开始，深圳各区逐渐均建立了公共法律服务中心，集中为辖区提供全面的公共法律服务。坪山新区、福田区均为深圳市司法局构建公共法律服务体系工作试点区。坪山新区公共法律服务中心的建立，使全区实现了公共法律服务新区、办事处、社区三级全覆盖②。该法律服务平台面向辖区群众提供集中性和便利性的"一站式"服务，提供法治宣传、人民调解、法律援助、社区矫正、安置帮教等多种法律服务。同年10月，福田区公共法律服务中心也正式启用，该中心以"实体+网络"方式，提供包括法律咨询、法律援助、律师管理、

---

① "1+1+N"模式，是指每个社区都配备"1名职业律师+1名律师助理+N个律师团队"的服务模式。具体要求每个社区确保有1名正式执业律师每周不少于12小时提供社区现场法律服务时间，区、街道、社区如有需求，随传随到；1名律师助理每周一至周五工作时间固定坐班，在社区提供法律服务；驻点社区法律顾问解决不了的法律问题，由所在律师事务所指派其他律师帮忙解决。

② 由于坪山新区成立于2008年年底，当时辖区的行政架构是新区—办事处—社区三级，办事处承担街道相同的职责。

司法公证、司法鉴定、司法考试等多项"公益+专业"法律服务产品。2019年9月，龙岗区成立公共法律服务中心，同时开放"互联网·无人律所"，提供互联网法律服务。2020年9月，针对深圳市南山区蛇口街道外籍人口多，涉外律师、公证、调解等服务需求较多的情况，南山区在深圳市司法局、深圳市人民政府外事办公室指导下，通过整合汇聚各类优质法律服务资源，在蛇口境外人员管理服务中心设立了蛇口涉外公共法律服务中心，为广大来深创业兴业、支持深圳建设的外国人士提供便捷、与国际接轨的公共法律服务，形成与辖区实际相匹配的精准的公共法律服务供给模式。

到2021年，深圳市除市一级公共法律服务中心外，全市9个行政区、1个功能区也均建立了公共法律服务中心，74个街道均建立了公共法律服务工作站，近700个社区也均建立了公共法律服务工作室，实现了公共法律服务实体平台的全覆盖。

(三) 推进"法治地图"为公众提供公共法律服务指引

为便于企业和市民检索到各类法律服务机构及地址，2015年12月，深圳市司法局创新推出"法治地图"。借助互联网和大数据技术，建立了信息查询和业务办理平台，将全市登记在册的六百多家律师服务、法律援助、司法鉴定、公证机构等法律服务机构，全市社区法律顾问点，以及各级政法机关以及执业人员基本信息全部整合到"法治地图"平台，为市民提供信息查询、法律咨询、网上申请业务办理等"一站式"法律服务。2017年前海管理局启动的"一带一路"法治地图也是借鉴了该模式。

随着深圳公共法律服务资源的不断丰富，2021年，深圳市司法局升级法治地图，推出《深圳市公共法律服务地图册（2021）》。通过梳理，汇总了全市从市、区到街道、社区的全部实体公共法律服务平台，全市的法律援助机构、律师事务所、人民调解组织、公证机构、司法鉴定机构、仲裁机构等公共法律服务机构及其平台的信息，以及全市的各级各类法治宣传教育基地、法治文化主题公园的相关信息，制作成地图册，供市民免费取阅，方便市民及时获取相关信息。

(四) 建立全覆盖多层次法律援助体系

早在20世纪90年代初，深圳就探索建立了法律援助制度，并于

1996年成立法律援助中心，1998年制定了政府规章《深圳经济特区法律援助办法》，对法律援助的机构、对象、程序、资金等进行了规定。2008年深圳市人大常委会制定《深圳市法律援助条例》，进一步推动和规范法律援助工作，在法律资源较为紧张的情况下，法律援助范围不断扩大，力所能及地保障弱势群体的法律权益。

党的十八大后，随着新《刑事诉讼法》的实施，为配合刑事法律援助范围的进一步扩大，也为更好保障公民诉讼权利，体现程序正义，促进实体公正，深圳专门成立了刑事法律援助中心，加强犯罪嫌疑人、被告人在刑事诉讼中的人权保障。到2014年，深圳全市共办理法律援助案件两万多件，法律援助律师为弱势群体提供了较好的法律服务，对维护社会基本公平发挥了一定作用。2016年10月，深圳福田法院与福田区司法局、当时的深圳市法律援助中心、深圳市律师协会签署了《关于推进以审判为中心的刑事诉讼制度改革加强刑事法律援助工作的备忘录》，建立起全覆盖多层次法律援助体系，使每一个未委托律师的刑事案件被告人均能得到法律援助，同时扩大普通程序刑事案件法律援助的范围，按照案件繁简进行提供不同法律援助，使刑事案件律师辩护率低以及法律援助范围较窄的问题得到有效解决。

随着互联网、人工智能技术的发展，深圳市司法部门积极推进法律援助智能化。2017年年底深圳市司法局向全市10区的深圳市法律援助处服务大厅投放了智能法援机器人"小法"，为市民提供专业、全面的法律咨询服务。2018年年初，福田区司法局法律援助"馨援在线管理系统"，提升法律援助案例与法律援助律师的匹配度以及案件流程监管、质量监控的智能化水平，大幅提升了法律援助服务质量和服务管理的科学化水平。

随着法律援助的便利化和"应援尽援"原则的建立，深圳法律援助案件数持续增加，特别是民事案件增长速度尤其快。2018年以来，每年法律援助案件均超过2万件，2019年更高达28120件，其中民事案件18333件；2020年虽有所下降，但总案件数仍高达25067件，其中民事案件16497件，民事案件连续两年超过65%。

深圳律师在参与法律援助工作中公益意识逐渐增强。2021年深圳市律师协会发起成立了法律服务援助基金会，凝聚社会力量，用法律服务援助公益，开创了法律援助服务新形态。

表5-1 2017—2020年深圳市法律援助案件情况[①]　（单位：件）

|  | 2017年 | 2018年 | 2019年 | 2020年 |
|---|---|---|---|---|
| 法律援助案件总数 | 12069 | 22838 | 28120 | 25067 |
| 其中：刑事案件数 | 4881 | 8960 | 9577 | 8447 |
| 其中：民事案件数 | 7145 | 13726 | 18333 | 16497 |
| 其中：行政案件数 | 43 | 152 | 160 | 123 |

（五）创新惠企公共法律服务

鉴于中小微企业成立和发展中有大量公益法律服务需求。2018年，龙华区政法委整合各类法治服务资源，成立龙华区企业法治服务中心，为辖区企业提供一站式解决法律难题的服务。该服务中心实行多渠道受理服务的模式，并建立网上分拨处理流程，从窗口现场、电话、微信公众号移动端等各种途径提交的服务申请，均能及时受理及时回复。南山区司法局开发创建了"南山智慧法务"平台，为辖区中小微企业提供集法律咨询、法律法规查询、知识产权检索、律所分布导航等公益型企业法律服务。

2019年深圳市、区司法局针对民营企业法律风险意识不强的问题，推出了"民营企业法治体检自测系统"，为民营企业提供普惠式、便捷化的涉诉风险智能检测服务，帮助民营企业防范法律风险。2020年，该系统增加了"三库一检"，即疫情典型司法案例库、防控法律法规库、中小企业扶持政策库和疫期风险评测功能，为中小企业复工复产提供了最新的法律信息和法治保障。2019年深圳市司法局还针对创客创新创业中遇到的问题，组织律师事务所、咨询管理机构编写了《深圳创客法务指引》，针对性地对深圳市创

---

[①] 数据来源：深圳市司法局官网数据发布，2016年前未系统发布，2021年仅发布到第三季度。

新创业政策进行梳理和解读，为创客创新创业提供参考。

根据近年来跨国企业面临的合规风险，深圳市司法局将2020年确定为"合规建设年"，推进企业合规公共服务专业化，遴选试点企业，引导、鼓励企业建立健全企业合规管理体系。推进贸易政策合规工作，积极组织指导和协调全市企业有效应对贸易摩擦。

### 二 律师行业快速发展为市场提供差异化服务

深圳是全国最早建立律师事务所的城市，深圳律师行业起步早、发展快，2012年以来一直保持高速增长势头，律师事务所规模稳定增长。2012年，深圳共有律师事务所413家，律师7253人。到2021年，全市已有律师事务所1084家，执业律师19206名，执法律师数连续十年增长率超过10%，全市每万人口律师数已经接近11名（见图5-1、图5-2）。到2022年8月，深圳全市执业律师已经超过2万名。2021年深圳律师行业业务总营业收入约为113.64亿元。律师行业的快速发展，为深圳企业和市民提供了专业化的法律服务。

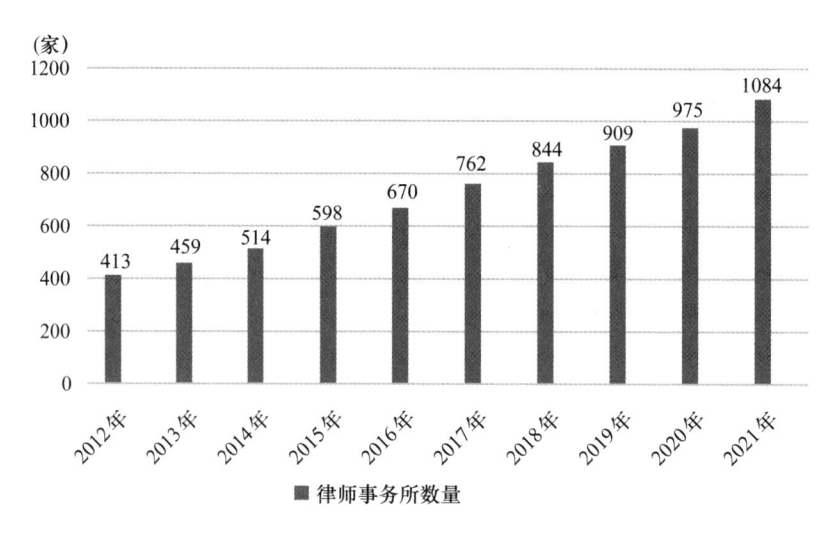

图5-1 2012—2021年深圳市律师事务所数量

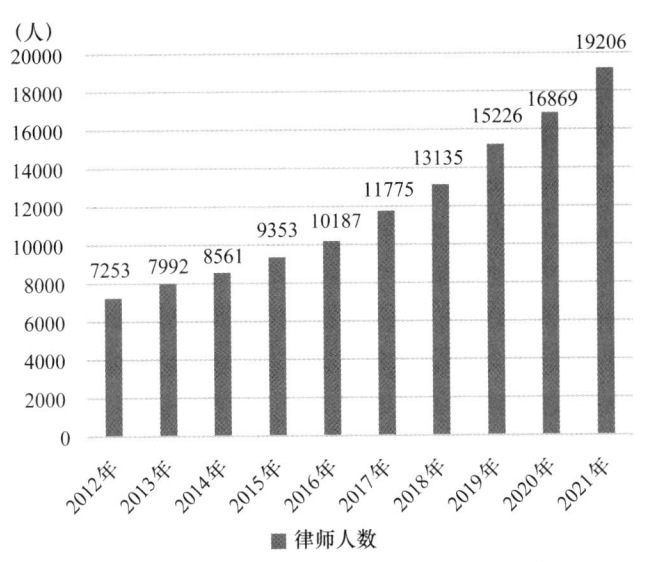

图 5-2　2012—2021 年深圳市律师人数①

这十年，深圳律师行业在规模持续壮大的同时，业务水平也发生质的飞跃。2012 年以来，深圳律师协会积极推动深圳律师服务标准化建设，把标准化建设作为推动行业创新发展、提高发展质量的重要手段。2014 年出台了《关于推进深圳律师业标准化建设的工作方案》，制定了律师服务基本准则、业务指导标准、管理指导标准，打造法律服务的"深圳标准"。此后，深圳律师协会又陆续编制出版了一系列律师业专项服务规范。如，《律师从事破产清算业务指导标准》《深圳市律师办理商标法律服务业务指导标准》《律师办理公司并购法律尽职调查业务指导标准》《深圳律师办理刑事辩护案件指导标准》等，逐渐形成深圳律师行业服务标准体系。标准体系的制定和发布，推动了深圳律师业专业化发展，提升了深圳律师行业发展水平。

随着深圳"双区"建设的推进，律师行业也面临"双区"叠加、"双改"示范及建设中国特色社会主义法治先行示范城市的重

---

① 数据来源：历年深圳市律师协会理事会工作报告。

大历史机遇，按照"扎根深圳，引领湾区、服务全球"的要求，主动搭建国际商事解纷平台，参与搭建"一带一路"国际商事诉调对接中心、"一带一路"法律服务联合会、一带一路商事纠纷律师调解工作室，以更好地服务"一带一路"和粤港澳大湾区建设。推出"深圳智慧律师系统"，提升深圳律师事务所管理水平和工作效率，提升法律服务质量，更好地服务经济社会发展大局。

一方面，积极参与公益工作，如"1+1"法援行动、"一社区一法律顾问"等，为促进经济社会发展，构建社会主义和谐社会做贡献。同时，深圳律师积极履行社会责任，投身社会公益事业。成立"深圳市律协法律服务援助基金会"，引导律师自觉履行社会责任。基金会将资助深圳的律师所和律师为困难群众、困难企业、中小微企业提供法律服务援助；支持深圳的律师所和律师推动特区立法、制定规范性文件、公益诉讼等社会法制建设工作；资助深圳的律师所和律师积极推动行业发展与业务创新研究，参与弘扬社会主义法治的文化交流等活动。

### 三 公证机构稳步发展搭起信任的桥梁

公证是根据自然人、法人或者其他组织的申请，由公证机构依照法定程序对民事法律行为或者有法律意义的事实和文书的真实性、合法性予以证明的活动。公证的作用是在陌生人之间搭起信任的桥梁，使民事活动得以顺利推进。随着经济社会的发展，各种民事、经济活动日常纷繁复杂，对公证的需求越来越大。深圳1982年就建立了公证处，并随着经济社会的发展而不断发展，所出具的公证文书成为信任的通行证，维护了当事人的合法权益，增进了国际交流，为经济社会稳定发展提供保证。公证文书的证明作用，也有效预防和减少了纠纷，对维护社会安全稳定有重要意义。

2012年以来，深圳全市公证处从7个增加到11个，可办理公证项目持续增多，从2012年的130多项增加到200多项，所出具的公证文书发往世界上一百多个国家和地区，获得广泛承认和接受。2012年深圳公证机构共办理公证228853件，这十年，办理公证数稳步增长，2020年深圳公证机构共办理公证425787件，比2012年增长86.05%。其中在问题中占绝对多数的国内民事办证增长较快，2020年比2012年增长了151.82%。办证量占比相对较小的国内经济、涉外民事、涉外经济的办证量一直处于波动中，其中涉外民事2020年下降明显，可能跟疫情下涉外民事活动减少有关。

表5-2　　　　　　2012—2020年深圳公证工作情况[①]　　　　单位：件

| | 2012年 | 2013年 | 2014年 | 2017年 | 2018年 | 2019年 | 2020年 |
| --- | --- | --- | --- | --- | --- | --- | --- |
| 办理公证总数 | 228853 | 279486 | 260784 | 380211 | 334041 | 434644 | 425787 |
| 其中：国内民事 | 137768 | 172750 | 147797 | 252506 | 241233 | 322538 | 346921 |
| 国内经济 | 30601 | 35441 | 37220 | 53681 | 32172 | 22883 | 31664 |
| 涉外民事 | 51390 | 61280 | 66043 | 71079 | 57172 | 75076 | 30881 |
| 涉外经济 | 8846 | 10015 | 9682 | 2948 | 3464 | 3147 | 7359 |

深圳公证机构在机构队伍不断壮大、业务持续增长的同时，也积极探索专业化、智能化、优质化发展。针对疫情下当事人现场办事有困难的情况，2020年推出远程视频公证服务，并建立在线预约、在线申办平台，有37类公证业务可申办。在专业化方向，2020年成立公证业首家金融事务中心，同步上线"赋强通""存证通"公证服务平台，并组建专业团队为有金融资质的金融机构提供专业化、个性化公证法律服务，从源头上减少纠纷。

### 四　矛盾纠纷多元化解机制日益完善

社会矛盾纠纷类型众多、繁简不一，解决社会纠纷既可以通过诉讼，也可以通过非诉讼方式。一个健全稳定的社会，需要有一个适应不同需求的多元化纠纷解决机制。经过不断的努力，深圳已经基本形成包括调解、仲裁、公证、行政裁决、行政复议与诉讼的有机衔接的多元化纠纷解决网络体系。

---

[①] 数据来源：深圳市司法局官网数据发布，2015年、2016年、2021年发布的数据不完整故未列入。

（一）调解向专业化发展

调解是耗时短、经济成本最低、最符合和谐社会理念的解决纠纷的方式，被认为是解决社会矛盾纠纷的第一道防线。2012 年深圳全市已有调解委员会 1000 多个，调解员 10000 多人，每年调解案件接近 10 万件，涉及当事人 20 多万人。到 2021 年，深圳全市调解组织数量上增长不多，但成立了各类专业调解机构；调解人员数量有所缩减，但专职调解员、专家调解员增多，每年调解案件有较大增长，调解成功率大幅提升，已经连续几年在 97% 左右，对于维护社会稳定发挥了重要作用。

一是推动调解队伍专业化发展。在人民调解方面，深圳从 2017 年开始推进调解队伍专业化，到 2018 年，全市调解人员从 11517 名精减到 6827 名，其中专职调解员 1682 名，兼职调解员 5145 名。此后，调解人员总数变化不大，专职调解员略有增多，兼职调解员略有减少，兼职调解员越来越多为某一领域的专家。2021 年全市人民调解员 6876 名，其中专职调解员 1886 名，兼职调解员 4990 名。在调解队伍的专业化下，虽然每年调解案件达 10 多万件，但调解成功率保持在 97% 左右，对于维护社会稳定发挥了重要作用。[1] 深圳之所以能够实现这么高的调解员专职化率，得益于 2015 年以来在社区设立法律服务站和引入专业法律工作队伍的试点在全市得到推广，从而很好地推动了基层公共法律服务水平的提高和调解员队伍的专业化。在诉讼调解人员方面，2014 年深圳法院在家事审判工作中创立家事调解员、家事调查员制度。家事调解员来源于妇联干部、社工、志愿者、心理咨询师等，根据需要参与家事诉讼调解，进行适当心理干预，帮助疏导当事人情绪，减轻法院负担。

二是推动调解工作专业化发展。深圳不仅在街道、社区等基层组织设立调解委员会，还在矛盾纠纷较多的公安派出所、交警大队、法庭、婚姻家庭、医疗机构等设立调委会或者派驻工作室，就地调解、就地解决纠纷。2019 年制定《深圳市人民调解工作专家库管理办法》，吸纳法律、经济、医疗、婚姻、劳动等领域的专业人

---

[1] 数据来源：深圳市司法局官网业务数据，http：//sf.sz.gov.cn/gkmlpt/index#2717，访问时间 2022 年 7 月 1 日。

士参与人民调解工作。

三是推动调解机构专门化发展。例如2014年2月,深圳证券期货业纠纷调解中心进驻深交所,建立专业调解、商事仲裁、行业自律和行政监管四者紧密结合的"四位一体"纠纷解决机制,为投资者和市场主体低成本、高效率解决纠纷。又如,福田区福田街道针对辖区内涉金融类纠纷较多的情况,创新成立以金融纠纷调解为重点的专业性人民调解组织——福田中央商务区人民调解委员会。再如,深圳版权协会成立了版权纠纷人民调解委员会,深圳律师协会成立了深圳律协人民调解委员会,深圳市人力资源保障局联合深圳市司法局、深圳市总工会建立深圳市劳资纠纷公共法律服务平台。调解人员专业化、调解工作专业化、调解机构专业化,大幅提高了调解工作效果,促进了社会和谐。

(二)仲裁在解决商事纠纷中的独特作用日益明显

仲裁具有专家办案、快捷便利、保密性好、能较充分体现当事人意思自治原则,无地域管辖限制、一裁终局等诸多优势,以及裁决可得到国内国际上广泛承认与执行的突出优势,是一种具有独特优势的解决民商事纠纷的法律制度。2012年以来,深圳通过立法确立了深圳国际仲裁院的法定机构管理模式,通过华南国际经济仲裁委员会(深圳国际仲裁院)与深圳仲裁委员会的合并,整合资源做大做强深圳仲裁机构。10年来,深圳国际仲裁院通过完善内部治理结构、推进仲裁员国际化、仲裁规则国际化,实现仲裁业务国际化;通过国际仲裁规则本土化,方便企业在海外投资条款中将争议约定由中国仲裁机构仲裁,实现纠纷解决的主场战略;通过拓展在线仲裁服务,方便当事人,提高了法律服务效率;通过在新疆喀什创建深圳国际仲裁院喀什庭审中心暨"一带一路"(新疆喀什)争议解决中心,在支援新疆的同时,将业务辐射到中亚、西亚、南亚等一带一路沿线国家;通过在香港注册成立华南(香港)国际仲裁院(SCIAHK)暨深圳国际仲裁院大湾区仲裁中心,推动大湾区仲裁中心建设,进一步提升仲裁国际化水平。

(三)多元解纷方式衔接机制逐渐完善

为增强矛盾纠纷多元化解方式的衔接,2016年深圳市委政法委、市综治委成立了市综治委矛盾纠纷多元化解专项组及其办公室，推动各类纠纷解决机制之间的衔接和联动，促进各类解纷机制的统筹发展。在诉与非诉机制衔接方面，法院积极建立诉调对接中心、常驻调解制度、专家中立评估制度、调解协议在线确认等，引导诉外多元化解、诉内分流办理，开展诉源治理，从源头疏解纠纷。在调仲对接方面，深圳仲裁委员会、深圳市民商事调解中心、深圳市版权协会等机构通过联合成立深圳市知识产权调解仲裁中心等商事争议解决平台，建立"调解＋仲裁"紧密对接制度，专业调解机构、专家调解与仲裁机构对接机制，提高知识产权纠纷和商事争议解决效率，全面提升调解、仲裁对知识产权服务和保障功能。在诉讼、仲裁、调解相互衔接方面，建立矛盾纠纷多元化解综合法律服务中心等各种类型的一站式法律服务平台，实现"一扇门进入、一条龙服务、一站式办结"，从而确保为群众提供最合适、最高效、最便利的法律服务。

# 第六章 技术赋能：发展智慧法治平台

  智慧法治是指信息和智能技术在法治领域的运用，使法治领域工作效率大幅提高和法治效果明显增强。智慧法治始发于互联网技术在政府办事和法院办案的应用，能够加速工作信息传递，提升工作效率。近年来，随着互联网、物联网、大数据、云计算、人工智能、5G、AR等技术的发展与广泛运用，以及基于上述技术的各种运用工具的普及，对新事物天生敏感、敢闯敢试的深圳人积极探索将新技术应用于办公办事办案，为法治发展打开制约瓶颈。特别是智慧城市和数字政府的推进，使法治智治相融互促，形成合力，在完善城市治理体系、提升城市治理能力水平中产生乘数效应，加速了城市治理体系和治理能力现代化进程，为深圳创造了相对规范而又高效、有序且又充满活力的市场经济和社会发展环境。①

  深圳早在21世纪初就开始尝试运用信息技术发展电子政务，在提高工作效率、加强监督等方面取得一定效果。但相关探索仅限在少数工作环节开展，对法治发展影响有限。党的十八大以后，随着数字技术的快速发展，信息和智能技术逐渐渗透到经济和社会生活各方面，对深圳法治生活也产生深刻影响。深圳人大、政府、司法机关等也积极运用信息和智能技术优化工作流程，法治化建设不断取得新进展。特别是随着深圳"智慧城市"和"数字政府"建设的开展和全面推进，大数据、云计算、人工智能、区块链等技术广泛运用于政府工作、司法工作、公共管理、公共服务的诸多环节，"数字政府""智慧法院""智慧检务""智慧警务""智慧法务"

---

① 李朝晖：《智慧法治：城市治理现代化的实现路径——以深圳为例》，载《全国城市社科院第三十次联席会议暨全国城市智库联盟第六届年会论文集》，2020年10月，第89页。

等发展迅速，法治领域整体正在向智能、精准、高效方向发展。率先发展智慧法治成为深圳法治先行示范城市建设的重要内容和显著标志。

# 第一节 智慧技术为法治发展打开空间

党的十八大以来我国法治发展取得长足进展，中国特色社会主义法律体系形成，法治政府建设、司法改革使依法行政、公正司法水平得到大幅提高。特别是十八届四中全会以来，法治与改革的关系进一步厘清，法治政府建设和司法改革深入推进，基层治理法治化水平不断提升，国家治理向良法善治迈进。但是，法治发展中，一些重要的法治理念在旧的工作模式下转化为现实时遇到了一定困难，法治发展的提升空间受到限制。

### 一 法治发展中面临的制约因素

（一）信息获取和公众参与不足

法治从来就不是立法者闭门造车式制定法律然后强力推进实施就可以实现的。法治需要在立法、制度制定过程中广泛听取民意、吸纳民智，通过开门立法提升立法科学化水平，并使公众在参与中接纳法规制度内容，从而主动参与实施才能实现。然而，开门立法并非易事。一方面，立法机构受人员不足限制、场所局限，无力支撑经常性、多渠道、多方式的开展公众参与活动；另一方面，虽然公众对于实施中的法律法规的某些条款常常评头论足，但在立法过程中受信息获取渠道不足、参与不便、观点未被激发等原因影响，较少参与正式讨论或通过正式途径提出意见建议。例如，传统征求意见方式范围有限，传统媒体上征求意见被关注度不高，发函等方式往往限于体制内单位，收集到的反馈意见很有限。又如，虽然立法工作机构希望通过立法听证会更充分、全面听取公众对立法具体制度的看法、意见和建议，部分市民、企业和社会组织也希望通过正式程序表达观点、看法和对立法的期待。但由于立法机构人力资源有限，加之辛辛苦苦筹备下来的几场立法听证会参与公众都是一边倒式的同一类人持相似观点，社会上存在的观点和意见没有得到充分交流交换和交锋，使听证会的召开失去意义，以致很少召开立法听证会。以《深圳经济特区养犬管理条例》《深圳经济特区控制吸烟管理条例》修订过程中的立法听证会为例，养犬管理条例修订听证会报名担任陈述人的主要是养犬人，没养犬的人不积极参加。控制吸烟管理条例修订听证会报名的均为不吸烟且积极主张全面禁烟的人，烟草生产经营单位及烟民没有报名的，最后还是听证会工作人员动员零售行业协会派代表参加。这导致费了大量人力物力召开的听证会，听到的只是片面意见，不同观点没有同场交流交锋，立法听证会对于立法的参考价值有限。究其原因，传统正规听证会，需要到指定地点报名并查验相关证件，听证会时又得到现场参加，对于公众来说，有的因为路途较远，有的因为时间不合适，影响了参与积极性。

（二）依法行政与办事效率产生冲突

依法行政、依法执法要求的严格程序、方便群众、加强监督与提高效率存在一定冲突。法治政府建设对政府提出多方面要求，政府行为要规范，按流程办事；要阳光透明，方便监督；要简化程序，办事高效便利；要增加与公众互动，做回应型政府。改革开放以来，通过数次机构改革和审批制度改革，深圳市政府办事效率和规范程度不断提高。但是事事讲程序、按标准，当政府办事时限提速到一定程度时，就遇到了瓶颈。各类主体对政府进一步提高效率有更高的期待，优化营商环境、提高群众获得感也要求政府在规范的同时进一步提高效率。但是，依靠传统的工作方式，办理各种事务免不了一些证明；出于监督需要，行政审批在行政部门内部需要一定的流程控制，涉及不同部门、不同人员，相互传递资料需要一定的时间，行政许可、政务服务的办理时限压缩到一定限度似乎再压缩的空间已经微乎其微了，规范与效率之间的冲突似乎到了临界点；对政府行为的监督所作的要求如果再增加就要降低办事效率了，监督与效率之间的冲突也似乎到了临界点。

（三）司法公正与效率提升面临制约

司法改革的总体目标是提高司法公信力，让群众在每一个案件中感受到公平正义，具体要求包括办案质量提高、同案同判，确保司法公正；司法效率提高，让正义不迟到；提高诉讼服务便利，提高人民获得感等。具体改革措施包括实行立案登记制，方便群众提起诉讼，实现案件应收尽收；通过法官检察官职业化改革和审判权检察权运行机制改革，增强法官检察官办案独立性和独立承担司法责任能力；法院检察院人员分类改革，各类人员按各自序列管理和享受待遇；推进审判公开，增加司法透明度等。所有这些改革都要求办案质量和效率同时得到提高。但改革过程中却面临司法公正与效率提高新旧问题交织，司法改革高远目标的实现受案多人少、法官能力水平和个人观点差异以及其他客观情况等现实制约。深圳于2014年率先全面推进司法改革，诸多项目渐次推出。实行法官员额制的同时，立案登记制也推出，一方面法官数量较过去有所减少；另一方面法院收案数量大幅增长，案多人少问题极为突出，又叠加司法责任制改革，法官压力空前。如何提质又提速审结案件，成为摆在眼前的突出问题。与此同时，加强审判公开、审判监督工作和提高司法服务水平的要求也纷至沓来。诸多目标如何同时实现成为摆在面前需要解决的问题。

（四）公共法律服务需求与有限资源匹配不足

法治化水平的提高使公民权利保障制度不断完善，法治文化建设的持续推进使公民的法律意识不断增强，企业、社会组织和市民对法律援助、法律咨询、矛盾纠纷调解等公共法律服务的需求不断增加。但是，法律服务的专业性决定了其供给不可能无限放大。就法律援助而言，除少数专职法援律师，大多数法援律师为律师事务所律师，其专长和可提供公益服务时间各有差异，法律援助需求与服务提供存在一定程度的不匹配问题。就法律咨询而言，公众有大量法律咨询需求，深圳虽有"一社区一法律顾问"，但社区法律顾问毕竟只有一两个律师轮值，其专业知识不可能涵盖所有方面，不少法律问题无法通过社区法律顾问得到明确答案。就基层矛盾纠纷化解而言，由于人民调解达成的调解协议不具有强制执行效力，而司法确认手续办理又存在不够便利问题，影响了人民调解化解矛盾纠纷作用的发挥。

## 二 智慧技术引入法治建设化解制约难题

作为科技创新型城市，深圳对科技应用有着天生的敏感，很早就开始重视利用科技手段优化政府工作流程、提高城市治理效率。早在20世纪末深圳就开始尝试在行政审批工作中引入电子监察，并开始探索对行政审批事项办理进行限时。在取得一定经验后，2004年建立了"行政许可电子监察系统"[1]，对行政许可工作从受理到审批过程中的服务态度、办事效率等进行监督，并自动预警督促纠错，推动了行政服务质量的提高。十多年来，深圳紧随信息和智能技术的发展，持续推进互联网、物联网、人工智能、大数据、云计算、区块链、5G、AR、VR等技术应用到行政和司法工作各领域各环节，特别是2015年以来持续推动的智慧城市建设[2]、2018年以来国家统筹下推进的数字政府建设，带动"互联网+政务服务""智慧法院""智慧检务""智慧法务"等迅速发展。法治建设与智慧城市、数字政府建设相结合，产生乘数效应，法治发展中的一系列影响公平公正、有效监督、效率提升、公众参与的制约难题迎刃而解。

深圳智慧法治的发展是一个渐进的过程。党的十八大以前，深圳法治领域对信息技术的运用主要是互联网技术，且仅在较少领域运用，如政府在行政审批中的电子监察、部分政府信息公开，法院在办理执行案件中的"鹰眼查控网"等。党的十八大后，随着大数据、云计算技术以及相关应用软件的快速发展，相关应用在法治领域迅速增多。到2016年时，互联网已经深刻影响深圳法治生活。[3]而此后人工智能技术的发展及广泛的综合运用对城市法治化水平的提升产生乘数效应，许多长期困扰城市发展的问题找到了解决方

---

[1] 2005年1月正式启用。

[2] 早在2015年，深圳市政府就与腾讯公司签署"互联网+"战略合作协议，在营造互联网产业发展环境的同时，推进"互联网+"与城市管理和服务的融合，建设智慧城市。参见《积极对接"互联网+"助推智慧城市建设》，《深圳特区报》2015年6月18日A4版。

[3] 李朝晖、秦芹：《2016年深圳法治发展主要特征及2017年展望》，载张骁儒主编《深圳法治发展报告（2017）》，社会科学文献出版社2017年版，第17—22页。

案，一些突出问题迎刃而解。① 2019年《先行示范区意见》出台后，深圳加快智慧城市和数字政府建设，加大大数据、云计算、人工智能的运用，并探索物联网、区块链、5G、AR等更多新技术运用到政府和法治领域，智慧法治建设成为法治城市示范的重要组成部分。②

## 第二节 数字政府建设提升政府法治化水平

深圳市政府在运用信息技术改进工作方面起步较早，早在20世纪90年代就开始在行政审批中引入电子监察。21世纪初，信息技术在政府中的运用有所增加，但总体影响不大。党的十八大以来，随着信息和智能技术的快速发展和数字政府建设的提出，信息和智能技术在政府工作中的运用快速增加，由此带动法治化建设水平大幅提升。特别是2020年以来，政府网站的集约化程度大幅提升，移动互联网应用同步推进，整体式、智能化、精准的政府管理和服务模式正在形成，为各部门各领域业务办理智能化提供了良好基础。

### 一 行政审批和政务服务便捷化

如前所述，深圳在行政审批和政务服务方面，通过引入互联网、物联网、大数据、人工智能等技术进行政府工作改革，突破了政务服务质效提升的瓶颈。一是通过后台流程再造，减少了前台办事程序要求；二是通过政府部门间信息共享，减少了对办事人的证明提供要求；三是通过政府门户网站集约化，实现一个入口可以办理所有政务服务事项；四是通过开发移动端的应用，打破办事时空限制；五是通过各类终端融会贯通，实现政务服务多端化，进一步提

---

① 李朝晖：《2018年深圳法治发展特征及2019年展望与建议》，载罗思主编《深圳法治发展报告（2019）》，社会科学文献出版社2019年版，第18—23页。
② 李朝晖：《2019年深圳法治发展状况及2020年展望与建议》，载罗思主编《深圳法治发展报告（2020）》，社会科学文献出版社2020年版，第4页。

升便捷性。通过上述持续改革，实现了"让数据多跑路，群众少跑腿或不跑腿"，"不见面审批""不见面服务""秒批""一窗通""全城通办""免证办""掌上办""指尖服务"等得到推出和顺利运转。目前以"深圳政府在线"、政务服务网为统一数据源，"i深圳"、12345服务热线平台、微信小程序等各类终端逐渐融会贯通，形成了多端、多维立体的政务服务模式。

"不见面审批"是运用信息技术、引入现代物流服务，重构审批程序，信息技术支撑了包括申请、受理、审批、签发电子证照的全流程网上办理，现代物流服务提供线下快递纸质证照等审批结果，从而实现申请人与审批业务部门工作人员不需要见面就可完成审批整个流程的服务模式。深圳2018年6月即推出100项"不见面审批"服务事项清单，到2021年全市91.47%的行政审批事项可以通过"不见面审批"办理。

"秒批"是通过部门间的信息共享，通过对申请人通过信息化终端提交的信息进行实时、自动比对核验，并按照系统中设定具体事项审批规则，当提交的信息核验无误时，系统自动审批通过，并出具电子审批文件，从而实现即报即批、即批即得。"秒批"最初仅在大学生落户、老龄津贴发放等高频事项中试点，2021年升级后的"秒批秒报一体化"服务事项扩展到165项。

## 二　商事登记便利化

深圳商事登记制度改革起步早，2012年通过《深圳经济特区商事登记若干规定》，简化商事登记程序，建立以商事主体资格与许可经营相分离、审批与监管相统一的登记制度，与之相配套还实行注册资本认缴登记制、商事主体年报备案制，建立商事主体经营异常名录、商事主体登记许可及信用信息公示平台和电子营业执照制度。即实行证照分离，放宽准入，加强事中、事后管理。在此基础上，深圳市市场监督管理局不断深化改革，持续简化商事登记程序和提供便利化服务，2013年8月推出全流程网上商事登记，2014年7月全面实现全业务、全流程、无纸化网上登记新模式，2014年12月联合深圳市国税局、深圳市地税局和深圳市公安局共同推出了商事主体营业执照、组织机构代码证、税务登记证和刻章许可证"四证合一"的登记新模式。"四证合一"同样实行全流程网上登记,并实现"一表申请、一门受理、一次审核、信息互认、四证同发、档案共享"。全流程网上登记,减少了企业办事便利性和办事成本,同时缓解了商事登记制度改革后登记量剧增给政府工作带来的压力,确保了改革的顺利推进。

此后,2015年营业执照开始实行以统一社会信用代码作为识别号,并加入了社会保险登记证等多种证明功能,"实现多证合一,一照一码"。2018年进一步实施"三十证合一",将14个政府部门的30个涉企证明事项全部整合到营业执照上,在一个窗口就可全部办理好。在进一步缩短商事主体办事时间和提高办事效率的同时,实现部门之间信息共享,避免了政府部门的重复劳动,解放了政府人力资源。

随着移动互联网的发展,因应商事主体线上办事、线上签约的需要,经过反复研究论证,2021年深圳推出了商事登记移动认证业务和电子营业执照、电子印章。深圳市市场监管局联合建设银行深圳分行于2021年1月推出"商事登记应用手机银行电子签名"改革项目,商事主体在开通建设银行个人手机银行的前提下,通过建设银行的智慧柜员机签约"移动商事登记认证"功能后,可以无须使用个人网银盾在电脑端签名,而是通过建设银行个人手机银行App进行商事登记的电子签名办理商事登记事务。同年3月,深圳市市场监督管理局、深圳市政务服务数据管理局、深圳市公安局三家单位联合发布了《深圳市商事主体电子印章管理暂行办法》,同时制定了电子印章标准体系,上线电子印章管理系统,实现商事主体电子营业执照和电子印章综合应用。商事主体核准设立或核准变更后,即可通过"i深圳"App同步免费申领电子营业执照和电子印章,系统为每个商事主体免费生成包括公章、财务章、合同章等一套四枚电子印章,方便商事主体线上各种应用场合使用。此外,深圳市市场监督管理局还迭代升级了企业开办、注销一网通办平台,新增分时办理、部门同步注销等多种功能,办理商事登记事项越来越便利。

商事登记制度改革及便利化措施的推出，极大方便了商事主体办理登记事务，激发了社会创业热潮，商事主体登记数量持续快速增长。截至2021年12月23日，深圳全市共有商事主体3803605户[1]，每千人拥有商事主体215.7户，创业密度居全国第一位。2021年深圳市社会科学院开展的深圳优化营商环境调查显示，市场主体对于深圳优化营商环境的14项改革项目中最满意的项目，选择商事登记制度改革的比例最高，达40.46%[2]。

### 三 市场监管精准化

结合智慧信用管理精准监管市场。深圳是全国最早对个人征信和企业征信进行立法的城市，早在2001年就制定了《深圳市个人信用征信及信用评级管理办法》，2002年又制定了《深圳市企业信用征信和评估管理办法》。信用管理在深圳市场经济规范发展中发挥了重要作用，也是深圳市场监管部门开展市场监管工作的重要抓手，是深圳市场经济法治化的重要方面。近年来，信用管理的智慧化推动了市场监管的精准化。2016年深圳市市场监管部门运用大数据、依托微信平台"摇一摇"推出企业信用大数据"企信惠"项目。在社会应用方面，公众进入微信使用"摇一摇"功能就可以查询到周边企业信用信息情况，方便根据企业信用情况进行消费。消费者还可以在该应用中与商家之间进行互动交流、服务评价及反馈、投诉和处理等。在市场监管方面，监管部门可以根据平台上的消费投诉进行数据分析，精准执法。2017年深圳市公共信用信息中心推出深圳信用网2.0版，实现微信小程序等八种程序互联查询，成为信用信息征、管、用一体化管理应用平台。平台具有集成企业信用画像和企业图谱关联分析的功能，实现风险预警、精准监管和联动惩戒的智慧信用管理。与此同时，深圳坪山区2014年开始自

---

[1] 《2021年12月深圳商事主体登记统计分析报告》，深圳政府在线，http://www.sz.gov.cn/szzt2010/sjfb/sjjd/content/post_9644047.html，访问时间2022年4月20日。

[2] 赵丹等：《2021年深圳法治发展状况及2022年展望与建议》，载罗思主编《深圳法治发展报告（2022）》，社会科学文献出版社2022年版，第23页。

行探索构建了公共信用信息应用新机制，通过建立一套制定、明晰一张清单、建立一个平台①，多方面创新，形成以智慧信用监管体系为核心的信用服务平台②。该平台在运行中不断完善，2019年，在已经建成的标准化"一站式"执法信用数据库基础上，以信用分类分级监管为基础，建立起以"信用+执法监管"为核心的事前事中事后全过程社会信用监管机制，并形成政府与社会共同参与的跨部门、跨领域的联合奖惩机制。宝安区则通过社会信用标准化建设，形成了每一个法人和自然人的信用画像，同步实现了自动推送信用信息、自动识别黑红名单、自动提示奖惩依据、自动实施限制处理、自动反馈处理结果等信用联合奖惩智能模式③。

食品安全智慧监管。多年来深圳市监管部门运用互联网技术探索推出了"互联网+明厨亮灶""扫码看餐饮单位""移动监管App""三网立体监管工程"等应用软件，在食品安全监管方面发挥了较好作用。在此基础上，2020年深圳市场监管部门发布了"互联网+监管"系统，运用"互联网+"和大数据思维，围绕"智慧监管"和"社会共治"两个核心理念，建设集"监管部门+经营主体+消费者"三类主体于一体的监管平台，监管部门、经营主体和消费者信息互通，监管部门通过线上远程监管，从而既提升了食品安全监管效能，又保障了市民知情权、监督权，营造放心安心的消费环境。

---

① 一套制度包括《坪山新区社会信用体系建设规划（2014—2020）》《坪山区贯彻落实守信联合激励和失信联合惩戒制度实施方案》《坪山区公共信用信息管理工作细则》，以及关于绩效考核、信用红黑名单管理、公共信用信息异议处理、公共信用信息修复4个暂行办法。一张清单是《坪山区公共信用信息应用事项清单》，包括审核转报、设立登记、行政处罚、行政给付、行政许可、行政审批、经营许可、日常监管、协同监管、招投标、政府采购、资金支持、表彰评优、分类评级、录用晋升十五个应用类别，共计154项具体应用。一个平台即坪山公共信用平台。平台由"三库三应用七功能"组成，包括坪山信用网门户网站、企业信用数据库、个人信用数据库、社会组织信用数据库及信息归集与共享、信用公示、信用查询与打印、信用分析、反馈处置、信用监控、信用预警等应用功能。

② 该探索创新以"构建公共信用信息应用新机制助推法治政府和诚信坪山建设"项目名称，2018年获得第五届"中国法治政府奖"。

③ 2019年5月，宝安区被国家社会信用标准化技术委员会确定为全国首个社会信用标准化建设试点。

聚合创新要素增强监管靶向性。2021年，深圳市监管部门聚合智慧信用监管、"互联网+监管""双随机、一公开"等多项改革中的创新要素，推出"人工智能+互联网+信用+双随机"监管模式。将"双随机、一公开"的随机抽查事项与"互联网+监管"事项进行关联，实行监管事项同源管理。在随机抽取规则上，提升信用风险的应用度和与投诉举报、检测监测的结合度，一般监管领域以信用等级为基础、特殊重点领域以风险等级为基础制定差异化的抽取规则，并实行集中抽取多轮融合和多维联合方式，增强检查的针对性，破解监管资源相对不足的问题和重复检查扰企难题，实现任务集约化、监管靶向化、管理智慧化。2021年，深圳市市场监管局抽查任务由113457户减少至93509户，政企双向减负率为13.6%，问题发现率由2%提高至35%。[1]

首创"疑难案件远程会诊"智慧执法指导模式。疑难案件需要召集专家进行执法指导，但受时空和流程限制，执法指导工作常常耗时较长。特别是疫情防控常态化下，现场指导工作难上加难。深圳市市场稽查局借鉴医院"会诊"模式，2021年8月创新探索实行"疑难案件远程会诊"智慧执法指导新模式。线上召集不同业务领域的专家"智慧团"，通过视频连线、高拍仪实时拍摄展示等技术手段，解决不能亲历现场问题，并可当场完成指导工作。"疑难案件远程会诊"智慧执法指导模式克服了空间距离的限制，减少基层部门来回奔波沟通请示的劳顿和耗时[2]，提高了执法指导工作效率，也节约了行政成本。

"云上稽查"破解网络侵权案件办理难题。随着互联网和数字经济的发展，互联网平台上的侵权行为不断增多，但互联网上行政执法存在工作违法线索发现难、电子证据固证难、云端证据提取难等问题。为此，深圳市市场监督管理局市场稽查局联合腾讯、阿里巴巴、亚柏科等网络数据技术平台、电商平台、司法鉴定机构和其

---

[1] 中国食品网，http://www.cnfoodnet.com/index.php?c=show&id=2869，访问时间2022年3月1日。

[2] 原来完成"请示—批复"指导流程一般需要15天，实行"疑难案件远程会诊"全程一般只要1小时。

他专业技术机构，于 2016 年 9 月研发了"云上稽查"互联网执法平台。该平台具有电子数据固化见证、全网特定数据搜集、在线提取云端数据证据三个核心功能，形成集维权鉴权、检测处置、联合打击的社会政企联动高效知识产权在线保护机制，破解网上侵权案件执法难题。

### 四 执法监督透明化

行政执法虽有明确的法律依据，但具体事件并非千篇一律，因此，法律为执法人员留下了自由裁量的空间。同时，在执法程序上虽有明确规定，但执法过程是一个动态的过程，具体执法中是否遵守程序从结果上未必看得出来。当发生执法争议时，如果没有证人，可能执法人员与执法对象各说各话；即使有证人，也会存在对证人是否公正的质疑。长期以来，解决行政执法不透明、不规范、监督不到位问题，一直是法治建设中重点探索的问题。信息和智慧技术的引入逐渐破解了这一长期困扰的问题。

探索建立通用行政执法平台。为规范行政执法，深圳福田区 2012 年开始探索开展全流程法制化改革，对照法律法规要求对执法过程中涉及的每个环节制定精细化的标准，并制定行政处罚裁量权实施标准。2014 年福田区建立了区属 20 家执法部门通用的行政执法平台，按照行政处罚裁量权实施标准，推行"菜单式"执法。从而统一了行政执法标准，打破执法部门相互孤立的状况，实现执法信息共享，有效破解了行政执法不透明、不规范、监督不到位问题，也为行政执法与刑事司法顺畅衔接提供了技术保障。

加强行政执法人员动态管理。2016 年，原深圳市法制办对行政执法人员（证件）管理系统进行升级改造，并将执法人员培训申请、考试记录、证件的申领、换发、补发、注销及日常管理等业务全部纳入系统，实现业务之间相互关联，实现对全市行政执法人员进行动态管理。

率先建立执法全过程记录和执法公示制度。2016 年深圳卫生监督部门在全国率先启动"双随机+执法全过程记录"试点，利用信息技术建立执法人员库和监督对象库，在开展执法检查中，随机从执法人员库和监督对象库抽取执法人员和监督对象开展跨区交叉检查；执法检查过程中，使用智能终端进行全程记录，执法数据动态云存储，实现执法全程可追溯、执法结果实时全公开。"双随机＋执法全过程记录"有效避免了随性执法、运动式执法、人情执法，也减少了冲突执法，提升了执法透明度、文明度和公信力。这一制度很快在全市推广，到2017年，深圳全市各执法单位均建立了"双随机＋执法全过程记录"的执法制度。

建立全市统一的行政执法及监督平台。为更好规范行政执法，加强行政执法监督，加快法治政府建设，2018年年底，深圳市司法局启动"深圳法治政府信息平台"项目。该平台以规范行政执法行为和加强行政执法监督为切入点，在各行政执法单位制定的行政执法全过程音像记录清单、重大执法决定法制审核清单以及涉企检查事项清单基础上，建立数据库和门户网站公示栏，对全市行政执法活动及状况进行实时、动态和精准、智能的监督和考核。该平台在运行中不断完善，业务应用逐渐扩展到政府立法、规范性文件管理、行政复议、法律顾问等，到2020年，该平台逐渐汇集全市各种法治数据，在实现对全市行政执法动态监督和全面监督的同时，与司法部、广东省司法厅数据系统对接，联动传导行政立法、行政执法、行政复议、行政应诉、司法监督、检察监督等，形成数据治理合力，初步实现法治领域"大平台共享、大系统共治、大数据慧治"的整体式、智能化、精准化的政府管理和服务模式。

### 五 警务工作智慧化

由于社会环境较为复杂，深圳社会治安状况、交通安全状况曾一度不佳。同时由于深圳人口流动性大，非户籍人口所占比例高，警务事务量大，但由于过去公安编制主要根据户籍人口情况配置，警力不足现象严重。因此，深圳市公安局在积极争取更多人力资源之外，较早就开始探索运用科技提高办事和办案效率。

创新推出警务云终端。2014年深圳市公安局创新推出由可信安全专网、双系统终端、开放移动应用云平台组成的"警务云"终端。该终端覆盖所有警种业务，集大数据查询、人像车辆识别、警情推送、警务微信、随手拍、移动视频会议等各类警务应用于一身，全链条实现移动采集、办案、办公、查询、视频等业务。到2016年，实现基层民警人手一台终端机，全面实现可移动办公办案，警队办公和执法办案效率得到全面提升①。为强化执法执勤过程的法制监督，2015年深圳市公安局建成电子证据管理系统。通过该系统，统一存储、管理执法执勤现场的音频、视频、图像等电子证据资料，为"警务云"提供更多技术支撑，以更好保障民警依法履职，维护当事人的合法权益。

创建跨部门五统一涉案财物管理新机制。如何确保涉案财物管理既方便公检法各家办案时取证，又能防范廉洁风险或避免移交不规范不及时而损害当事人或国家利益，这是一个难题。2016年来，在深圳市宝安区委政法委的推动下，宝安区公安、检察、法院、财政等部门共同组建了统一涉案财物管理中心，统一涉案财物管理的制度、流程、标准、平台和保管。具体有4项微改革微创新，即研发手机扣押App，设计组合式物证保管箱，实行专业押送涉案财物模式，创设远程视证模式，形成一条完整、封闭但连续、畅通的涉案财物闭环处置链，有效破解基层政法机关在管理、处置涉案财物中存在的不规范、不顺畅问题。

首创交警"刷脸执法"模式。2018年深圳交警运用"AI"人工智能识别技术，建成智能感知、智能预警、智能指挥、智能交通、智能移动、智能服务六个智慧交通管理体系，在全市建设了40套具备人脸识别功能的电子警察，通过人脸识别锁定违章人员，使交警执法从查处"车"转向查处"人"，推动交通管理以"管车"为主逐步过渡到以"管人"为主，提升了管理效能，为市民提供更方便快捷的交通管理服务。

打造全智能视频生态体系。为了加强治安管理，深圳从2008年开始陆续在重点场所安装摄像头。2017年根据国家和广东省的统一部署，深圳市启动"雪亮工程"建设，在地铁、口岸、城中村、重点场所出入口新建2万个具有动态人脸系统一类高清摄像头，对已

---

① 参见徐文畅《警务云终端：开启移动智慧警务新时代》，《人民公安报》2016年11月17日。

有的 2 万多个标清摄像头进行高清改造,实现全市一类摄像头"全高清"目标。全面整合人像识别、车牌识别、模糊图像处理等各种智能化警务应用,打造全智能视频生态体系,形成"主干道车牌识别、人行道人脸识别"的格局。在全市城中村新建 20 万套视频门禁系统,并与公安系统联网,居住登记数据、出入刷卡数据均纳入全市大数据系统成为智慧城市建设的一部分。到 2018 年,深圳全市共布建了 130 余万个摄像头,形成一呼百应的天罗地网,社会治安明显好转。

推出 5G SA 网络切片警务应用。人脸识别需要一定时间,在紧急状态下可能贻误办案时机,提高人脸识别速度对于警务快速处理十分重要。2020 年深圳市公安部门推出 5G SA 网络切片警务应用,运用 5G 和边缘计算等技术建设了智能超宽的 5G 智慧警务专网,以高带宽保障、稳定低时延、数据安全隔离的技术服务,为警务工作提供高品质业务保障。通过切片隔离,警用业务的时延稳定在 20 毫秒以内,能够秒级人脸识别,从而提升现场办案效率,并保障警务数据安全,实现科技强警。

此外,其他领域工作也快速推进智慧化、便利化。例如,深圳海关积极以信息化、智能化为支撑加速推进贸易便利化。2017 年开始推行国际贸易"单一窗口"服务,通过企业信用信息跨部门共享、口岸间信息互换和服务共享等,加快通关速度。具体包括创新进出境监管,以物联网、人工智能等技术提高通关监管效能,降低边境管理制度成本;创新检验检疫监管制度,开通远程、免费、无纸化申报,通过大数据对比分析等风险评估措施和诚信管理,大幅降低查验比例;建设数字化智慧口岸,推动与"一带一路"沿线国家"单一窗口"数据互联互通及贸易单证互认;以科技创新赋能传统货物贸易,推动以智能化、服务化、绿色化等为特征的新经济发展。又如,深圳市政府行政复议办公室 2021 年在"i 深圳"App 开通"i 深圳—行政复议申请"的"掌上复议"系统。该智慧复议平台的开通大幅提高了行政复议效率和质量。

## 第三节　智慧法院提高司法质效

深圳法院在司法改革中，着眼为群众服务、为法官减负，积极推进"智慧法院"建设，运用信息技术手段，提高办案质效，助推公正司法，促进司法改革诸多具体目标同时实现，努力满足人民群众对司法公正高效的期待。

**一　从信息化办公到智慧化办案的探索**

深圳法院在2010年前就开始探索信息化办公，随着信息和智能技术的发展，不断扩大技术在案件办理和管理中应用的广度和深度，逐渐探索实行智慧化办案。在初期的探索中，最突出的是执行部门的"鹰眼查控网"[①]。司法改革后，深圳市中级人民法院在司法责任制、案件繁简分流等方面也开始探索应用大数据提高效率。各区法院也有探索，如宝安区法院在诉讼服务方面、南山区法院在知识产权案件审理中等也积极探索信息化办案和智慧化办案。

（一）"鹰眼查控网"基本解决执行难

执行难是法院工作的大难题，也是影响司法公信的关键难题。生效判决由于被执行人、被执行财产查找难，导致当事人赢了官司拿不回钱，胜诉权益难以兑现，也影响了司法权威。为解决执行中查人找物难题，早在2010年，深圳市中级人民法院就首创"鹰眼查控网"，通过与金融机构、房产登记机构等各联动单位、协助单位的信息联通互动，对被执行人财产和人身进行查询和控制，提高执行中财产查找和执行的效率。此后深圳法院对"鹰眼查控网"持续升级扩容，到2016年已经实现网络查、冻、扣一体化，联动的单位范围增加至44家，包括国土、公安、工商、地税、海关等国家机关，以及证券登记结算公司、联合产权交易所和部分商业银行。同时，通过信息互联互通，加强失信曝光，更多失信被执行人被采

---

[①] 后来升级形成"鹰眼执行综合平台"。

取限制高消费、限制出境，甚至罚款、拘留、启动刑事追责等措施，对失信被执行人的联合惩戒机制不断得到完善，威慑效果开始显现，解决执行难工作取得重大进展。2017年"鹰眼查控网"根据繁简分流的要求再次升级改造，依托最高法院"总对总"系统和深圳法院"点对点查控网"先行"五查"过滤，15%的案件通过在线查冻扣直接办结，实现执行案件全业务网络办理、全流程要素公开、全方位智能服务，执行效率得到较大提高。深圳法院也因此于2018年被评定为"基本解决执行难"第三方评估样板法院。

2018年"鹰眼查控网"智能化升级为速控平台和极光集约平台。"速控系统"将财产查控从原来一财产一控制的操作方式升级为一键提起多个财产查控的"菜单式"模式，同时自动生成多份控制财产的执行法律文书，从而大大节约了系统操作时间。"极光集约系统"主要通过事务集约、人力集约、装备集约，优化司法资源配置。具体是以信息化集约管理模式，在财产控制和处分执行过程中，将各个承办法官助理上传到"极光集约系统"的任务指令，根据任务的区域、时效要求等要素，集中指派司法警察一同办理，使司法警察能够一次性实施多个相近或同类任务，从而缩短单项事务实施的排期，并使有限的执行人力、物力可以办理更多执行案件，在降低司法成本的同时，大幅提高司法效率，进一步解决执行难问题。

（二）探索推出"24小时自助法院"

为满足当事人任意时间段诉讼服务的诉求，深圳市宝安区人民法院借鉴银行、医院提供的24小时自助服务、各类自助终端设备的设计理念，运用互联网、大数据、云计算等技术，于2015年12月推出"24小时自助法院"。"24小时自助法院"场地设置上类似银行的24小时自助银行，设立在法院正门旁边；服务设置上，类似医院的自助服务终端，具有立案诉讼材料扫描上传、缴费、打印法律文书、查询案件信息、庭审公告、预约阅卷、预约法官等7项功能，全天候为市民提供自助立案、自助缴费、自助预约、自助查询等各类诉讼服务。自助法院同时还设立了当事人电话咨询区和自助法院视频宣传区，确保当事人无须工作人员专门看守和现场指导就可以随时在终端设备上自助操作完成诉讼服务。

（三）探索建立办案全程留痕的权力流程体系

司法责任制改革推进过程中，为了更好地明晰权力运行中的责任，2016年9月深圳市中级人民法院印发了全国首个《落实司法责任制工作指引》。该指引一方面细化了法官、司法辅助人员、管理人员等各类司法人员的岗位工作职责及其权力行使边界和各项工作的流程，与此同时，充分利用现代信息技术可视化、可留痕的特点，以办案流程为主线，建立全程网上办案的全程留痕的权力运行流程体系，为"谁审谁判谁负责"提供技术保障。

（四）建立案件繁简智能识别分流系统

法官职业化改革实行员额制后，法官数量减少。同时立案登记制改革后，法院受理案件数快速增长，但司法责任制改革对法官办案质量的要求更高，传统案件办理方式无法更有效地用好有限的司法资源。特别是深圳法官人均结案数年年居全国法院榜首，通过改革减轻法官办案压力迫在眉睫，加快推进案件繁简分流是解决问题的出路。每年数十万件案件全部由人工分流显然是低效的，大数据、人工智能技术毋庸置疑地被应用到案件繁简识别工作中来。2017年深圳法院制定了《案件繁简识别标准》，对一审、二审、执行案件分别设置了不同的核心要求，运用"案由＋要素"的智能识别分流系统，对案件进行自动识别分类，再辅助必要的人工甄选，确保案件准确分流。该系统第一年运行就达到一审案件自动识别准确率超过70%，二审案件自动识别准确率超过90%，大大减轻了人工分案负担。

**二 制定规划系统推进"智慧法院"建设**

2017年，深圳中院和盐田法院被广东省高院指定为"智慧法院"建设试点单位，由此深圳加快了智慧法院建设。随即制定《深圳"智慧法院"建设三年规划》，开始系统化推进智慧法院建设。规划从司法办案、司法决策、司法服务三个方面推进智慧法院建设工作，计划2017年完成"智慧法院"基本框架的搭建，2018年基本形成"智慧法院"工作体系，2019年建成"全业务网络办理、全流程依法公开、全方位智能服务"的智慧法院。

在智慧法院建设过程中,深圳法院提出智慧法院系统要同时满足审判执行办案业务需求、司法决策管理需求和人民群众日益增长的司法服务需求三个需要。为此,深圳法院创设"JEC"系统开发模式。"J"为法官(Judge),"E"为工程师(Engineer),"C"为开发公司(Company)。一改系统开发技术部门牵头、业务部门协助开发的传统,由法官主导系统研发,工程师和开发公司提供技术支持,9个主要业务版块分别组建虚拟团队,确保了项目符合办案和案件管理需求。

2017年深圳法院推进了包括电子卷宗随案生成系统、执行案件在线办理平台、多元化纠纷解决平台、类案在线办理平台等重点项目建设。电子卷宗随案自动生成系统,由深圳中院与盐田法院共同建设,指定盐田法院先行试用,利用人工智能图像识别技术自动识别扫描文件的种类、自动归类、一键移送归档,并具有案件要素智能提取、裁判文书辅助生成等功能。多元化纠纷解决"融平台",由福田法院最早上线,借助信息化手段,在线上建立多元化纠纷解决机制,对诉前调解案件实现全流程管理。平台立足于连接一切矛盾纠纷化解主体,在线整合调解组织和调解人员提供便利服务,兼具在线立案、在线调解、在线司法确认、"一键"转诉讼立案等功能,有效利用优质资源,减轻当事人诉累。类案在线办理平台方面,福田法院开发了针对金融纠纷的类案在线办理系统——"巨鲸智"系统。该系统具有法律文书自动生成、电子送达等功能,实现立案、审判、执行全流程网上办理。盐田法院开发的"法智云端"网上行政诉讼服务中心,则实现了行政非诉审查案件全流程在线办理。

2018年深圳法院加快智慧法院建设,结合司法责任改革,系统安排了裁判文书资源的智能加工和运用机制、矩阵证据中心、"融·智·慧"全流程信息化智能审判平台、类案检索推送系统、民商事案件收结案态势预警系统等智慧法院建设十大重点项目。其中深腾微法院提供"指尖诉讼"服务对当事人带来的便利最大。深腾微法院是深圳法院依托智慧法院系统开发的基于微信小程序的诉讼服务平台。该平台具有网上立案、在线送达、在线调解、在线庭审、申请执行等 20 多项功能，当事人通过微信小程序，甚至"一次都不用跑"就可以完成全部诉讼活动。福田法院则在基于诉前调解的"融平台"基础上增加了审判执行、法院管理两大业务，通过工作流程重塑，完善为"融·智·慧"平台。"融"平台依然是融合汇集社会力量参与线上多元解纷，前端化解纠纷；"智"平台则着重于推动类案速裁，因全程在线，实现全程留痕、阳光透明；"慧"平台着力于审判辅助资源在线调配，推动审判辅助事务集约，使法官更好专注于庭审和裁判。"融""智""慧"三者相融互促，形成全流程在线、要素集约化工作模式方式。民商事案件收结案态势预警系统，则是依托电子卷宗系统和综合业务系统，对案件设置均衡结案警戒线，对案件从立案到归档的全流程进行节点监控，自动生成审判执行态势日报，对案件办理进度进行动态监控和预警。"鹰眼查控网"也在提升中升级出"极光集约平台"和"速控平台"，形成由"一网两台"组成的鹰眼执行综合应用平台，执行质效大幅提升。同年，VR、AR 成像等科学技术在法院庭审中的直接使用逐渐成熟，成就了"万场直播·当庭宣判"活动。市区两级 10 个法院全年成功开展了庭审直播 16000 余场，司法公开和普法工作取得良好效果。

2019 年深圳智慧法院建设加速。按规定预定目标进行智慧法院一体化平台建设，以系统"集成"推进全业务、全流程、全方位智能化应用，使诉讼服务更便捷、法官办案更高效、司法管理更科学。在促进诉讼服务便捷化方面，通过完善"一网通办"诉讼服务平台，实现全流程网上办理诉讼事项；在提高法官办案效率方面，通过推广类案智能检索、裁判文书智能分析，促进法官精准适用法律，实现办案"提质"。在提升案件管理科学化方面，不断完善电子卷宗系统，推广全流程无纸化办案，在全国率先实行上诉案件一键移送电子卷宗，实现办案"提速"。各区法院也积极探索智慧法院建设的具体模式，龙华区人民法院探索建立了以数据为依托的信息化、科技化的"庭审综合管理平台"，并首创了参审数据管理、在线阅卷、在线培训、线上评测、线下活动辅助、排期信息自动写入业务系统、书记员人事档案管理、书记员速录数据管理、书记员智能考核、合议庭跨时空合议、庭审数据管理等功能。龙岗区人民法院率先探索的以电子送达、网格化送达、EMS 邮寄送达为基石的"E 网送达"平台，截至 2019 年 11 月中旬接收送达任务 117615 宗，完成送达任务 115936 宗，司法辅助送达人员由原来的 24 人减少到 4 人，送达车辆由原来的 21 辆减少到 2 辆。在送达成本降低的同时，送达成功率和效率大幅提高，对被告首次送达成功率由 15% 提升到 89%，平均送达时间由 10 天缩短到 4 天，较好地解决了法院法律文书"送达难"中"门难找、人难寻"的问题，2019 年年底这一送达模式在全市法院系统得到推广。[①] 南山区人民法院启用民商事速裁中心，该中心设诉讼服务、诉调对接、速裁审判三个功能区，从纵横两个维度划分工作单元，纵向有诉讼服务、诉前联调、庭前准备、庭审裁判、结案事务 5 个单元，横向有小额审裁、劳动争议、知识产权、金融信贷、综合审判 5 个单元，纵横结合、分层递进、衔接配套，全流程智能化，形成"简案快办+诉调对接+智慧审判"全新司法服务模式。

### 三 "智慧法院"建设深入推进

智慧法院三年规划建设目标完成后，深圳法院没有停止智慧法院的建设工作，而是在原有框架体系和平台上不断完善各项功能和应用。2020 年，突如其来的新冠疫情使"深圳移动微法院"平台的工作需求大幅增加，深圳法院在平台使用中又根据需求增加了多项新功能，如龙华区法院探索制定了在线庭审"微规范"，对在线审理案件类型和在线示证方式等做了明确规定。在常态化疫情防控背景下，"移动微法院"为司法工作提供了巨大便利。截至 2020 年年底，深圳全市法院网上立案 89.8 万件、在线开庭 1.4 万余次。[②] 由龙岗区法院于 2018 年率先推出"E 网送达"平台，2019 年推广到全市后，2020 年也发挥了重要作用，至 2020 年 11 月，共接收送

---

[①] 程昆：《法律文书"E 网送达"龙岗模式将在深圳全市法院推广》，http://www.sohu.com/9/354306636_161795，访问时间 2020 年 2 月 28 日。

[②] 数据来源：2021 年深圳市中级人民法院工作报告。

达任务 296843 件，完成送达任务 293429 件，以集约高效实现经济效益和社会效益双丰收。①

新技术仍继续引领深圳智慧法治建设，区块链技术在深圳法院案件办理中的应用开始展开。2020 年前海法院抓住区块链技术和移动 5G 功能拓展的契机，联合腾讯公司与微众银行，针对金融案件证据不易保存、分散复杂等痛点与难点，开发运用"至信（金融）云审"系统，建设"金融审判+区块链"审判体系，提升银行与法院司法数据协同效率，全面构建从立案到判决全流程"链上"办理新模式，大幅提升金融案件办理效率。2021 年深圳法院区块链证据核验平台上线。通过该平台，电子卷宗系统与"深圳移动微法院"实现融合交互，当事人在"移动微法院"小程序上提交电子证据，法官即可在深圳法院区块链证据核验平台进行核验。由于区块链具有不可篡改的特点，区块链证据核验平台的推出，确保了数据信任，在庭审过程中能够快速质证，显著提高庭审效率。

通过持续推进智慧法院建设，深圳法院以信息和智能技术重塑办案和案件管理流程，重新分配办案力量，实现系统操作批量化、案件分流智能化、文书生成自动化、文书送达网络化、流程节点公开化，办案执行等工作基本实现工作全网络化办理、全流程公开、全方位智能，案多人少问题得到一定缓解，办案提质、提速同时实现，司法监督、司法公开、司法效率、执行难以及诉讼服务便捷化等问题得到一定解决。

## 第四节　智慧检务优化检察工作

深圳检察机关也是从探索信息化案件管理模式开始，逐渐推进新型信息化诉讼监督模式、案件办理情况查询系统、行贿犯罪档案

---

① 2020 年，深圳市龙岗区人民法院以"E 网送达"入选智慧法院十大创新案例，成为本年度全国唯一获此荣誉的基层法院。戚金城：《深圳龙岗法院"E 网送达"入选 2020 全国智慧法院十大创新案例》，读特，2020 年 11 月 19 日发布，https://www.dutenews.com/p/1035230.html，访问时间 2021 年 2 月 5 日。

查询网上申请平台、"指尖上的深圳检察"、侦查活动监督平台等监督、办案、服务平台和模式，推进了监督常态化和服务便利化，逐渐从以监督为主的透明检务建设，发展为监督、办案智能化的智慧检务建设。

### 一 "透明检务"的探索

深圳是我国首个国家电子政务试点城市。深圳检察机关自2005年就开始结合案件管理机制改革研发基于互联网技术的案件管理系统，实行案件网上承办、流转和审批，实现对全市案件的实时动态跟踪监督，避免超期、违规、不规范办案的出现。2012年，最高人民检察院以该案件管理软件为基础，开发了全国检察机关统一业务应用系统，在全国检察机关推广运行。

2012年，深圳市检察机关依托案件管理系统开发了专门的案件办理情况查询系统，在检务大厅设立专门的查询窗口，供律师查询。深圳市检察院的查询系统还直接与深圳市律师协会网站对接，律师足不出户就可以通过律师协会网站链接查询跟踪案件进展、预约阅卷时间。2014年，深圳市检察院建立了侦查活动监督、刑事审判监督、监管场所及刑罚执行监督、民行诉讼及执行监督四大信息化平台，并建立了配套工作机制。通过该平台，检察机关可直接对具体案件的执法办案流程和关键执法环节进行监督，并将监督结果纳入政法干警个人执法档案，监督结果也是个人绩效考核的参考条件，从而构建起基于互联网的有较强约束力的新型诉讼监督模式。

为提高办案效率和方便群众，深圳检察机关2015年开始部署建设电子卷宗系统，同时应用互联网推出系列便民措施。上线行贿犯罪档案查询网上申请平台，面向社会提供网上申请受理服务，实现了申请无纸化和办公自动化。网上申请后，申请人可在第3个工作日到受理的检察机关领取查询结果，只需一趟即可完成查询，改变了过去申请需要提供纸质材料、往返跑两三趟的状况，大大提高了办事效率。此外，深圳检察院的门户网站升级换代，改版的门户网站增设大众留言板及时回复网民提问，收集公众意见，实现了检察机关与网民的零距离接触。在微信平台打造"指尖上的深圳检察"，微信公众号完成升级，增添了众多服务功能，公众号增设了下拉菜单，聚合了现有网站、微博、优酷视频等媒介资源，添加了网上办事功能，并通过手机微信即可完成众多便民服务。

2016年深圳检察机关继续围绕加强监督和促进检务公开推进信息技术创新检察工作。一是以信息化推动监督的规范化与精细化。建立侦查活动监督平台，平台软件设置监督案卡，对具体案件办案进行规范指引。办案人员在办理案件中，必须在侦查活动监督平台填报信息，平台会根据案件情况给出规范指引，办案人员需要对照平台所列项目逐项审查卷宗材料，并与平台提供的法条自动援引功能进行对照无误后，点击完成监督工作，相关情况自动纳入系统数据库，从而实现监督常态化。二是推动实现刑事案件电子卷宗全程网上流转。三是将官网、微博、微信平台作为检务公开的重要平台形式，并以"深检君"身份积极与社会各界良性互动，通过"阳光深检"微信群实时在线回应代表的意见建议，塑造阳光、透明、包容、亲和的检察机关形象。

### 二 "智慧检务"的推进

2017年电子卷宗系统正式上线，并提出了建设"智慧检务"平台的计划。通过该系统，司法机关之间可以信息共享，办案数据一次导入后可以通过系统反复使用，节约了案卷移送的人力、物力和办案时间，也减少了律师阅卷与承办人办案阅卷的时间冲突，提高了案件流转效率。

2019年深圳检察机关提出建设智慧检务的目标，应用大数据、云计算、人工智能等现代科技探索搭建以"一云""一平台""三大应用""八大系统"[①]为核心的专项智慧检务建设，全面提升智能辅助应用和数据共享水平，进一步提高检察机关办案、监督、管理

---

① "一云"是"深检云"，"一平台"是数据一体化平台，三大应用包括司法办案、阳光检务、业务分析研判，八大系统包括智慧知识产权系统、智慧公益诉讼系统、智慧金融犯罪系统、智慧民事系统、智慧行政系统、智慧非公经济保护系统、智慧控告申诉系统和业务分析研判系统。

和服务能力[1]。该系统与公安、法院等其他政法机关、行政执法机关案件信息系统互联互通，同步开放共享，提升办案效率并提供了相互监督机制。八大系统中，公益诉讼、知识产权检察、非公经济保护以及未检帮教等领域的智能化首先取得突破，建立了检务大数据分析平台、智慧民行公益诉讼综合应用平台、智慧社区矫正管理平台、"智慧未检帮教云服务"移动工作平台、"E检通平台"等系统，实现案件智能管理、案卡自动录入、远程视频庭审、检察文书智能生成、远程送达。

2020年，深圳检察机关制定了智慧检务建设规划纲要，深入推进智慧检务建设。创立了侦查活动监督平台，政法机关跨部门办案平台、远程视频提审庭审、智慧出庭等系统不断完善。2021年，继2019年深圳未检涉罪未成年人精准帮教系统之后，深圳未检被侵害未成年人精准保护系统也上线，深圳未检工作全面进入信息化。2022年深圳未检涉罪未成年人精准帮教系统上线三周年，精准帮教工作取得明显成效，全市涉罪未成年人教育挽救成功率由19%提升至76.83%，再犯率低于3%。9月，深圳市人民检察院制定了数字检察三年行动计划并上线了智慧检察数据一体化平台，智慧检务建设正在加速度。

## 第五节 信息和智能技术赋能法律服务

随着法治发展，公众法律意识也不断增强，对法律服务需求也同步增加。一方面，群众一般性的法律咨询服务需求增多，但付费意识还没有建立，即使愿意付费，绝大多数人遇事不知如何才能找到合适的法律服务机构；另一方面，高端法律服务需求也在增长，但相应的法律服务供给还没有跟上，出现法律服务供给与需求不匹配现象。对于一般咨询类、纠纷调解类的法律服务需求，深圳市政府从提高市民法律意识、维护社会稳定、筑牢法治根基出发，积极

---

[1] 该平台被评为"全国政法智能化建设优秀创新案例"。

提供免费服务。但法律服务资源有限，向社会提供普惠化的公共法律服务还需要向科技借力。近年来，深圳在这方面探索创新了一系列做法。

**一 信息技术助力公共法律服务便利性**

法律服务机构遍布全城，但他们大多数又不像购物商店有临街的门店。如何让公众方便找到法律服务机构，深圳司法局借助大数据技术，2015年与腾讯公司协作推出深圳"法治地图"，将全市律师、法律援助、司法鉴定、公证机构、社区法律顾问点、政法机关以及执业人员等资源整合到一个信息查询和业务办理平台，为市民提供在线查询、法律咨询、网上申请、业务办理等"一站式"法律服务。"法治地图"推出后，多次充实内容进行完善，到2021年已经形成"法治地图册"。

针对法律援助处律师人数不多，单个律师专业知识有限，有些问题无法当场解答，无法满足公众的法律服务需求的问题，2017年深圳市司法局与科技公司联合研发的智能法援机器人"小法"，"小法"在云端存储10万余条法律法规、10万余个法律问题、8000多条案情分析点及海量专业问答信息，并具有法律人工智能和机器深度学习能力，可以智能分析群众在工作生活中经常遇到的法律问题。全市十个区（功能区）法律援助处服务大厅均配置一个智能法援机器人，为群众提供便捷、专业、全面的法律咨询服务。

针对法律援助案件与值班律师专业不匹配、法律援助案件办案质量监控难等问题，2018年福田区司法局推出线上法律援助系统——"馨援在线管理系统"，系统具有值班安排、案件在线分配、律师申领、流程监管、质量监控、案件评估、数据统计分析等功能，有效推进法律援助服务供给侧改革，破解瓶颈难题，以信息化提升法律援助工作的规范化、科学化管理水平。

公共法律服务中心同样面临专业人员不多，但公众法律服务需求具有多样性的问题。为更好满足公众对公共法律服务的需求，2019年伊始龙岗区公共法律服务中心就启用了"互联网·无人律所"平台。该平台是基于互联网、大数据、云计算等技术而搭建的一个整合全国律师资源的互联网法律服务平台，其操作系统内置高清触摸终端机、身份证读卡器、文件上传设备、打印设备等综合配套设备，涵盖快速咨询、材料共享、文书服务、约见律师、视频咨询等功能，使法律咨询像 ATM 机取款一样便捷。

针对民营企业法律风险意识不强的问题，2019 年深圳市、区司法局组织建设了"法律服务云"，推出"民营企业法治体检自测系统"，为民营企业提供普惠式、便捷化的涉诉风险智能检测服务，帮助民营企业防范法律风险。该系统 2020 年增加"三库一检"① 功能，企业通过自主填答民营企业高发的法律风险测试题，即可自动生成包含风险等级评估、法律风险点提示、风险防范建议等在内的"法治体检"报告。

## 二 以"互联网 +"思维打造法律服务行业新业态

随着"互联网 + 法律"时代的到来，法律行业的服务模式也随之变革。新技术快速融入生产生活各方面，为法律服务行业的发展拓宽了空间，也对法律服务的质量和效率提出了更高要求。深圳市律协及时把握发展趋势，引导法律服务调整供给方式，推动"互联网 +"优势资源与律师业创新融合，保障深圳律师在互联网法律服务市场拓展中抢占先机。2014 年，深圳律师协会先后举办了一系列"互联网 +"专题讲座与论坛②，共同研讨和交流互联网时代下的法律架构及风险管理，引导律师行业互联网思维创新发展思路，促进律师事务所紧抓时代机遇开拓业务发展空间，不断做强做大。2016 年，深圳律师协会进一步深化律师行业服务联结，积极加入"中国互联网仲裁联盟"，与来自全国各地的律师协会、仲裁机构以及电子商会、互联网金融行业协会以及高校共 150 多家单位签订合作协议，共同推动法律服务形式创新。2020 年深圳律师协会上线了"深

---

① "三库一检"指疫情典型司法案例库、防控法律法规库、中小企业扶持政策库和疫期风险评测。

② 如"互联网 + 时代的法律服务创新""互联网思维与律师业务发展""互联网思维下律师业的重新想象与定义""互联网金融及众筹法律实务""互联网金融争议解决与法律服务创新""互联网技术对律师业务的创新""互联网行业的垄断和不正当竞争问题"等。

圳智慧律师系统",结合大数据、云计算、移动应用等新技术,为律师日常法律工作和律所事务管理提供线上服务,服务功能包括案件管理、计划进程管理、客户管理、合同管理、财务管理、人力资源管理等多方面,从而促进深圳律师事务所管理水平和工作效率的提高和规范发展。

### 三 探索建立多元纠纷化解智慧平台

针对电子证据举证难、确认难的司法审判难题,2016年深圳仲裁委员会联合中国电信、深圳公证处共同打造了集电子证据固化、在线公证保全、网上裁判服务等为一体的智慧平台。平台在全球范围内全天候不间断为用户提供证据固化、在线公证、在线仲裁等法律服务,全球范围内当事人都可以足不出户就能完成立案、答辩、举证、开庭等仲裁流程,大幅提高了法律服务效率。深圳国际仲裁院还开发了"基于移动互联网的办案平台",以微信服务号为服务载体,整合移动互联网办案平台与仲裁案件管理系统,植入仲裁人工智能机器人3i,为当事人、仲裁员、办案秘书及业务关联方提供全智能、全闭环、高效便捷的互联网争议解决服务。

调解工作也开始探索在线办案和案件智慧管理。2017年,盐田区探索建立了调解协议在线确认,提高了调解协议司法确认的效率,也提升了人民调解的公信力,并快速在全市推广。2020年宝安区在调解协议在线确认基础上,推出"人民调解智慧平台",推出在线调解服务,并实行调解工作线上线下无缝对接,为当事人提供便捷服务。平台还可对业务数据进行统计分析,从而掌握矛盾纠纷发生的重点区域和需要关注的焦点,及时预警并协调有关部门主动介入、迅速处置化解。

## 第六节 块数据促进基层治理智能化

基层治理中,因信息分割,因人、地址、事件信息分属不同部门或者信息未标准化,影响了办事和监管效率。特别是在市场监管中，随着商事登记制度改革的推进，事后监管工作加重，但因商事主体地址登记不规范等原因给事后监管带来一定困难。为提高事后监管效率，深圳市场监管部门根据标准化原理，2018年与深圳市委政法委共同牵头整合规划国土、公安、住建、民政等管理部门地址数据，为每一栋建筑物、每一套房屋赋予25位的数字编码，作为建筑物房屋唯一的"身份号码"，形成标准地址信息的统一地址库。统一地址库建立破解了商事主体虚假地址历史顽疾，由此"块数据+商事登记"模式得以开展，"信用+服务""信用+监管"的市场监管服务模式得以推进，商事主体的事中事后监管效率得到明显提升。2019年深圳市政法委在统一地址库基础上，运用块数据体系，以块数据为内核的"一基五柱、百平台、千应用"智能化支撑体系，对人口、法人、房屋、通信、事件五大基础数据建立分级分类标准，在分类基础上对五类数据进行关联，形成"五码关联"的块数据库。市场监管、公安、税务、教育、民政、劳动社保等政府部门的业务数据均联通到该数据库，形成了社会治理大数据库。数据库数据动态更新，为市场监管、人口管理、纳税管理服务、学位申请、民政服务、维稳综治等社会治理和公共服务提供精准信息资源，实现基层各类问题早发现、早解决，大幅提升行政服务和行政执法精准度。

## 第七节 加强智慧法治的统筹发展

可以看到，从电子政府迈向数字政府，法院从信息化办公到智能化办案，从透明检务到智慧检务，从线上提供法律服务到智慧精准匹配服务，深圳智慧法治的不断发展给城市治理带来新变化。它推进了政府运行规范、效率提高、服务便民，提高了政府透明度和监督有效性；提高了司法机关的办案和诉讼服务质量，更好保障了诉讼参加人的权利；基层治理、城市公共管理的效率也得到大幅提高。

但是同时也应当看到，深圳的智慧法治发展总体上还处于探索阶段，法治领域的智慧应用还比较零散。第一，没有总体规划。除智慧法院建设从2017年开始就有规划有计划地整体推进外，其他领域虽然也提出了智慧发展的目标，但并未制订规划，只是选择在工作的部分事项或部分环节上运用信息和智能技术，产生突出效果的不多。第二，不同领域、不同区域智能化发展水平差异较大。总体上，在政府法治和司法中智慧技术应用较多，立法领域还仅仅开展网上征求意见，智慧应用还未起步。政府法治中，商事登记、交通管理、社会治安管理等与大众生产生活密切相关的部分领域和环节运用较多、效果较好，大多数领域和环节智能化水平仍不高。第三，各区、各部门之间衔接不足。由于各区、各部门各自推进智慧技术的应用，导致发展水平参差不齐，出现各区之间、部门之间衔接不足，影响应用效果。总体上，垂直管理部门的应用做到了全市统一，但属地管理的部门由于没有统筹，技术应用有一定差异，在相同事项上办事流程和办事标准存在差异，导致市民在比较中产生不满情绪，影响对政府的信任。第四，有些平台、系统使用不够简便，影响了使用体验感。这可能是因为各地区各部门各自推进技术应用，但真正懂技术的领导和工作人员不多，影响了对技术的选择和应用场景的设计，导致实际效果差强人意。说明智慧法治的发展与智慧城市建设还不够协调，智慧城市建设本身需要进一步提升，对智慧法治发展的依托作用也要进一步增强。

因此，智慧法治的深入发展需要在智慧城市总体布局下统筹推进，同时也以法治影响智慧城市建设，相互促进，共融发展。

一是加强法治领域科技应用、智慧发展的统筹。在信息化、智能化初期，多方试验、百花齐放有利于发动各方积极性与创造性。但随着信息和智能技术的成熟和广泛应用，各自分头"摸着石头过河"已经不利于资源的集约使用，更不利于群众了解和掌握办事流程，并在群众中形成比较、产生不满。因此，智慧法治的发展必须从单项突破转向统筹推进，结合智慧城市建设，由全市统筹信息和智慧技术在立法工作、政府工作、司法工作、公共法律服务各环节的应用，扩大信息和智能技术应用的覆盖面，使其渗透到立法、执法、司法和公共法律服务的各具体环节，并不断提升法治工作智能化水平，释放出技术对法治化水平提高的宏大力量。

二是加强经验总结和应用推广。目前各区各部门在智慧技术应用方面进行了大量探索，有些类似，有些不同。有些经验经过总结提炼得以推广，也有些好的做法却没有及时总结推广，导致其他地区、单位重复摸索地浪费改革成本。因此，智慧法治发展从分别探索走向集体推进，建立统筹经验总结和推广的机制，对于基层的实践探索，要及时进行总结，对相同或相关工作的不同模式进行比较，提出优化方案，在完善的基础上加以推广，确保好的工作模式、应用模式在更广范围发挥作用，确保不同区域、不同部门之间技术衔接、标准衔接，从根本上消除不同区域、不同部门信息和智能技术应用上的差距，实现智慧法治发展水平的全面提升。

三是立法鼓励管理创新。智慧技术应用于立法、政务、执法、司法和社会治理工作中，将带来的规则变化，这种变化如果长时间不能得到立法确认，将会影响探索创新的积极性。因此，智慧法治的发展要从自发转向自觉，及时将智慧技术应用引发的规则变化通过立法予以确认和固化，推动城市管理和法治工作精细化和效率的提高，并转化为城市发展的制度优势。

四是充分发挥政务服务数据管理局在智慧法治建设中的统筹作用。智慧城市建设、智慧法治建设的主导者是政府，其网络治理水平、应用水平直接影响着智慧城市建设和智慧法治建设的进度和水平。但多数党政领导和党政部门工作人员对于新技术的知识有限，政务服务数据管理局作为统筹政府数字化建设的机构，在做好各部门智慧城市建设的具体服务管理工作的同时，可以更好发挥决策助手作用。可以推动智慧技术在各领域的应用的研究，在提出决策建议方案时，以简单易懂的方式展示新技术应用场景，说明应用效果，对于科学决策更有帮助。

简言之，智慧城市建设为城市治理引入新范式、创造新工具、构建新模式，法治建设引入智慧技术，大幅提升了法治化建设水平。同时法治框架下的智慧城市建设，才能保障依法运行，正确发挥作用。法治、智治相融互促，以智慧化提高法治发展水平，以法治化发挥智慧化效用，推动体制优势转化为治理效能，实现城市治理现代化。①

---

① 李朝晖：《智慧法治：城市治理现代化的实现路径——以深圳为例》，载《全国城市社科院第三十次联席会议暨全国城市智库联盟第六届年会论文集》，2020年10月，第89—99页。

# 第七章　保障创新：筑造知识产权保护高地

党的十九大报告指出，"创新是引领发展的第一动力，是建设现代化经济体系的战略支撑""要倡导创新文化，强化知识产权创造、保护、运用"。创新是深圳的特质，深圳是首个国家创新型城市、首个以城市为单位的国家自主创新示范区、国家首批知识产权综合管理体制改革试点城市，为鼓励创新、保护创新，深圳重视从各领域加强知识产权保护。特别是近年来，随着新一轮科技革命与产业变革的兴起，知识产权越来越成为企业取得竞争优势的核心因素，完备的知识产权保护制度也因此成为衡量城市创新环境、营商环境和竞争力的关键要素。为此，深圳提出了要实施最严格的知识产权保护制度，通过完善立法、严格执法、加强司法、丰富知识产权法律服务、完善知识产权保护机构，持续推进全链条知识产权保护机制的建立与完善，打造知识产权保护高地，为创新和发展保驾护航。

## 第一节　制定最严知识产权保护法规

早在2008年，深圳市人大常委会已制定出台《深圳经济特区加强知识产权保护工作若干规定》。党的十八大以来，随着深圳科技创新产业的高速发展，知识产权保有量越来越高，原来的知识产权保护法规越来越无法适应企业创新发展的要求。2015年《国务院关于新形势下加强知识产权强国建设的若干意见》出台后，根据知识产权保护工作需要，深圳开始《深圳经济特区加强知识产权保护工作若干规定》的修订工作，并于2016年就修改征求意见稿召开了微信立法听证会，2017年年初形成修订草案。2017年7月，深圳被国家知识产权局确定为第一批知识产权综合管理改革试点城市，深圳市政府与国家知识产权局签署了部市合作协议，明确要将深圳打造成为知识产权强国建设高地。随后，深圳市政府制定了《深圳市关于新形势下进一步加强知识产权保护的工作方案》，提出率先在全国建立最严格的知识产权保护制度，将深圳打造成为全国知识产权严格保护示范区和具有世界影响力的知识产权保护的高地。方案从加强知识产权保护法制建设、机制建设、重点区域产业知识产权保护等方面提出了36条具体措施。在这一背景下，深圳深感以若干工作规定形式进行知识产权保护立法已经无法适应知识产权保护需求，深圳需要一部更为完整的综合性知识产权保护法规。因此，深圳立法机关进一步扩充完善原知识产权保护工作若干规定的条款，各界参与踊跃，对制度设计提出很多建议，形成的草案有很多制度创新。2018年年底《深圳经济特区知识产权保护条例》（以下简称《知识产权保护条例》）审议通过。

目前，国家层面在知识产权立法方面，以单行法规为主，如著作权法、专利法、商标法等；在其他法规中根据需要设定条款，没有综合性立法。深圳的《知识产权保护条例》是国内首部知识产权方面的综合性立法。通过综合性立法，尽可能将知识产权的相关领域、相关社会关系纳入调整范围，减少制度空白。

2018年的深圳《知识产权保护条例》从工作机制、行政执法、公共服务、自律管理、信用监管等方面对知识产权保护做了较系统规定。纳入保护的权利包括作品、发明、实用新型、外观设计、商标、地理标志、商业秘密、集成电路布图设计和植物新品种，以及法律规定的其他客体，总体范围比较广。条例着重针对知识产权维权普遍存在举证难、周期长、成本高的现象，创新建立了行政执法技术调查官制度、行政执法先行禁令制度、知识产权合规性承诺制度、违法行为信用惩戒制度、行政处罚按违法经营额计算标准等制度，并对中国（深圳）知识产权保护中心职能法定化。

知识产权权利人面对侵权行为，首要诉求是快速停止侵权，快速恢复商业优势,维护基于知识产权的经济利益。行政执法先行禁令制度,就是在纠纷解决过程中可以先行发布禁令,责令涉嫌侵权人立即停止涉嫌侵权行为,而不是等纠纷解决完才裁定停止侵权行为,从而可以实现快速止损。有些知识产权案件中的技术问题不仅复杂、细致,而且更新速度快、涉及范围广,按传统办案方式耗时长、成本高,引入技术调查官制度省时、省鉴定成本,有利于尽快查明案件事实、明确法律适用,提高办案效率。行政执法先行禁令、技术调查官等制度,提升了知识产权保护的便捷化、专业化,促进快速维权机制的形成。条例建立的部门之间协作机制、多元化纠纷处理机制、信用奖惩机制等,共同推进知识产权保护工作机制的健全,以及强化行政执法、完善公共服务、提升自律管理。

但是条例草案中很多创新制度,如惩罚性赔偿等并没有在通过的条例中出现,亦让很多企业、市民和法律界人士失望。条例实施中,关于草案中一些制度入条例的呼声很高,2020年6月,深圳市人大常委会对条例进行了较大幅度修改,总体框架上,增加了司法保护的专章;具体内容上,运用特区立法权对国家上位法的规定作了多项变通规定,缩短了知识产权证据保全公证的期限;增加了惩罚性赔偿制度,规定故意侵犯知识产权情节严重的,可从重确定惩罚性赔偿数额,并详细规定惩罚性赔偿适用情形;增加了律师调查令制度,规定当事人及为其代理诉讼的律师因客观原因不能自行收集证据时,代理诉讼的律师可持法院签发的调查令向相关单位、组织或个人调查收集相关证据;扩大了技术调查官制度设置范围,将市主管部门可以配备技术调查官,修改为市政府应当配备技术调查官,同时在司法保护部分也明确规定人民法院可以配备技术调查官;完善了行政禁令制度,增加了电子商务平台协助禁令的义务;增加标准必要专利案件管辖权;完善了多元主体参与知识产权保护机制。修订后的条例适应了深圳知识产权保护的实际需要,为知识产权保护工作提供了进一步的法治保障。

除了知识产权条例外,深圳很多涉及高新技术及产业的法规中也有知识产权的条款。例如2020年深圳制定《深圳经济特区科技创新条例》,内容覆盖科技创新全生态链,其中就有知识产权专章,从增强科研人员成果转化的动力和活力出发，在科技成果所有权等方面进行制度创新，明确科技成果所有权或长期使用权归属原则。知识产权条款在具体专业领域的明晰，是整个知识产权制度体系的重要组成部分。

## 第二节　创新提升知识产权执法水平

我国知识产权保护实行行政保护与司法保护的双轨保护，与司法保护相比，行政保护具有主动性、程序简便、应变性强、成本低、速度快、效率高、能迅速保护当事人的权利等优点。知识产权部门不只是被动等待知识产权人或利害关系人申请处理侵权行为，而是可以依照职权主动开展执法检查、查处违法侵权行为，产生直接的威慑作用，减少知识产权违法现象和快速制止侵权人的侵权行为，使知识产权人以最小成本获取有效、及时的保护。特别是近年来，我国知识产权案件快速增多，司法审判压力越来越大，行政保护因便捷快速、保护高效、可及性强、能及时处理案件的特点，而成为知识产权行政保护的重要方式，较好发挥了维护知识产权法律秩序、保护当事人合法权益、鼓励公平竞争、保障经济高质量发展的作用。

### 一　全面推进知识产权行政保护工作

随着深圳知识产权条例的实施，深圳市场监管部门作为知识产权管理部门履职责任更大，监管执法手段也更多，在不断完善知识产权保护机制方面，强化三级联动执法体系，实施专利、商标、版权一体化管理，通过日常监管和系列专项行动，加强知识产权执法工作，知识产权保护水平不断提升。在专利保护方面，组织开展针对专利代理领域违法的"蓝天"行动，强化代理行业监管，打击非正常申请，组建"艳阳"专利侵权纠纷案件办理专班；在商标专用权保护方面，组织开展打击"商标恶意抢注"等专项行动；在版权执法监管方面，组织开展针对流媒体、图片领域网络侵权盗版行为的"剑网"行动；在地理标志保护方面，组织春季地理标志保护专项行动；在反不正当竞争执法方面，组织开展查处不正当经营活动以及仿冒混淆、侵犯商业秘密等行为；在边境保护执法方面，海关组织开展"龙腾""净网""蓝网"等多项知识产权保护专项行动，并建立粤港海关保护知识产权联合执法行动；针对专业市场、网络市场、进出口市场、大型商品集散市场、产业聚集区等重点领域，开展违法风险排查和整治。

2021年深圳市场监管部门全年共查处专利侵权纠纷案件1053件，商标侵权假冒等违法案件499件，版权违法案件32件，办理反不正当竞争违法案件61件，全年共查处知识产权侵权案件1608件，结案1583件，分别比2020年增加125件、73件；涉嫌犯罪移送公安机关43件。① 利用"鸿蒙协同云平台"监测固定证据的优势，查办侵犯"小米"注册商标专用权案。2021年7月首次根据知识产权条例的规定，作出《知识产权行政禁令决定书》，责令某公司立即停止制造、销售和许诺销售侵权产品，销毁相关生产设备，从而及时制止知识产权侵权行为，更有效维护权利人合法权益。

## 二 以"互联网+"提升知识产权执法能力

21世纪以来，随着深圳高新技术产业的快速发展，知识产权行政管理机构的作用也不断凸显。但是，随着数字经济的发展，网上知识产权侵权违法行为不断以新形式出现，对传统的案件调查模式和证据保全方式带来了颠覆性的考验和挑战。深圳市市场监管部门作为知识产权管理部门，积极跟上技术发展步伐，持续创新知识产权执法模式，努力适应知识产权保护新需求，先后推出"云上稽查"平台、"鸿蒙协同云平台"，实现"以网管网、以网治网"，办理了多起涉互联网的知识产权大案。

（一）对侵权重罚显示行政处罚不手软

"快播"是深圳土生土长的视频点播公司，其总安装量2012年就已超过3亿人，超过中国网民数量的一半，但该平台盗版行为屡

---

① 数据来源：《深圳市2020年知识产权白皮书》，深圳市市场监管局，2021年。

查不止。2014年6月，深圳市市场监管部门对快播公司送达《行政处罚决定书》，责令其立即停止侵权行为，并对其侵犯他人合法权益、扰乱网络视频版权秩序，损害公共利益的行为处以2.6亿元罚款。2.6亿元罚款是按照快播公司非法经营额8672万元为基础，按顶格3倍罚款计算而得。对快播公司侵权巨额罚款显示行政处罚不手软，创下当年国内互联网行业行政处罚额度之最。快播公司案在网络视频播放行业产生深远影响，推动网络视频播放行业开始重视净化网络空间，重视、尊重版权，注意取得权利人授权，逐渐向正版化方向发展。

（二）"云上稽查"以网管网

网络社会的虚拟性、隐蔽性和非接触性特点给知识产权保护带来新的挑战。简单轻点鼠标就可以实施互联网违法行为，且不易被发现，违法证据随时可能消失，以传统稽查执法方式办理互联网案件存在程序、形式、效力等方面的问题，而且速度、效率有限。为了提高发现违法行为能力，提高取证的保全度与效率性，2016年9月，深圳市市场监管部门创新搭建了"云上稽查"平台。

"云上稽查"是将已建立的信息化行政执法流程系统与电子数据固化见证技术相结合，通过适应各种场景的软件或设备，将行政执法取证全流程、各环节数据以电子数据固化见证技术固化证据后上传保存于安全证据云空间。由于经电子数据固化见证技术固化后存储安全云空间的数据具备完整、客观、真实及不可篡改的特性，解决了法律效力问题。相关电子数据证据记录可根据具体案件需要，在行政、仲裁、公证或司法中直接作为证据使用。"云上稽查"平台的上线和使用，解决了电子数据取证的保全度与效率性问题。平台在运行过程中，深圳市市场监管部门逐渐建立与腾讯"态势感知系统"的联动，增强搜索功能和对侵权链接的拦截，"云上稽查"电子数据证据固化能力叠加"态势感知系统"全网数据搜集能力，增强了网上版权保护能力，实现"以网管网、以网治网"。

以往网上版权侵权常常因无法及时阻止，又难以固定证据，给版权所有者造成无法弥补的损失。"云上稽查"平台联动"态势感知系统"开展全网侵权链接实时搜集，并沟通协调互联平台，对侵权链接进行全面封堵拦截，同时对侵权行为主体明确的网站，进行司法效力取证，解决了这一难题。2018年7月，电影《西虹市首富》上映仅一天，网络上便出现了大量未授权链接，对院线上映的正版电影造成了无法估量的票房流失。深圳市市场监管部门立即启动"云上稽查"全网侵权链接搜集工作，并协调广东省版权局沟通广东省通信管理部门对侵权链接开展全网屏蔽，以网络方式解决了网络侵权处置。事后估算，帮助权利人减少损失过亿元。

（三）"鸿蒙协同云"增进社会共治

知识产权保护需要多主体参与，实行社会共治。深圳市市场监管部门积极参与深圳市知识产权协同保护工作，在"云上稽查"平台基础上，以"互联互通、协同共治"为导向，2019年建立了网络知识产权保护高效联动的"鸿蒙协同云"平台。该平台以"云上稽查"为核心，对接权益单位、中国（深圳）知识产权保护中心、主流网络数据传播公司、主要电商平台、计算机司法鉴定机构以及法院检察院的知识产权庭等机构，将知识产权保护过程中可能涉及的各个具体职能或资源进行串联，形成了涵盖违法目标监测、数据证据固定及鉴定、在线侵权判定、违法行为在线拦截处置等整套高效专业的网络知识产权执法保护机制。维权诉求在线保全鉴权、专家在线评判、全网监测及特定传播渠道拦截、侵权产品快速处置，线上快速司法鉴定，侵权行为的快速审判等，均可通过该平台实现，形成响应快速的知识产权保护"社会共治"网络模式。

利用该平台，深圳市场监管部门2019年4月成功破获全国首宗利用微信公众号+云服务器开展网络侵权案"416'雷＊影院'涉嫌侵犯《流浪地球》等影视作品著作权案"，首次通过量化违法行为来定性网络侵权违法情节。2020年，又查获"大＊视界"App侵权盗版案，涉案侵权影视作品达3268部，查实累计盗版传播点击总量达3000多万次，再次展现先进网络知识产权保护能力。

## 第三节 持续加强知识产权司法保护

司法保护具有稳定长效、规则明确、终局权威的优势，以及注重对权利人的损害赔偿等优点，是国际通行的保护知识产权的主导性机制。对标实施最严格的知识产权保护制度要求，深圳持续加强知识产权司法保护力度，针对知识产权司法保护新问题、新需求，建设专门的知识产权法庭和检察院知识产权庭，探索完善审判机制、诉讼程序和检察监督机制，更好地发挥司法保护知识产权主导作用，为深圳创新驱动发展营造良好法治环境。

### 一 知识产权审判工作持续创新

深圳作为国家高新技术产业的重要基地，法院受理的涉及知识产权案件连续十多年均处于快速增长中。2010年全市法院受理各类知识产权案件4473件，2011年全市审结知识产权案件5921件，2012年8339件，2013年7197件，2021—2014年共审结一审知识产权案件35539件。2015年之后仍保持快速增长，2017年以来深圳法院受理知识产权案件都在2万件以上，2015—2021年共审结一审知识产权案件17万件。① 从案件数量不难看出，司法保护仍是知识产权保护的主要手段。高质量的司法审判，彰显了鲜明的行为规则和司法导向，引领了知识产权保护最新理念，有效提升了知识产权司法保护的威慑力、权威性和影响力。

（一）率先实行知识产权审判"三审合一"

21世纪初开始，深圳市南山区由于是深圳高新园所在地，高新技术产业开始聚集，法院受理的知识产权案件持续增加，多年以来一直实行的根据案件属性分别由民庭、刑庭、行政庭受理的模式，导致审判资源分散，同时知识产权案件的复杂性使得较多案件同时涉及民事、刑事或行政两种以上法律责任，原来的模式严重影响了

---

① 数据来源：历年深圳市中级人民法院工作报告。

案件管理和办案效率。因此，早在2006年，深圳市南山区法院开始试点实行涉及知识产权的民事、刑事、行政案件统一由知识产权庭审理的"三审合一"改革。通过改革，将全院的知识产权审判资源整合到一起，从而优化了知识产权审判人员结构和审判职能分工，提高了案件的法律适用和司法裁判标准的统一性，知识产权司法保护水平得到较大提高。2010年，南山区的这一改革被推广到深圳全市，市区两级法院全部实行知识产权案件"三审合一"，并在实践中不断完善，日趋成熟，目前已经推广到全国。

（二）探索知识产权案件审判的"互联网+"模式

2014年市中院指导南山法院设立"知识产权案件互联网审理中心"，通过"e司法""案件分流审理""权利人数据库""侵权人公示中心"，案件办理可全程在网上进行，从在线、调解、司法确认，到庭审、送达均可在线进行，从而缩短案件办理周期，提高效率。通过互联网审理中心办理的案件，平均结案周期缩短40%以上。"知识产权案件互联网审理中心"的探索为后来深圳法院更大范围推进网上办案，以及"移动微法院"的发展奠定了基础。2021年，深圳法院强化与公证机关、时间戳固证机构、区块链固证平台等的合作共建，推动知识产权证据制度改革，依托"深圳移动微法院"平台开展线上区块链证据核验。知识产权案件审判中的互联网和技术支撑作用进一步加强。

（三）探索设立知识产权专门审判机构

2017年12月，经最高人民法院批复同意设立专门审判机构，分别管辖知识产权案件和金融案件。深圳知识产权法庭随后在前海揭牌成立。深圳知识产权法庭负责办理由深圳市中级人民法院管辖的知识产权案件。在知识产权法庭成立的前一年，即2016年，深圳全市法院一审审结各类知识产权案件已经多达14887件，占广东省二分之一、全国十分之一。深圳知识产权法庭成立后，积极开展庭审改革，提升庭审质效，借鉴总结南山互联网审理中心办案经验，探索实行知识产权案件审判"互联网+"，实现在线立案、在线调解、在线审判。完善知识产权案件裁判标准统一机制，实施知识产权案件繁简分流改革，完善知识产权案件"简案快办、繁简分流"工作机制，通过流程再造缩短审判周期、提高审判效率，降低知识产权维权成本。推进知识产权裁判文书改革，实行裁判文书要素化、类型化，并根据知识产权案件特点，特别是外观设计专利和商标侵权案件特点，在裁判文书中引入专利、商标的图片与被控侵权产品照片，增强比对的直观性，提高说理效果。通过从体制机制到微观工作的改革创新，努力以最快的速度给予知识产权最严的司法保护。

**二 知识产权检察工作同步加强**

在机构建设方面，2016年4月，前海检察院挂牌成立。前海设立的新型检察院，统一负责全市知识产权刑事案件。2017年，深圳龙华区检察院在辖区内的3个科技园区设立了知识产权检察室，2021年龙岗区在创新产业园区设立知识产权检察官办公室，尝试将知识产权保护工作延伸到创新的最前沿，在知识产权密集的第一线办案。2021年4月深圳市人民检察院知识产权检察办公室挂牌成立，负责统筹全市知识产权检察工作，通过制定规范性文件、编写业务指导案例等措施，加强对各区检察院知识产权检察工作的业务指导，提升全市检察机关知识产权检察业务水平。知识产权检察办公室实行"三检合一"，统一行使知识产权刑事、民事、行政检察职能。针对知识产权案件专业性强的特点，建立了专家辅助人制度和技术调查官制度，形成"检察官+助理检察官+技术调查官+专家辅助人"共同组成的复合型知识产权检察工作团队，提升办案质效。

在案件办理方面，深圳检察机关坚持依法严惩侵犯知识产权犯罪，每年受理的侵犯知识产权犯罪案件数量稳中有降。2021年，深圳全市检察机关共受理审查逮捕涉及侵犯知识产权犯罪案件365件、767人，决定逮捕191件、297人；受理审查起诉案件324件、642人，起诉242件、435人。[①] 办理了一批知识产权典型案件。例如，2020年，南山检察院充分发挥知识产权两法衔接机制作用，在

---

① 数据来源：《深圳市2021年知识产权白皮书》。

一起涉国外电影作品侵犯著作权案件的侦查阶段就提前介入，对侦查取证进行引导。该案是利用网络视频点播 App 进行网络盗播，实施侵犯国外电影作品著作权的刑事案件。南山检察院结合涉案 App 的特点，针对涉案侵权影片的来源、流转途径、保存方式等方面为公安机关提供了十多条侦查建议，为侦查工作提供了方向，提高了侦查工作效率。该案从侦查机关立案到南山检察院提起公诉仅用了 3 个月时间，全部被告人认罪认罚，可谓高效保护知识产权。2021 年，深圳检察机关成功办理吴某等人侵犯商业秘密案等一批新型、疑难复杂案件，多个案件入选最高检知识产权综合性司法保护典型案例。

### 三 知识产权条例创新制度逐项落地

深圳知识产权条例创新增加的各项制度在司法实践中逐渐落地。2020 年年底深圳法院在审理一宗"挂机刷量案"中，首次在涉互联网侵权案件中引入证据妨碍排除规则，有效解决权利人诉讼"举证难"问题。2020 年深圳法院还在"OPPO 诉夏普案"中，确认了中国法院对标准必要专利全球的许可费率具有管辖权，并作出"先行判决＋临时禁令"裁判。这是中国内地法院首次以成文裁定的形式确认中国法院对于标准必要专利全球许可费率的管辖权。2020 年 12 月，深圳中院出台了《关于知识产权民事侵权纠纷适用惩罚性赔偿的指导意见》，细化了知识产权惩罚性赔偿制度，对惩罚性赔偿适用条件中"故意"和"情节严重"这两个关键要素的具体情形作了细化规定，对赔偿基数的计算方法、赔偿倍数的确定原则，以及惩罚性赔偿与行政罚款、刑事罚金的关系等均制定了操作细则，使惩罚性赔偿制度在实践中更具操作性。在探索建立体现知识产权价值的侵权损害赔偿制度过程中，深圳法院运用大数据、云计算、人工智能等技术，对各类知识产权侵权赔偿情况进行分类统计，为同类型、类似案情的知识产权纠纷赔偿提供基准。2021 年深圳法院共有 8 宗案件的判决中适用了惩罚性赔偿，判赔总金额 4300 多万元。2021 年《深圳市人民检察院知识产权技术调查工作规范（试行）》《深圳市中级人民法院关于技术调查官参与知识产权案件诉讼活动的工作指引（试行）》相继出台。深圳检察院选聘首批专家辅助人，建立知识产权专家辅助人制度和技术调查官制度，2021年技术调查官参与了5宗案件的办理。深圳法院建立了"技术调查官＋专家陪审员＋专家咨询＋技术鉴定"多元化案件技术事实查明模式，2021年技术调查官共参与案件190次，出具初步比对意见书48份，外出保全取证20次。深圳法院细化了证据披露、证据妨碍排除和优势证据的具体规则，明确了举证责任转移的具体方式，2021年发出律师调查令75份。深圳知识产权条例规定的创新制度均已经在实践中实施，知识产权保护向着最快、最严保护的方向迈进。

## 第四节 统筹构筑知识产权保护社会协同机制

随着科技创新、知识创新的发展，知识产权的类型也不断增多，除了传统的专利、商标、著作权之外，软件著作权、开源许可证、信息网络传播权、网络域名等不断丰富知识产权。仅依靠知识产权管理部门和司法机关力量显然已不足以很好保护知识产权，部门协同和社会参与是大势所趋。

### 一 统筹知识产权服务和保护工作

市场监管部门、公安局、司法局等政府职能部门和法院、检察院等司法机关均有知识产权保护职能，仲裁机构、律师行业、公证处、商标专利版权代理机构和行业协会等在知识产权服务和保护中也发挥着重要作用。但是，知识产权申请、预审、确权、维权、导航运营等的长链条中，每个环节相互关联，如果可以信息共享、加强协作，可以提高效率，既可激发社会创新激情，又可提高知识产权效用和经济价值。为此，深圳市政府积极统筹协调，建立相关机制和工作平台，汇聚各类保护资源，推动"一站式"全流程的知识产权保护，提升知识产权服务水平，形成知识产权大保护体系，推动经济发展和造福社会。

（一）建立知识产权"一站式"协同保护平台

2018年12月，在国家知识产权局支持下，深圳成立了国家级知识产权保护中心——中国（深圳）知识产权保护中心。该中心主要为深圳创新主体提供专利申请、快速审查、快速确权、保护协作等一站式的综合服务。随着深圳市各职能部门知识产权保护工作的不断加强和服务意识的不断增强，从提供更严、更全、更好的知识产权保护出发，由中国（深圳）知识产权保护中心运营的深圳市知识产权"一站式"协同保护平台 2019 年 11 月启用，深圳市市场监管局（知识产权局）、深圳市中级人民法院、深圳市检察院、深圳市公安局、深圳市司法局、深圳国际仲裁院、深圳律师协会、深圳公证协会 8 家知识产权保护机构集中进驻保护中心。该平台依托中国（深圳）知识产权保护中心，整合了深圳市知识产权保护资源，与市市场监管局稽查局的"云上稽查"平台、市法院的"融平台"、深圳国际仲裁院的"云上仲裁"平台等各部门知识产权保护平台连通，提供授权、确权、维权"一站式"协同保护。通过平台集合了知识产权前端的申请、预审、确权和后端的维权、导航运营等全流程"一站式"的知识产权服务，在维权方面提供鉴定评估、存证固证、纠纷调解、司法确认、仲裁，以及公证、法律指导等知识产权保护服务。

（二）鼓励基层因地制宜探索

各区根据本区特点各自在知识产权保护的重点领域探索创新，服务优势产业。

福田区着力建设国家知识产权服务业集聚发展示范区。罗湖区珠宝行业企业签订了行业知识产权保护公约。南山区也自行探索了具有南山特色的知识产权一站式服务体系。2020 年，南山知识产权保护中心采用"线上 + 线下 + 移动办事大厅"三厅协同模式为企业提供服务。南山荔秀服饰文化街区设立知识产权保护工作站，为街区内原创品牌及个人设计师提供版权备案保护、维权投诉和纠纷调解等服务，形成原创时装设计知识产权确权、维权、版权纠纷调解的一站式保护体系。前海出台了《关于建设前海知识产权保护工作示范区的行动方案（2021—2025）》，对前海知识产权保护工作做出系统部署。同时，加强知识产权保护前沿问题研究，开展前海电子商务知识产权保护立法项目研究工作，发布了前海知识产权白皮书，以及涉及知识产权金融产品、金融科技产业知识产权、拟上市公司的知识产权风险预防与应对等一系列研究报告，开拓知识产权工作的思路。

（三）探索知识产权服务国际化

深圳是经济外向度很高的城市，由于近年来国际局势动荡，知识产权纠纷增多，企业对海外知识产权纠纷应对的服务需求急剧增多。2020年4月，经国家知识产权局批准，中国（深圳）知识产权保护中心设立了国家海外知识产权纠纷应对指导中心地方分中心，为企业海外知识产权纠纷应对提供指导和协助。

福田区2017年开始创建国家知识产权服务业集聚发展示范区，对标国际、聚焦重点，加强知识产权生态建设，集聚知识产权服务机构，创新知识产权服务模式，完善知识产权创造、运用、保护、管理和服务全链条体系建设。培育支持知识产权服务企业发展，出台政策支持专利许可交易、知识产权质押融资、证券化融资的发展，促进知识产权领域全方位发展，建成国家知识产权服务业集聚发展示范区和国家知识产权服务出口基地。2021年，福田区加快知识产权服务国际化步伐，深圳世界知识产权组织技术与创新支持中心（TISC）获批挂牌成立。TISC是国际化的信息服务和转化运用平台，面向创新主体提供优质的技术信息服务。依托跨境电商线上综合服务平台，上线跨境电商市场开拓及风险防控资讯服务系统，为企业提供海外知识产权侵权预警信息。

## 二 培育引进知识产权服务机构

专业的知识产权服务机构和服务人员能够帮助知识产权权利人防范侵权行为的发生和减少纠纷发生的可能，在纠纷发生时能够为解纷提供专业服务。知识产权专业机构类型多样，专利商标代理机构、公证机构、鉴定机构、律师事务所等可以为权利人提供前端申请，中端运营，后端维权等服务，更好保护知识产权和更好发挥知识产权效用。

（一）知识产权司法鉴定机构落户前海

深圳的法律服务领域，律师业、公证业、知识产权代理行业均很发达，唯有知识产权鉴定机构是个缺项，司法机构、行政部门办理服务知识产权类案件事实查明只能去广州或北京、上海，极为不便，严重影响了办案效率，也影响了权利人维权的积极性。2016年8月，首批两家注册地为深圳的知识产权司法鉴定机构获得广东省司法局批准成立，补齐了深圳知识产权综合保护体系中最后一块短板，极大方便了深圳执法部门、司法机关办理知识产权类侵权案件的证据需求服务，对于提高办案效率和降低高新技术企业维护权益的经济成本有重要意义。

（二）引入高端知识产权律师事务所

深圳南山区集聚了深圳80%的创新资源，是中国创新高科技企业最集中的区域之一。随着粤港澳大湾区建设的不断深入推进和前海现代服务业合作区的发展，为了满足企业对知识产权服务的高端需求，也为了促进高端法律服务业的发展，南山区加大优质、高端律师事务所引进力度。2017年引进被誉为"全美最好知识产权事务所"的美国布林克斯律师事务所设立驻华代表处——深圳代表处。2019年3月又引进居全美知识产权诉讼之首的美国斐锐律师事务所落户深圳南山，进一步提高深圳市的知识产权法律服务行业水平。

（三）专业机构固证服务持续发展

计算机和互联网的高度发展为网络证据提出了问题。早在2007年，深圳市版权协会就搭建了可信时间戳"TSA数字作品自助保护系统"，为个人和企业数字作品版权归属提供时间证明，也为执法司法提供电子证据固化服务。深圳龙岗法院也于2008年自主研发了"人民法院TSA电子证据固化系统"，为案件办理提供证据服务，为电子证据固化积累了宝贵经验。2019年11月，深圳市版权协会在已多年成熟运用的TSA可信时间戳电子证据固化平台的基础上，基于迅雷链开放平台的互联网知识产权电子数据存证平台发布了"E证链"。"E证链"采用区块链技术将电子数据的数字指纹（哈希值）和证据核心要素相关电子数据同步存储到区块链公链平台的多个节点，对证据进行固化，为全方位全链条的版权社会化服务奠定了基础，让版权保护更容易，让创作者更受益。"E证链"具有保密性强，证据验证快速便捷，证据取证过程完全再现，便于在诉讼活动中进行验证等优点，进一步优化了电子数据固证工作。

（四）初步形成完整知识产权服务链

2017年7月，国家知识产权局确定深圳为第一批知识产权综合管理改革试点城市。同月，"深圳市知识产权法律保护研究中心"揭牌成立。次月，深圳市标准技术研究院加挂深圳市知识产权保护中心牌子，成为知识产权保护综合性服务平台，具有知识产权业务咨询、鉴定评估、监测预警、纠纷调解、维权指引、侵权分析、快速维权服务等职能。同年，一批律师事务所以及前海公证处、广东公标、安证计算机司法鉴定所等知识产权公证和司法鉴定机构落户前海。2019年10月，经国家版权局同意，国家版权创新发展基地落户深圳。前海科创投控股有限公司等8家企业签署备忘录，共同成立"深圳市前海版权创新发展研究院"，合作打造基地公共服务平台，为企业提供基础版权服务。截至2021年，深圳全市有经国家知识产权局登记备案的商标代理机构4662家；经广东省版权局批准的作品著作权登记代办机构3家；专利代理机构308家，执业专利代理师1346人，外地代理机构在深分支机构达83家。完整的知识产权法律服务链初步形成。

## 三 探索建立知识产权多元解纷机制

随着知识产权的价值不断显现和企业对知识产权的重视度不断提高，知识产权纠纷快速增多。与此同时，随着科技的发展、文化的繁荣，知识产权纠纷已经演变成愈加复杂的多元化专业性纠纷。知识产权纠纷案件数量上快速增加和专业性上的日益复杂，不断挑战行政和司法办案人员的极限。构建多元纠纷解决机制，引入行业性、专业性人才，充分发挥调解、仲裁等解纷方式发挥各自的优势，可以为当事人提供更为便捷、更低成本的维权渠道。

（一）行业组织成立知识产权调解机构

知识产权纠纷专业性强、类型多样、法律关系复杂的特点，一般的人民调解组织在该类纠纷的调解中常常力不从心，有相关专业背景的调解人员才能高效开展调解工作。行业组织、专业机构因内部性，能够快速捕捉当事人的维权诉求，由行业组织成立行业性、专业性人民调解组织开展调解，能够提高调解成功率。而且行业协会等行业组织本就具有行业内指导、协调作用，开展调解既可缓解行业内部知识产权矛盾，减少知识产权纠纷案件涌向司法机关，又可净化行业竞争环境，促进了行业整体发展水平的提升。2014年，深圳市版权协会成立了版权纠纷人民调解委员会，每年均为多个在深圳召开的展会提供了纠纷调解服务及版权保护咨询，成功调解自愿下架侵权展品案件比例达90%，向展会参展商、观众提供版权相关咨询数千次。此后，2016年，深圳市版权纠纷人民调解委员会与宝安法院建立了宝安区知识产权诉讼调解对接机制。诉调对接机制建立第一年在宝安法院已经进入诉讼程序的案件经过专业调解一次调解就结案的案件就有近200宗。此后，深圳市版权纠纷人民调解委员会陆续与深圳其他基层法院建立诉调对接机制，较好发挥了专业调解机构的版权保护和版权纠纷调解作用。

（二）建立调解、仲裁对接机制

仲裁作为纠纷解决方式具有许多优势。与诉讼相比，更为经济快捷，具有耗时短、费用低的优势；与行政调解、人民调解相比，仲裁裁决可以得到国内国际上的广泛承认与执行，具有执行力的优势；此外，仲裁均由专业人士进行裁判，仲裁员由纠纷双方指定，规则上要求为当事人保密，具有专业性和较充分体现当事人意思自治原则等诸多优势。但是，知识产权纠纷案件过去较少选择以仲裁方式解决。2016年8月，深圳市仲裁委员会、深圳市版权协会、深圳市民商事调解中心联合发起成立了深圳市知识产权调解仲裁中心，建立专业调解机构、专家调解与仲裁机构的对接机制，将仲裁程序引入知识产权纠纷的解决，增加了知识产权纠纷解决方式，全面提升调解、仲裁对知识产权的服务和保障功能。

（三）成立知识产权调解培训基地

知识产权纠纷调解的作用逐渐得到广泛认同，也在更多知识产权保护机构中推广。2021年3月，中国（深圳）知识产权保护中心也成立了人民调解委员会。同时为满足实践中对知识产权调解工作研究和人才培养的需求，成立了深圳市知识产权纠纷调解工作研究与培训基地，通过基地汇聚全市知识产权纠纷调解力量，推进知识产权纠纷调解理论研究，进行人才培养，提升调解服务能力和水平，探索创新适合解决知识产权纠纷的调解模式，为构建知识产权大保护格局提供保障。

（四）成立中国（深圳）知识产权仲裁中心

知识产权仲裁的专业化特点也促成了专门的知识产权仲裁中心的成立。2021年4月，粤港澳大湾区国际仲裁中心交流合作平台暨中国（深圳）知识产权仲裁中心挂牌成立，探索进一步健全知识产权多元化纠纷解决机制，推动探索实行与香港法律制度相衔接的民商事争议解决机制，为大湾区创新行业的有序发展增添动力。

## 第五节 加快建设知识产权保护高地

深圳在2017年提出打造知识产权强国建设高地、2018年获批成为国家知识产权强市创建市和国家知识产权运营服务体系建设试点城市之后，知识产权保护的探索创新明显增多，出台了知识产权的综合立法，制度创新推进执法司法工作更有力量，部门协同、社会协同机制的初步建立。以司法保护为主导，行政保护为支撑，仲裁调解、行业自律和社会监督为补充的知识产权大保护体系初步形成。知识产权侵权成本低、维权成本高的难题正在化解，知识产权保护效率正在提高。但是，随着新技术高速迭代发展，面对复杂的国际局势，深圳要在全球新一轮科技革命与产业变革中抢占经济和科技制高点，需要构建与创新驱动发展相匹配、与国际通行规则相接轨的知识产权保护和综合管理制度。

一要更好发挥知识产权司法保护的主导作用。作为最有效、最根本、最权威的保护手段，知识产权司法保护在知识产权保护体系中具有引领、推动和示范作用，其有效发展作用，能够营造社会尊重知识产权价值，激发创新创业热情，推动创新驱动发展战略和知识产权强市战略的实施。继续高标准建设知识产权法庭，并争取政策支持，积极创造条件，设立深圳知识产权法院，夯实知识产权司法保护的组织基础。适应实施最严格知识产权保护对办案的要求，根据案件的受理数量、增长态势、难易程度等，科学测算知识产权法庭法官员额，配齐配强审判队伍。主动汇报沟通，争取最高人民法院支持，赋予深圳更多改革试点任务，为全国知识产权司法保护提供更多"深圳样本""深圳经验"。

二要增强各类知识产权保护和服务方式的协同。健全司法保护与行政保护配合衔接工作机制，统一各类知识产权侵权案件办案标准，切实增强知识产权保护的及时性、权威性和实效性。完善知识产权行政执法和刑事司法的衔接机制，规范案件移送标准、程序，进一步优化两法衔接信息共享平台，促进行政执法和刑事司法无缝衔接。完善知识产权多元化纠纷解决机制，完善知识产权案件诉调对接、调仲对接机制，扩大司法确认的覆盖面，提升司法确认便利性，强化调解激励、经费保障，促进知识产权纠纷快速、妥善化解，进一步发挥知识产权保护的合力。要进一步发挥专业技术机构和专业技术人员在知识产权保护中的作用。法律始终滞后于技术的发展，在技术日新月异的今天，"让技术的问题交给技术人员处理"是明智的选择，但法律的问题必须交由法律处理，执法司法机关办案时，要充分借助专业机构、专业人员力量解决技术问题，执法司法人员则潜心于法律适用，以达到最佳办案效果。

三要发挥好行业组织、专业机构的前哨作用。知识产权的产生、行使和保护离不开法律的引导与制衡，但立法速度永远都跟不上知识产权迭代演变的速度，特别是科技创新高度活跃的当今，立法滞后现象更为明显。行业协会、专业机构在提供知识产权服务和参与知识产权纠纷解决过程中，基于专业知识和工作经验能够敏锐发现问题，快速捕捉知识产权纠纷变异的最新动态。立法、执法、司法机关应当建立一定工作机制，收集专业领域发现的问题，为完善知识产权立法、加强执法司法提供第一手信息。

四要加强知识产权保护领域的交流与合作。司法机关、行政机关，专利复审委员会、商标评审委员会、版权局等知识产权专门管理机构，代理机构、律师、公证、鉴定机构的知识产权服务机构，高校科研院所知识产权教学研究机构等相互之间要建立经常性的交流与合作，或者共同破解知识产权保护实务中的难题，交流国内外司法保护动态，开阔视野，提高知识产权保护前瞻性。继续探索粤港澳大湾区知识产权交流合作机制，借鉴港澳知识产权保护制度先进部分，引进相关制度、标准和工作机制，加强与港澳在知识产权创造运用、人才培养、信息交流等方面的合作，推进建立粤港澳大湾区知识产权联合保护模式。加强国际交流与合作，特别是与国际知识产权组织的交流与合作，及时掌握国际知识产权保护动态，强化国际视野，提高知识产权保护的国际影响力。

五要加强知识产权人才队伍建设。建立知识产权人才教育培训机制，开拓知识产权从业人员视野，提高知识产权保护理论水平。推动将知识产权执法司法人员和知识产权服务领域人员纳入深圳市高层次人才、"孔雀计划"、产业发展与创新人才等政策范围，享受各级人才在奖励、补贴、住房等方面的优惠待遇，提升人才吸引力。加强知识产权前沿问题理论研究，充分利用深圳的案例资源丰富的优势，开展前沿问题研究，提升知识产权领域话语权。

# 第八章　守护环境：创新生态法治建设

习近平总书记反复强调，"绿水青山就是金山银山"，生态环境保护是功在当代、利在千秋的事业。深圳在发展经济的同时不忘践行生态环保理念，一边建设如火如荼，一边划定生态保护线；一边高楼大厦拔地而起，一边划建起国家级自然保护区。只有1952.84平方公里面积、寸土寸金的深圳，硬是把588.73平方公里陆域划入生态保护红线，可见深圳人对生态环境保护的重视。深圳的红树林湿地公园是全国唯一一个设在市中心的国家级自然保护区，这是深圳人自己争取建设的，用国家级自然保护区管理制度的紧箍咒监督深圳人守护好这片湿地，可见深圳人生态环境保护的决心。在这样的理念、信心和决心下，深圳生态法治建设稳步推进。

党的十八大以来，"五位一体"战略布局和新发展理念的提出，为深圳生态环境工作提供了根本遵循，生态法治建设不断完善。在立法方面，以新发展理念为指导，不断完善以基本环境保护法规为核心、专项环境保护法规相配套、其他法规环保条款为补充、具体标准规范为末梢支撑的环境保护法规体系。在生态环境法律实施方面，持续探索刚柔相济、"预防为主、惩罚为辅"、精细化的执法方式，从根源上减少环境违法现象的发生。司法上，探索全流域、全种类案件集中办理和以环境修复为目标的责任承担方式。立法、法律实施、司法等方面不断探索创新，严密生态法治，为守护青山绿水碧海蓝天提供刚性保障。

## 第一节　推进生态环境全链条保护立法

深圳市一直高度重视环境和生态保护立法，并随着环境保护和生态文明建设理念的发展，以及国家法律的调整，因应开展地方法规规章立改废释停，不断完善生态环境立法环境基本法规、专项法规、其他法规的生态环境条款以及生态环境保护的地方标准和国家标准共同组成的生态环境法规制度体系。

## 一　持续完善地方生态环境保护基本法

（一）根据国家环保法修订

早在1994年，深圳就创新制定了《深圳经济特区环境保护条例》（以下简称《深圳环保条例》），该条例为深圳经济特区的环境保护工作提供了较充分的法律保障。随着深圳经济社会的快速发展，《深圳环保条例》不断修改完善，经历了2000年和2009年两次修订。2014年被称为史上最严的国家新环保法《中华人民共和国环境保护法》（以下简称"新环境法"）出台，并于2015年1月1日正式实施。深圳环保条例显示出有一些制度不能适应国家对环保工作发展的要求，同时社会公众对生态环境保护也提出了更高的期待。2015年8月，深圳市人大启动了《深圳环保条例》的立法后评估工作，委托深圳市律师协会具体实施相关评估工作。律师协会动员了数十名律师参与此次立法后评估工作，评估结合2009年条例修订后实施五年的成效、存在问题、国家新环保法内容以及公众对生态环境的期待，对条例及其实施情况进行多角度评价，提出了再次修订的具体建议，为修法提供了参考依据。2016年，《深圳经济特区环境保护条例》的修订工作正式启动，2017年4月深圳人大常委会通过了关于修改《深圳经济特区环境保护条例》的决定。再次修正后的深圳环保条例修改了排污许可制度，增强了排污许可管理和违法处罚力度，并细化了建设项目环境影响评价和环境保护设施竣工验收的有关规定，实施更严格也更明晰的环境保护标准。此后，根据生态文明和环境保护的最新要求，2018年又进行了一次修正。

（二）创新生态环境全链条保护立法

党的十九大后，随着习近平生态文明思想逐渐发展成熟，我国生态环境保护理念的内涵不断丰富，从生态环境全链条保护需求出发，深圳决定对条例进行全面修改，并于 2021 年 6 月通过《深圳经济特区生态环境保护条例》（以下简称《深圳生态环境保护条例》）。《深圳生态环境保护条例》对生态环保立法内容和结构进行重新架构，增加了应对气候变化的规定，对生态修复、生物多样性保护以及碳达峰、碳中和、碳交易等作了具体制度设计，形成集保护和修复（生态保护、生态修复、生物多样性保护）、污染防治（污染物排放总量控，水、大气、土壤污染防治、海域污染防治、固体废物和其他污染防治）、应对气候变化（碳排放达峰和碳中和、碳排放权交易）、信息公开和公众参与监督管理等于一体的生态环境保护体系，实施对生态环境全链条保护。在细节方面也有不少创新，例如，在环境违法行为的法律责任方面，一方面用最严格的制度、最严密的法律保护生态环境，针对群众反映较大的施工噪声问题，实行按日连续处罚，提高违法成本；同时，从恢复受损环境的最终目标出发，将生态修复作为环境违法法律责任的承担方式之一。

**二 不断完善专项环境保护法规**

除了深圳环境保护条例外，深圳还有十多项环境保护法规。深圳环境保护条例作为深圳环境保护方面的基本法，每次修改都会带动相关专项法规的修改。特别是党的十八大以来，深圳市不断完善立法与改革相衔接的制度，充分发挥立法引领、保障和促进改革创新的作用，紧紧围绕深圳建设现代化国际化创新型城市的目标，积极回应民声，大力推进生态环境保护领域改革的推进和立法的完善，其他十多项有关生态环境保护的法规规章的立改废释工作同步推进。深圳市人大常委会 2016 年新制定了《深圳经济特区绿化条例》。

2017 年，对深圳环境保护条例进行修改的同时，也对《深圳经济特区机动车排气污染防治条例》《深圳经济特区建设项目环境保护条例》《深圳经济特区水土保持条例》等多部环保专项法规作了修改。2018 年，根据生态文明建设及环境保护的最新要求，又陆续对《深圳经济特区环境噪声污染防治条例》《深圳经济特区机动车排气污染防治条例》《深圳经济特区海域污染防治条例》等 16 项有关生态环境保护的法规和法规性文件进行了修改，进一步明晰了各部门执法权责，加大了对破坏环境、污染环境行为的处罚力度，以有效震慑环境违法行为。同年还以决定方式暂时调整适用《深圳市节约用水条例》《深圳经济特区环境保护条例》的部分条款，暂时停止适用《深圳经济特区建设项目环境保护条例》的部分条款，以适应政府职责分工调整、"放管服"改革和环境保护的需要。对 12 部地方生态环保法规做了修改，大大提高违法行为处罚力度。

生态环境保护理念逐渐融入深圳经济社会各方面，表现在立法方面，除了传统的环境保护立法外，在金融、建筑领域的立法也提出了"绿色"的目标。2020 年制定了《深圳经济特区绿色金融条例》，2022 年制定了《深圳经济特区绿色建筑条例》。绿色金融条例主要以中国人民银行等七部委发布《关于构建绿色金融体系的指导意见》为依据，吸收借鉴发达国家关于绿色金融发展的制度设计，运用特区立法权而制定的具有先行先试特点的法规。条例在内容上明确了金融机构具有承担保护生态环境、支持绿色产业发展的社会责任，是绿色金融的主要实施主体，要求金融机构建立绿色金融制度，并明确了制度内容。条例要求地方金融监管局应当组织制定绿色金融地方标准，并会同相关部门推进实施。鼓励金融机构创新绿色金融产品与服务，建立环境污染强制责任保险制度，创设金融机构绿色投资评估制度，明确金融上市公司及享受绿色金融优惠政策的金融机构的环境信息披露责任，以及政府对绿色金融的促进与保障措施等，建立起较完整的绿色金融制度体系。这是全国乃至全球先进规范绿色金融的综合性法规。在绿色建筑方面，深圳早在 2013 年就制定了相关政府规章——《深圳市绿色建筑促进办法》，2022 年的新条例吸纳了规章实施积累的经验，进一步扩大调整范围和完善制度。绿色建筑条例将工业建筑和民用建筑均纳入立法调整范围，以立法形式规定了建筑领域碳排放控制目标和重点碳排放建筑名录。从建筑全生命周期视角，明确建筑的规划设计、建设建行、运行维修、更新改造、拆除全过程减少对天然资源消耗、减轻对生态环境影响的要求，并建立了一整套强制和鼓励保障措施，全方位保障绿色建筑的发展。

除了深圳市人大制定法规外,深圳市政府也持续制定修改完善环境保护相关的政府规章。例如,2017年对《深圳市计划用水办法》《深圳经济特区在用机动车排气污染检测与强制维护实施办法》等政府规章进行了修改。2020年,制定了《深圳市建筑废弃物管理办法》,对《深圳市建设项目用水节水管理办法》《深圳市计划用水办法》等规章作了修改,为打造安全高效、舒适宜居的生产生活和生态空间提供了良好的法律保障。

### 三 经济和城市管理法规中环保条款增多

随着环境保护理念渗透到深圳城市治理的各领域,深圳绿色环保的理念和要求规定写入很多城市建设和管理法规中,从城市建设和管理各方面,促进资源节约和环境保护,为建设绿色环保、宜居宜业的生产生活空间提供良好的法律保障。例如在深圳市的网约车管理办法中,规定截至2020年年底,必须是新能源汽车才能接入网约车平台。深圳经济特区出租车管理条例规定运营车辆全部必须为新能源车。2018年制定的深圳市城市照明管理办法,在规范市内城市照明的规划、建设、维护和监督管理中,强调改善城市灯光环境,促进能源节约。

### 四 生态环境保护相关标准增多

法律高效准确的实施离不开细节上的支持,如果没有具体的规范、标准,法律规定的很多制度在实施中将因为各种小小的纰漏而无法得到实现。在"深圳标准"理念引导下,深圳市政府各部门和企业、社会组织都很重视通过制定具体的规范和标准来规范和确保法律法规得到切实、高效的实施,并不断提高标准制定水平,在生态环境保护领域也不例外。

(一) 完善环保技术规范

环境保护工作技术性强,但日常工作人员众多,专业人员不多,如果没有具体的规范指引,或者规范标准不够科学,极易出现风险事故。深圳市场监管部门很重视对各项标准的审查,以保障标准的质量。例如，2016年对《危险化学品经营单位环境风险等级划分技术规范》《石油库经营单位环境风险等级划分技术规范》等环保技术规范进行了重点审查，对《森林公园规划编制规范》《森林公园绿化管养技术规程》等12项安全技术规范性文件进行重点审查，系统梳理相关方面标准，提升城市环境保护和安全管理标准。

（二）发布生态安全港国家标准助力守好国门

盐田港是世界单港集装箱吞吐量最高的码头之一，频繁的国际货物进入存在较高的外来生态安全风险。如何在确保快速通关的情况下防范生态安全风险需要很严密的规程标准，确保快速准确识别，快速处理。2018年原深圳检验检疫局与深圳盐田区政府、盐田国际集装箱码头公司等单位联合编制了完成《国际生态安全港建设通则》和《国际生态安全港生态安全风险因子识别、分类与控制》两项标准，并由中国国家标准化管理委员会发布，是首套生态安全港国家标准。两项标准中，前者整合原分散的涉及外来生态安全风险管控及生态环保港口建设现有做法，形成一套普遍适用于一线港口的生态风险因子分类、识别与控制方式，构建了全面的港区生态风险防控机制。后者提出了港区基础设施和生态安全保障设施建设标准以及生态安全管理要求，形成新型生态安全港建设标准体系。

## 第二节　强化环境法规实施

深圳在生态环境法律实施方面进行了大量探索，在执法方面，惩防结合、刚柔相济，既始终保持高压状态，坚持严格执法，又积极探索柔性执法，创新建立主动道歉承诺免除或从轻处罚制度、"远程喊停"监管模式；既重视对环境违法进行治理，也看到部分群众为生态保护作出的牺牲，建立生态补偿制度。关照企业个人环保知识不足的现状，对工业园区、市区配置环保顾问，提供免费咨询服务。压实领导干部环境保护责任，建立领导干部离任自然资源审计制度。探索生态价值核算，引领全社会重视生态环境价值。

## 一 坚持严格执法

环境执法稍一放松,环境违法现象就会出现反弹,因此环境执法必须长期保持高压态势,通过严格的执法,产生威慑作用。2015年国家新环保法正式实施。为落实新《环保法》各项措施,深圳环保部门确定当年为"环境执法年",与公安机关联动执法,滚动开展多项专项执法行动。推行"办案执法"与"日常管理"相分离,以随机抽查方式开展"菜单式"环境监管执法。全年对一千多宗环境违法行为实施了行政处罚,移送行政拘留案件13宗,移送涉嫌环境污染犯罪案件49宗,严厉惩治了环境违法犯罪行为。

深圳环保部门开展2017年"利剑一号"环境监管执法行动,联合公安等部门协同作战,重拳打击环境违法行为,顶格严惩环境违法企业。针对某五金制品公司拒不改正暗管直排废水的违法行为处以1239万元的高额罚款,这也是深圳史上金额最高的环保罚单。同时该企业被责令停产整治、吊销排污许可证,其法定代表人移送后被判处有期徒刑六个月,对社会产生极大的震慑与警示作用。2018年又组织开展了"利剑二号"专项执法行动,2019年组织开展了"利剑三号"专项执法行动,到2022年已经在开展"利剑六号"生态环境执法行动。经过六年严密推进,对各类主体产生良好震慑作用,有效削减污染负荷,推进生态环境质量持续改善。

其间,2021年还开展了污染防治攻坚战,对空气质量指数、水环境质量等,均提出具体目标。针对突出存在的扬尘噪声污染问题,出台加强建设工程扬尘噪声污染防治工作的措施,环保、住建、交通、水务等部门建立施工工地信息共享机制,落实扬尘防治日常监管属地管理,及时处理属地监管部门巡查发现的问题,建立相关责任单位和人员的不良行为信用档案,全力遏制施工噪声扰民问题。

## 二 探索柔性执法

(一)创设违法者主动道歉承诺制度

2016年深圳市人居环境委在修订《环境行政处罚裁量权实施标

准》过程中，创设了违法者主动道歉承诺制度，对首次被查处到环保违法，应处罚款类行政处罚的较轻微违法企业，在自愿基础上由违法企业及其法定代表人双具名在深圳主流媒体新闻版登报公开道歉，承认违法事实，承诺执行行政处罚决定和不再违反环保法律法规，则可以从轻处罚。2016年全市共有137家企业进行公开道歉。公开道歉承诺制度改变了以往依靠罚款等行政处罚手段的传统执法管理模式，在保持高压执法态势的同时，对符合条件并自愿进行道歉承诺的违法企业适当予以从轻处罚，有助于企业认识自身错误，自我检讨改正，并接受社会监督，充分体现了处罚与教育相结合的法律原则，产生良好的新闻效应和普法作用，也大大提高了全社会对环保执法工作的知晓度和认可度，与严格执法形成了良好互补。

（二）创新"远程喊停"监管模式

针对建设项目超时施工噪声扰民投诉量居高不下的问题，2020年深圳市坪山区环保部门创新实施"远程喊停"非现场执法监管模式。在工地内设置"噪声、视频监控和远程喊话"一体化智能监控系统，通过监控中心监控平台和手机App平台对工地进行全天候实时监控，一旦发现试点工地有超时、超分贝行为，立即进行线上"喊停"，有效保障周边居民生活环境。"远程喊停"同步实施"线上监控+线下执法"联动执法模式，对"屡喊不停"的工地，及时通报至监管部门赶往工地"现场控停"，并依法依规采取处罚等处置措施。"远程喊停"体现预防为主，人性化监管的理念。"远程喊停"系统也成为向施工单位普及环保法律法规，引导施工单位按时停止作业，体现人性化环境监管"温度"。

### 三　强化领导干部生态环境监管责任

生态环境保护需要政府、企业、社会组织和个人共同参与，其中企业和个人要建立守法意识，但政府也要减轻企业负担，减少不必要的义务，对为生态环境保护做出牺牲者给予一定补偿，激发环境保护的自觉性。政府工作人员，特别是领导干部，在生态环境监管中要认真履职，接受考核。深圳在实践中探索出了生态补偿、生态考核、自然资源资产离任审计等制度。

## （一）推行生态文明建设全链条法治化改革

大鹏新区是位于深圳东南部的功能新区，也是深圳的"文化之根"，风景优美，自然资源丰富，生态保护是立区之本。2011年成立以来就将生态环境保护作为首要工作，积极探索在深圳经济高速发展背景下生态文明建设的新路径，逐渐形成生态文明建设全链条法治化的改革成果。通过创新建立生态文明激励约束机制、生态文明高效监管措施、生态文明量化评价体系、生态文明考核问责制度等，对生态控制线内的居民实行生态补偿，对领导干部实行生态考核审计和终身追责，同时整合执法资源，加强执法，2018年形成以严密法治和有效激励为保障、全链条推进生态文明建设模式，探索出超大城市人与自然和谐共生的法治化发展新路径，并逐渐推广向全市乃至全国。

## （二）强化领导干部自然资源资产离任审计

2020年根据综合改革试点授权，深圳一方面开展区域空间生态环境评价改革，调整建设项目环境影响评价分类管理名录，简化或豁免未纳入重点项目名录的建设项目环评，减轻企业负担。与此同时，压紧压实领导干部责任，修改党政领导干部生态环境保护责任清单，实行"党政同责、一岗双责"，强化生态文明建设考核和领导干部自然资源资产离任审计。虽然生态环境保护的要求不断强调，但实践中，部分领导干部出于GDP考量，有时会漠视生态环境问题。实行自然资源资产离任审计，有利于从制度上促使领导干部像重视GDP一样重视生态环境保护，甚至比重视GDP更重视生态环境保护。

此外，人大重视发挥监督作用，将生态环境保护的法规作为执法和法规实施检查的重点。2016年深圳市人大常委会开展了《深圳经济特区建筑节能条例》《深圳经济特区环境噪声污染防治条例》实施情况执法检查。深圳各个区人大均组织开展过执法检查。例如，盐田区人大常委会组织《深圳经济特区市容和环境卫生管理条例》执法情况现场检查，坪山区人大、光明区人大分别于2018年、2019年组织了《深圳经济特区环境保护条例》实施情况的执法检查。通过执法检查，能够了解法规实施情况，监督责任部门执法行为，发现法规实施中存在的问题并分析原因，推动问题的解决，确保环保法规规定的制度落地落实。

**四 创新制度引导生态环保行为**

（一）建立"环保顾问"制度

对出现环境违法行为进行处罚固然可以威慑企业遵守环保法规，但这种事后监管方式对实际已经造成的环境损害后果影响甚微，而且对于企业来说，对哪些行为可能触发环境违法有时亦不完全了解，导致出现"无心之失"。为此，深圳市光明区环保部门2019年5月起创新服务方式，引进专业环保机构作为环保顾问"下园区、进企业"，为辖区工业园区、企业、社区和个人等环保主体免费提供产业政策、项目选址、环评类别、环保验收、环境安全、环境管理等环境问题咨询服务，通过事前、事中介入的方式，从源头上管控不良行为和结果的发生，为企业降低运营成本、提高落地效率。为配合该项创新，光明区环保部门还专门制定了《光明区环保顾问制度实施细则》等7个文件，为环保监管部门提供全过程管理依据。

（二）开展生态系统生产总值核算

生态环境是人类赖以生存与发展的自然资源，在经济发展中，当生态环境保护需求与经济发展需求存在冲突时，习惯于经济思维的人会产生生态系统究竟值多少钱的疑问。生态服务价值核算就旨在通过运用生态学和经济学理论建立一套指标体系，核算出生态系统为人类提供各种生态产品与服务的金钱价值，从而让人了解生态系统服务功能价值，提高生态环境保护意识，同时也使治理生态环境破坏所需要的治理费用有一笔明晰账单，为"谁污染，谁治理"提供具体的支持。

2014年以来，深圳盐田等多个区开展了生态系统服务价值核算研究并探索应用。在盐田区探索实践基础上，2020年8月，深圳构建了全市生态系统服务价值（GEP）指标体系和核算方法，启用全市生态服务价值核算系统，开始采集数据进行试算，同时着手制定了深圳市生态系统服务价值核算技术规范。2021年3月，《深圳市生态系统生产总值（GEP）核算技术规范》①正式出台，同时公布首次核算出的全市2020年度GEP为1303.82亿元，其中物质产品价值23.55亿元，调节服务价值699.52亿元，文化旅游服务价值580.75亿元。②深圳GEP的发布，实现了定量化了解深圳的自然生态系统对人居环境的贡献，为政府生态环境决策提供了重要参考。GEP核算成果正在成为深圳监测生态环境保护工作情况、地方政绩考核、城市规划和项目决策的参考依据，引导推动经济高质量发展，实现经济发展和生态环境保护双赢。

## 第三节　创新环境生态司法保护

司法是公平正义的最后一道防线，环境正义、生态正义同样需要依靠强有力的司法予以保障。深圳法院、检察院顺应社会对司法工作的需要和国家司法改革要求，积极探索环境司法的有效路径。检察机关通过建立环境执法与司法衔接机制、环境公益诉讼等，积极介入环境资源保护案件，发挥国家法律的捍卫者和公共利益的守护人作用。法院成立"三审合一"环境资源法庭，集中管辖涉环境资源案件，推进环境资源审判专业化。建立刑事、行政、民事责任"多责同追"工作机制，探索生态环境损害修复的损害赔偿改革，强化"环境有价、损害担责"生态资源保护社会责任。

### 一　建立环境执法与司法两法衔接机制

"两法衔接"机制，即行政执法与刑事司法相衔接的机制，是指行政执法机关在办案中发现违法案件可能涉嫌犯罪时，及时将案件移送刑事司法部门查办的工作机制。"两法衔接"有利于充分发

---

① 生态系统生产总值（GEP），也称作生态系统服务价值（GEP）。深圳在最初试点时用的是生态系统服务价值（GEP）的概念，但深圳在2021年正式出台的技术规范采用的是生态系统生产总值（GEP）。

② 数据来源：《深圳"生态账本"出炉 年度GEP超1300亿元》，深圳市生态环境局官网，meeb.sz.gov.cn/xxgk/qt/tpxw/content/post_ 9290671.html，访问时间2021年10月27日。

挥刑事司法与行政执法的互补优势，形成打击合力。深圳市"两法衔接"工作开始于2012年，检察机关是"两法衔接"机制建设的牵头单位和实施监督单位。环保部门在环境执法中逐渐与检察机关共同建立了环境执法与司法相衔接的机制。2014年，深圳检察机关开展了破坏环境资源和危害食品药品安全犯罪专项立案监督活动，监督行政执法机关移送案件152件、155人；依托"两法衔接"工作机制，协调环保和公安机关查处了某电路电子有限公司排放废水污染环境案。"两法衔接"机制主要依托深圳市电子政务系统网络搭建"两法衔接"工作信息共享平台，实现执法、司法信息互联互通，案件查办、移送、监督及处理结果等均通过该平台实现信息共享。2018年深圳检察机关与环保等部门联合出台《深圳市关于加强环境保护行政执法与刑事司法衔接工作操作指引》，建立协同办案、案件移送、查处监督机制，形成"一平台、一指引、三机制"，环境行政执法与刑事司法衔接机制得到完善，联合打击环境污染犯罪力度增强，当年通过"两法衔接"机制，深圳环保部门向深圳检察机关移送涉嫌环境污染犯罪20宗。

**二　检察机关办理环境公益诉讼**

环境作为一种宝贵的自然资源和社会资源，属于全民共有，当破坏环境行为严重伤及国家和公共利益时，检察机关作为国家法律的捍卫者和公共利益的守护人，应当代表国家和公共利益提起公益诉讼，以维护社会公共利益。

早在2013年深圳检察机关就主动开始办理检察公益诉讼案件。例如，深圳宝安区人民检察院来访群众反映的公明街道楼村水库附近长期有货车倾倒垃圾、危及居民饮用水安全问题，经过调查确定应由具有环境监管职责的原光明新区城建局作为原告单位向法院提起诉讼。2014年5月宝安区法院正式受理这起环境污染侵权损害赔偿公益诉讼案件。2016年深圳检察机关被确定为公益诉讼案件试点院后，公益诉讼案件逐年增长，环境污染、生态环境和资源保护等是其中主要受理范围。仅2019年，就通过办案督促复绿或收回被非法占用的土地1401亩，督促治理被污染河流4条，挽回国有财产损失9300万元。[①] 2021年深圳检察机关立案办理的679件公益诉讼案件中，有191件是环境资源领域案件[②]，占28.13%。

检察机关办理环境公益诉讼的主要做法包括：第一，争取党委政府支持。2018年深圳市委市政府下发了《关于支持检察机关依法开展公益诉讼工作的通知》，明确了检察机关开展公益诉讼的权力，并经深圳市委机构编制委员会办公室批准设立市检察院公益诉讼部，为公益诉讼提供机构和人力物业保障。将配合检察公益诉讼工作纳入行政机关年终绩效考评体系，从机制上为深圳检察公益诉讼工作提供了保障，也为环境公益诉讼工作的开展打下良好基础。第二，部门合作形成合力。深圳检察机关积极协调司法、行政机关和社会组织共同参与环境公益诉讼工作，与深圳市生态环境局签署了《关于在环境公益诉讼工作中加强协作的工作方案》，实现环境司法保护和行政保护的无缝连接；与深圳市志愿者河长联合会会签了《关于在环境公益诉讼中加强工作协作的工作机制》，建立在河湖水体环境保护方面沟通机制，合力开展深圳河湖环境保护工作；与海洋、环保、城管以及环保社会组织共同成立福田国家级自然保护区生态保护联盟，建立信息交流、线索移送等强化环境公益诉讼工作机制。第三，推动立法。为更好地保障检察机关开展生态环境公益诉讼，深圳市检察机关结合深圳生态环境保护实际需要，推动深圳市人大制定了《深圳经济特区生态环境公益诉讼规定》。该规定明确了生态环境公益诉讼的原则和范围、起诉主体及职责分工，明确了诉讼主体的权利保障，将大气、水环境、土壤、固体废物等的污染以及破坏动植物生存环境、破坏海洋生态环境等七类案件纳入生态环境公益诉讼范围。第四，突出办案重点。每年确定办案重点，紧紧追踪，办理了一大批环境公益诉讼案件，产生了良好社会效果。例如，龙岗区检察院办理的李朗河污染案、罗湖区检察院办理的东部过境高速破坏环境案等，均起到基本消除污染、恢复环境的

---

[①] 数据来源：2019年深圳市人民检察院工作报告。
[②] 数据来源：《2021年深圳检察：奋力为"双区"建设提供有力司法保障》，深圳检察网，www.shenzhen.jcy.gov.cn/Dynamic/media/5066.html，访问时间2022年4月20日。

效果。宝安区检察院提起的刑事附带民事公益诉讼，责任人被判处有期徒刑的同时还被判支付生态环境损害费，这对环境违法犯罪行为起到了震慑作用。

### 三　创新环境保护审判工作

生态环境问题通常具有跨区域特点，涉地方利益多，存在案件区域管辖难题，并且专业性强，分散在各个法院办理对基层法院是巨大的挑战。集中办理既有利于破解管辖难题，集中资源提高办案的专业化水平，统一裁判尺度，也有利于摆脱案件办理结果对地方经济发展影响的顾虑，更能公正审判和提升执行效率。2019年2月，深圳市龙岗区人民法院大鹏法庭加挂"深圳市龙岗区人民法院环境资源法庭"牌子，集中管辖深圳市应由基层法院受理的涉环境资源一审行政、刑事、民事案件，实行环境资源案件"三审合一"。这一改革于当年年底得到最高人民法院的同意。

在此基础上，2020年年初，深圳中院获批集中管辖东江流域深圳、东莞、惠州、河源、汕尾五个城市的环境民事公益诉讼一审案件。五市检察机关于当年6月签署了《东江流域环境资源司法保护协作备忘录》，以促进东江流域生态环境一体化保护。同年10月，深圳市委机构编制委员会办公室批复同意深圳市中级人民法院成立环境资源审判庭，受理涉环境资源类行政、刑事、民事案件，形成基层法院和中级法院两级集中管辖、上下协同、对口指导的环境资源审判工作机制，构建起环境资源案件跨类型、跨区域、"双集中"办理模式。对于统筹推进东江流域生态保护，构筑符合环境资源案件特征的司法保护格局具有重大意义。

环境审判体制的改革创新促进了案件办理水平的提高。2020年12月深圳中院宣判了首例环境民事公益诉讼案。该案为北京某环境研究所诉深圳市某科技公司环境污染民事公益诉讼案件。该案在被告企业环境违法事实清楚的前提下，针对被告企业偷排的废气已经进入大气环境、环境侵权后果难以确定的情况，案件办理中运用证明妨碍规则，创造性运用虚拟治理成本法，参考空气污染鉴定专家估值意见，依法判令被告企业承担大气污染生态环境修复等费用，为大气污染损害赔偿责任案件的审判积累了经验。

2021年，深圳法院审结一审环境资源民事、行政案件100件，办理破坏环境资源保护犯罪案件46件。审结关于东江流域环境民事公益诉讼案、污染茅洲河流域民事公益诉讼案等多个重大案件，发挥了司法审判对生态环境的保护作用。

**四　改革生态环境损害赔偿制度**

环境资源案件的办理不能止步于对违法者进行惩罚，恢复生态自然环境才是最终目标。2018年4月，深圳某企业被查出违法排污，造成土壤、地下水生态环境严重受损。该案企业受到行政处罚，相关责任人被追究刑事责任。同时按照2018年1月1日生效的生态环境损害赔偿制度，依照"谁污染、谁治理"原则，经对环境损害进行鉴定评估，确定该案造成的生态环境损害数额约为1400万元。据此，深圳环保部门与涉案企业于2019年6月签订生态环境损害赔偿协议，由涉案企业对污染地块自行开展修复，并承担损害调查和鉴定评估等的相关费用。巨额损害赔偿对潜在违法者产生极大震慑，践行习近平总书记关于"用最严格的制度、最严密的法治保护生态环境"[1]的要求。该案因在监管执法环节运用溯源技术开展环境监管执法、建立生态环境损害赔偿案件筛查工作机制，并综合运用行政、刑事、民事以及失信联合惩戒等责任追究方式等的具有典型意义的做法，2020年入选全国生态环境损害赔偿磋商十大典型案例。

2020年深圳正式推行生态环境损害赔偿改革试点，对被告污染者实行民事、行政、刑事"三位一体"的责任追究，建立环保部门与公安、检察、司法行政等机关的联合会商制度，合力推进生态环境损害赔偿工作，促进受损生态环境的修复，并探索出生态环境损害替代性修复措施。2020年深圳市某生物公司向河流非法倾倒松油醇化工品，该环境违法行为除被行政罚款50万元外，案件还被移送司法机关，由龙岗检察院依法提起刑事附带环境民事公益诉讼，诉

---

[1] 习近平总书记2018年6月21日在会见出席"全球首席执行官委员会"特别圆桌峰会外方代表并座谈时的讲话。

请对污染环境犯罪行为所造成的生态环境损害承担连带赔偿责任。由于涉案公司向河流非法倾倒松油醇化工品时间已经较久远，环境损害已经逐渐消失，直接修复工作已无意义，而其他环境损害却有待修复，因此深圳执法司法机关探索出了生态环境损害赔偿替代性修复措施。在龙岗区法院环境资源法庭主持下，环境民事公益诉讼各方当事人于2021年6月达成了调解协议，签订生态环境损害赔偿替代性修复项目，由该公司支付25万元环境损害赔偿金，委托某海洋研究院在大鹏湾实施珊瑚种植项目。该案在落实刑事、行政、民事责任多责同追工作机制的同时，强化了环境有价、损害担责的生态资源保护理念在司法中的应用。

  建设生态文明，关系人民福祉，关乎民族未来。深圳建设社会主义先行示范区，要继续把完善生态环境保护体系作为重点内容，不断完善生态环境保护的立法，探索优化环保服务，提升市民、企业环保意识，强化生态环境执法司法保护，使生态环境保护理念、绿色发展理念深入人心，让爱护生态环境、减碳降排成为深圳企业生产、市民生活习惯，把深圳建设成为"美丽中国"典范城市。[①]

---

[①] 李朝晖：《探索创新生态环境保护 建设"美丽中国"典范城市》，《深圳特区报》2022年5月10日B4版。

# 第九章　样本示范：探索前海中国特色社会主义法治示范区

前海位于深圳西部、珠江口东岸，毗邻港澳，隶属深圳市南山区。以前海这个地理位置为核心，2008年国务院同意设立深圳前海湾保税港区，面积3.71平方公里；2010年国务院批准的《前海深港现代服务业合作区总体发展规划》中，划定的前海深港现代服务业合作区面积为14.92平方公里。2014年国务院批准的中国（广东）自由贸易区前海蛇口片区为28.2平方公里。2021年前海合作区扩容至120.56平方公里[①]。从地理位置上的前海，到各种功能叠加的前海，适用前海概念的地域范围不断扩大。

2012年12月7日，习近平任总书记后离京考察第一站来到深圳，在深圳的前海，习近平总书记要求："前海可以在建设具有中国特色的社会主义法治示范区方面积极探索，先行先试。"[②] 10年来，深圳及前海坚决贯彻落实习近平总书记的指示要求，在法治理念、法治主体、立法、司法、执法、法律服务等各领域不断创新、大胆探索，国内法治与涉外法治在实践中共同推进，建设中国特色社会主义法治示范区取得初步成效，前海法治优势得到初步彰显。

---

[①] 2021年9月国务院批准《全面深化前海深港现代服务业合作区改革开放方案》，方案将原前海合作区周边沿海沿珠江口区域基本上都纳入了前海合作区。

[②] 转引自《王伟中：奋力建设中国特色社会主义法治先行示范城市 努力打造习近平法治思想的生动实践地和精彩演绎地》，民主与法制网，http://www.mzyfz.com/index.php/cms/item-view-id-1551723，访问时间2022年1月20日。

## 第一节　前海深港现代服务业合作区成立初期的法治创新与探索

2010年8月26日，国务院批复"原则同意《前海深港现代服务业合作区总体发展规划》"时，正值深圳经济特区成立30周年。规划的批复，标志着前海深港现代服务业合作区（以下简称前海合作区）正式成立。

《前海深港现代服务业合作区总体发展规划》（以下简称《前海规划》）是根据《珠江三角洲地区改革发展规划纲要（2008—2020年)》和《深圳市综合配套改革总体方案》中关于"深圳先行先试，以前海为载体，推进粤港澳现代服务业紧密合作"的要求而编制的。可以说，设立前海深港现代服务业合作区是落实珠三角改革发展规划纲要的重要举措，也是推进粤港澳紧密合作的重要举措。前海合作区成立后，深圳市委市政府市人大马上开始谋划合作区的制度体系和机构设置，通过立法明晰了前海合作区的管理体制机制、管理机构及主要管理制度，前海法治创新紧跟而来。

### 一　中国特色社会主义法治示范区的提出

根据《前海规划》，前海合作区建设的总体思路是"充分发挥经济特区先行先试作用，利用粤港两地比较优势，进一步深化粤港紧密合作，在前海合作发展现代服务业，以现代服务业的发展促进产业结构优化升级，为我国构建对外开放新格局、建立更加开放经济体系作出有益的探索，为全国转变发展方式、实现科学发展发挥示范带动作用"。目标是"到2020年，建成基础设施完备、国际一流的现代服务业合作区，具备适应现代服务业发展需要的体制机制和法律环境，形成结构合理、国际化程度高、辐射能力强的现代服务业体系，聚集一批具有世界影响力的现代服务业企业，成为亚太地区重要的生产性服务业中心，在全球现代服务业领域发挥重要作用,成为世界服务贸易重要基地"[①]。规划布局的主要产业是金融业、现代物流业、信息服务业、科技服务和其他专业服务。

非常明确的是,前海深港现代服务业合作区是为粤港澳经济合作而设立的,规划关于法治的文字不多,除了发展目标中提到的"建成……具备适应现代服务业发展需要的体制机制和法律环境"外,在合作基础部分,有法律环境专条。在"推进区域合作"部分提到"加强深港法律界的交流与合作"。在保障措施部分则有专条要求"打造社会主义法治建设示范区。严格依法管理区内的经济活动;在全国人大授予的经济特区立法权限范围内,制定促进前海现代服务业规范发展的法规;加强深港商事民间调解机制的合作;按照国家的法律法规,进一步健全有关法制工作机制"。文字虽不多,亦不占主角地位,但信息量很大。"建成……具备适应现代服务业发展需要的体制机制和法律环境"对法治创新提出了大量需求,法治的可作为空间很大。而"打造社会主义法治建设示范区"虽在文字上显示出来,但最初并未成为前海现代服务业合作区建设目标,亦未受到重视。前海初期的法治创新还只是单纯为现代服务业发展需要而提供法律环境。因此在2011年制定的《深圳经济特区前海深港现代服务业合作区条例》中,虽专章规定了"法治环境",提出了创新措施,但目的皆在于服务前海现代服务业合作区,并未显露出规划文本中文字所显示的"法治示范"理想。从规划出台到党的十八大召开的两年多时间,前海深港现代服务业合作区建设推进缓慢。

2012年12月7日,习近平任总书记离京后考察第一站来到深圳,在深圳的前海,习近平总书记强调:"前海的改革,要相信法治的力量。"并做出重要指示:"前海可以在建设具有中国特色的社会主义法治示范区方面积极探索,先行先试。"前海建设中国特色社会主义法治示范区的独立目标才被重视起来,随后,法治创新举措不断推出。可以说,前海建设中国特色社会主义法治示范区是习近平总书记亲自要求、亲自部署的。

---

[①] 《前海深港现代服务业合作区总体发展规划》。

## 二 构建"一条例 两办法"为基本框架的制度体系

前海合作区成立时的思路就是要充分发挥经济特区先行先试作用,紧密与香港的合作,通过学习借鉴,甚至直接引入香港现代服务业方面的制度,促进深圳产业升级。如此突破性的工作需要从合作区的管理体制、运行机制,到具体产业政策各方面打破原有体制,进行创新。而这么大幅度的创新,只有通过立法,才能让参与这样改革的人有保障;也只有通过立法,建立起制度,才能让香港合作方有安全感。而此时,深圳刚刚实现特区一体化,解决了数十年来"一市两法"的困扰,对过去法治探索积累的经验信心满满。集深圳前期法治探索经验的法规规章就此面世。

### (一) 出台前海深港现代服务业合作区条例

2011年6月深圳市人大常委会审议通过《深圳经济特区前海深港现代服务业合作区条例》(以下简称《前海条例》)。《前海条例》架构起前海合作区管理体制发展的核心内容和基本制度,是前海合作区的"基本法"。

《前海条例》有八章,但总共只有56条。除总则、附则外的六章分别就治理结构、开发建设、产业发展、投资促进、社会建设、法治环境作出规定。条文虽少,但包含着多项重要制度创新。

第一,前海管理局实行法定机构管理模式。《前海条例》在规定前海合作区的管理机构为前海管理局的同时,明确规定前海管理局的性质是实行企业化管理但不以营利为目的的法定机构。深圳从2006年就开始法定机构管理模式的改革探索,但在前海管理局设立之前,法定机构的试点单位均为执行单一职责的事业单位,像前海管理局这样履行一个地域范围内行政管理和公共服务的具有综合性职能的法定机构,还是第一次尝试。深圳在推行法定机构改革时的主要学习借鉴对象的香港,虽然法定机构众多,但也只有西九龙文化区管理局一个是综合性法定机构。由于机构性质确定为法定机构,前海管理局的机构设置和人员配置方面也与一般党政机关事业单位明显不同,按照法定机构的特点,总体上遵循精简高效、机制灵活的原则。一是在领导配备方面,前海管理局领导除局长人选由市政府确定、市政府任命外，副局长由局长提名，市政府按规定程序任命，显示局长在用人方面的较强话语权。二是在内设机构和人员聘用及待遇方面，可以在市政府确定的原则前提下自主决定机构设置、人员聘用和薪酬标准。三是前海管理局的高级管理人员可以从香港地区或者国外专业人士中选聘。四是可以根据工作需要设置咨询机构。五是按照一般法定机构的要求，前海管理局每年应当编制年度工作报告，并向社会公布[①]。

第二，前海合作区的监督机构具有很强的超脱性。前海的监督机构是综合性的，由具有监督、监察等职责的单位组成，统一对前海管理局开发、建设、运营和管理活动进行监督，监督机构的经费由市本级财政预算安排。这样的制度安排使监督机构可以超脱于前海管理局之外开展监督工作。《前海条例》赋予监督机构广泛的职权，但也通过信息公开制度对监督机构进行监督，要求除涉及国家秘密、商业秘密和个人隐私，监督机构接受的投诉事项及调查结果应当公开。就监督成果应用，也有创新性规定，监督机构有权向前海管理局提出监督建议，向市政府审计、监察部门提出处理建议[②]。

第三，确立前海"特区中的特区"的地位。前海在适用法律上的特殊性，一是在适用深圳市的法规规章上可以有别。根据条例规定，深圳市制定的法规，市政府可以提请市人大及其常委会就其在前海合作区的适用作出相应规定；深圳市制定的规章，前海管理局可以请求市政府就适用问题作出决定。也就是说，如果认为深圳市的法规规章与前海合作区改革发展需求不适应，可以不适用该法规规章或该法规规章的部分条款。二是可以制定专门适用于前海的市政府规章、决定和命令。条例规定，深圳市政府为落实《前海规划》、促进前海合作区现代服务业发展，在不与本市经济特区法规基本原则相违背的前提下，可以制定有关规章、决定和命令在前海合作区施行，并报市人大常委会备案。[③] 也就是说，市政府可以制定只适用于前海的规章、决定和命令，而且只要不与经济特区法规

---

① 参见《深圳经济特区前海深港现代服务业合作区条例》第7—9条、第11条。
② 参见《深圳经济特区前海深港现代服务业合作区条例》第13—14条。
③ 参见《深圳经济特区前海深港现代服务业合作区条例》第49条。

基本原则相违背,相关规章、决定和命令可以进行制度创新。前海由此成为"特区中的特区"。

第四,一系列具体法律制度创新。在行政执法、行政审批方面,要求在前海合作区探索建立相对集中行政处罚、行政审批的体制和机制[①];在商事纠纷解决和法律服务方面,要求在前海合作区设立专门的商事审判机构;鼓励深港合作建立法律查明机制,为前海合作区商事活动提供境外法律的查明服务;鼓励前海合作区引入国际商事仲裁的先进制度,鼓励香港仲裁机构为前海合作区的企业提供商事仲裁服务,鼓励深港民间调解组织合作,为前海合作区的企业提供商事调解服务[②]。

第五,行业制度制定征求行业组织意见的法定化。《前海条例》在规定鼓励前海合作区的企业依法建立同业公会、商会等自律性组织、维护本行业的合法权益的同时,也明确规定前海管理局制定有关行业管理的规则、指引时应当征求各有关公会、商会等的意见;公会、商会等可以就前海合作区的开发、建设、运营、管理等向前海管理局提出意见和建议。[③] 而此前,制度制定征求公众意见虽有规定,但没有细化到公众的具体类型,也没有明确规定制定行业相关制度必须征求行业组织意见。此项规定,对于行业制度制定的科学化、民主化无疑是巨大进步。

此外,条例在开发建设、产业发展、投资促进、社会建设方面亦为制度创新留下了广阔空间。

(二) 出台"两办法"

《前海条例》出台后不久,2011年9月,深圳市政府常务会议审议通过《深圳市前海深港现代服务业合作区管理局暂行办法》(以下简称《前海管理局办法》) 和《深圳前海湾保税港区管理暂行办法》(以下简称《前海保税港区办法》)。"一条例、两办法"构建了前海合作区制度体系的基本框架。

《前海管理局办法》细化了《前海条例》中关于前海管理局的

---

① 参见《深圳经济特区前海深港现代服务业合作区条例》第50条。
② 参见《深圳经济特区前海深港现代服务业合作区条例》第51—53条。
③ 参见《深圳经济特区前海深港现代服务业合作区条例》第16条。

有关规定。该办法共十章62条，除总则、附则外，分别就前海管理局的职责、运作机制、规划建设管理、公共服务和行政管理、产业促进、财政管理、人事薪酬、监督管理等方面作出具体规定，其中不乏制度创新，例如，可以利用前海合作区的土地、经营性资产及财政性资金建立多层次、多渠道的投融资体系，筹措资金用于前海合作区的开发、建设和发展①；在前海合作区设立一站式服务中心，统一办理前海合作区内相关行政许可和公共服务事务②；可以与香港有关公共服务机构开展合作，积极引进香港公共服务机构在前海合作区设立服务平台。③ 又如，探索建立与国际通行规则和惯例接轨的商事登记制度④，探索实施符合国际通行规则和惯例的现代服务业统计制度⑤。再如，规定前海管理局实行企业化、市场化的用人制度，自主决定机构设置、岗位设置、人员聘用、薪酬标准，实行市场导向的薪酬机制，探索建立绩效考核与激励机制。⑥

《前海湾保税港区办法》，则明确了前海湾保税港区的管理、开发、建设、经营等方面的基本制度。前海湾保税港区是根据2008年《国务院关于同意设立深圳前海湾保税港区的批复》设立，位置在2010年设立的前海合作区范围内，是前海合作区的重要组成部分，也是核心的部分。该办法其中很重要的一条是要求保税港区借鉴国际自由贸易区、自由贸易港通行的规则，进行体制创新、先行先试，探索建设自由贸易港区⑦，同时同样要求保税港区行政审批事项通过一站式服务中心实行统一受理、集中审批、限时办理、跟踪服务制度，探索推行与国际通行规则接轨的商事登记制度。⑧ 可见前海合作与前海湾保税港区不仅地理上重叠，管理上相通，改革创新要求上一致，开发建设上相协调。

---

① 参见《深圳市前海深港现代服务业合作区管理局暂行办法》第15条。
② 参见《深圳市前海深港现代服务业合作区管理局暂行办法》第20条。
③ 参见《深圳市前海深港现代服务业合作区管理局暂行办法》第36条。
④ 参见《深圳市前海深港现代服务业合作区管理局暂行办法》第42条。
⑤ 参见《深圳市前海深港现代服务业合作区管理局暂行办法》第44条。
⑥ 参见《深圳市前海深港现代服务业合作区管理局暂行办法》第50条、第52条、第53条。
⑦ 参见《深圳前海湾保税港区管理暂行办法》第5条。
⑧ 参见《深圳前海湾保税港区管理暂行办法》第11条、第12条。

### (三) 相关配套制度渐次出台

除了"一条例 两办法",深圳市政府及工作部门在 2012 年后又陆续出台了多项有关前海合作区的制度性文件,逐渐形成制度体系。

为吸引高端人才和紧缺人才,2012 年 12 月,深圳市政府印发了《深圳前海深港现代服务业合作区境外高端人才和紧缺人才个人所得税财政补贴暂行办法》,明确规定在前海工作、符合前海优惠产业方向的境外高端人才和紧缺人才,在前海缴纳的工资薪金个人所得税,仅需负担应纳税所得额 15% 以内的部分,超过的部分由市财政补贴。2013 年 1 月,经财政部批复同意后,由深圳市政府发布《香港特别行政区会计专业人士申请成为前海深港现代服务业合作区会计师事务所合伙人暂行办法》,为香港会计专业人士在前海执业和成为合伙人提供了依据。同年 8 月,深圳市政府办公厅印发了《前海外籍高层次人才居留管理暂行办法》,为在前海从业的外籍高层次人才提供居留便利,增强深圳对国际人才的吸引力。

在提高办事效率、简化审批程序方面,2013 年 2 月,深圳市政府办公厅出台《深圳前海深港现代服务业合作区行政审批和行政服务管理暂行办法》,规定设立前海 e 站通服务中心,集中办理前海合作区内的行政审批和行政服务事项,并从办理事项和机构、办理程序、人员管理、监督管理等方面对行政审批和行政服务进行规范。几乎同时,前海管理局等部门联合印发《深圳市外商投资股权投资企业试点工作操作规程》,规范外商投资股权投资企业试点申请受理、审核等工作。之后还印发了《深圳市前海深港现代服务业合作区社会投资项目备案核准管理暂行办法》等文件,规范社会投资项目的备案核准工作。

此外,关于前海合作区现代服务业综合试点项目管理办法、土地管理改革创新要点,前海湾保税港区开展融资租赁业务试点等的规定也相继制定出台。

### 三 前海法治机构创新

前海合作区成立以来,创新设立了一系列法治机构,这些法治机构，有的本身是创新的产物，承载着新任务；有的是创新的载体，不断推出创新举措。特别是2013年12月全市加快建设一流法治城市工作会议提出的"开展前海法治化国际化营商环境建设提速专项行动"，对前海加快建立与国际接轨的商事法律体系和法治机构建设，设立前海法院、深圳国际仲裁院以及境外律师事务所办事处或分所等提出了要求。2014年10月深圳市委五届十九次全会强调要充分利用好前海平台，在现代警务改革、建立国际律师学院、探索跨区域设置法院等领域大胆探索、率先突破。包括政府法治机构、解纷机构、法律服务机构在内的各类法治机构创新逐渐在前海推开。

成立前海廉政监督局。该局是根据前海条例于2013年5月成立的。根据前海条例的规定，前海廉政监督局按照"人员统一管理、职权依法行使、监督形成合力"模式，在工作机制上，创新建立集纪检、监察、检察、公安、审计"五位一体"的廉政监督机制；在机构和人员管理上，直接归口深圳市纪委管理，按副局级建制，由前海廉政监督局的编制人员和深圳市检察院、深圳市公安局和深圳市审计局等三个部门派驻人员共同组成；在工作模式上，实施"嵌入式"监督，成立制度审查、风险防控、审计监督、效能监察等12个专责小组，对接前海管理局及局属公司；在依托力量上，依托专业化队伍和社会力量，成立前海廉政监督咨询委员会、前海开发开放制度评估委员会和前海廉政观察员队伍，扩大监督的专业力量和人员队伍，形成合力。

成立前海法律专业咨询委员会。该委员会成立于2014年5月，16名委员均为来自中国香港、中国澳门和内地的法律专家，其中来自港澳地区的委员超过三分之一。委员均为顶级专家，目的在于充分发挥委员智囊作用，为前海法治建设和法制创新、深港法治合作、立法作咨询论证，为前海重大决策、进行体制机制创新提供法律咨询，促进前海社会主义法治示范区建设。前海社会主义法治示范区研究会也随之成立。

设立深圳国际仲裁院。深圳国际仲裁院2013年9月进驻前海，是借鉴国际经验，实行以国际化的理事会为核心的法人治理模式，按照国际惯例运作的仲裁机构。其理事会成员三分之一以上是来自香港及境外人士，仲裁员超过三分之一来自境外①，在仲裁员结构上是中国内地最为国际化的仲裁机构，从而增强深圳仲裁院的独立性、中立性和公正性。深圳国际仲裁院是中国内地唯一一家推行法定机构改革的仲裁机构，也是粤港法律界长期合作共建的产物，在前海先后设立了中国自贸区仲裁联盟、自贸区金融仲裁中心、华南（前海）海事物流仲裁中心以及华南高科技和知识产权仲裁中心，提供各类专业的仲裁服务。

成立前海法院。最高人民法院 2014 年 12 月批复同意设立深圳前海合作区人民法院（以下简称前海法院）。获得批复后，深圳马上开展前海法官遴选工作，2015 年 1 月，前海法院正式挂牌成立。前海法院成立初期主要管辖前海合作区内的第一审民商事和执行案件，并集中管辖深圳全市基层法院一审涉外、涉港澳台商事案件。同时，前海法院成立时适逢全面推进司法改革，前海法院承担多项司法改革试点任务，包括探索实行基层法院跨行政区划管辖案件（全市基层法院一审涉外、涉港澳台商事案件），立案登记制改革，审判权与执行权相分离、审判权与司法行政事务管理权相分离改革，法官任期制等改革。在实践中，前海法院还创设了法官大会制度，实行法官民主自治、自我管理，成为法院司法改革的试验田。

成立深港联营律师事务所。联营律师事务所是律师行业对外开放的尝试。2014 年 1 月，司法部批准在广东省开展内地律师事务与港澳律师事务所共同开办合伙型联营律师事务所的试点。为推进试点工作，广东省司法厅发布了相关试行办法②，选定深圳前海、广州南沙和珠海横琴三个地区开展合伙联营试点工作。当年 11 月，广东华商律师事务所与香港林李黎律师事务所联营的华商林李黎（前海）联营律师事务所获准成立。该所获批成立并在前海挂牌成立，标志着内地与香港的法律事务跨区域和跨法域合作成立深港联

---

① 国际仲裁院持续增加境外仲裁员人数、比例和所覆盖国家和地区，2020 年以来境外仲裁员比例已经超过 40%，仲裁员名册覆盖 77 个国家和地区。

② 2014 年 8 月，广东省司法厅发布了相关《香港特别行政区和澳门特别行政区律师事务所与内地律师事务所在广东省实行合伙联营试行办法》。

营律师事务所的试点正式进入实践。

设立域外法律查明平台。平等保护中外商事主体的意思自治，是衡量社会法治化程度的重要尺度。长期以来，由于域外法律查明困难，中国法院办理案件中实际适用域外法的情况极少，商事主体意思自治的实现无形中受到一定影响。2014年5月，全国首个域外法律查明机构及服务平台——蓝海现代法律服务发展中心在前海成立。该平台的主要业务是为立法、司法机关以及企业提供包括香港法律在内的境外法律的查明服务。该平台的设立及相关服务的出现，对学习借鉴香港的法律制度、促进深港合作、解决商事争议提供了新的支撑；也增加了适用域外法审理案件的尝试，更好依法保障当事人选择适用法律的权利，有利于推进中国司法国际化。

## 第二节 叠加自由贸易区功能之后的法治发展

中国（广东）自由贸易试验区（以下简称广东自贸区），于2014年12月经国务院正式批准设立，深圳前海蛇口片区（以下简称前海自贸区）是其中一部分，于2015年4月27日挂牌成立。前海自贸区面积为28.2平方公里，覆盖前海合作区全域。自贸区的设立和自贸区的功能为前海发展带来新的重大机遇，也为前海改革创新提出更高要求。特别是全国多地获批设立自贸区，广东自贸区内也有三个片区，自贸区内你追我赶的竞争态势催促前海加快改革创新步伐。2015年5月召开的深圳市第六次党代会提出要"加快自贸区和前海开发开放，充分发挥自贸区和深港现代服务业合作区的叠加优势……建成最能展示深圳市场化、法治化、国际化形象的城市板块"。在《关于推进全面依法治国若干重大问题的决定》出台后的全国上下加快法治建设的背景下，在深圳一流法治城市建设目标的引领下，前海合作区与自贸区功能叠加促使前海法治创新加速。

**一 前海制度建设工作加速推进**

2015年4月，广东省政府发布《中国（广东）自由贸易试验区管理试行办法》，明确了广东自贸区的主要任务。从发展路径看，要求依托港澳、服务内地、面向世界；从直接目标看，要求以制度创新为核心，促进内地与港澳经济深度合作，推进粤港澳服务贸易自由化；从创新要点看，一是要求强化国际贸易功能集成，二是要求深化金融领域的开放创新，三是要求创新监管服务模式；从创新目标看，要求建立与国际投资和贸易规则体系相适应的管理体制，培育市场化、国际化、法治化的营商环境；从试验目标看，要求为全国全面深化改革和扩大开放探索新途径、积累新经验[①]。管理办法的要求体现了三个特点：一是从粤港澳合作和服务贸易自由化出发，再逐渐走向世界；二是以服务贸易为贸易自由化核心领域；三是突出制度创新为核心，以与国际规则衔接、培训市场化、国际化、法治化的营商环境为目标，强调法治建设的基础性作用和试验结果目标。这三者与前海合作区以深港合作为方式、以现代服务业为合作核心、以制度创新为抓手和目标的理念均一致。因此，前海自贸区功能的叠加，对前海而言，不是任务的增加，而是政策手段的增加，为法治创新提供了更大空间。

由于前海自贸区是广东自贸区的一个片区，自贸区法规政策、发展规划、重大问题等主要由省相关机构统筹研究和决定，这有利于各片区政策的统一性，提高了协调效率。各片区则专注于改革试点任务推进和完成。在自贸区成立后，2015年深圳市国家税务局出台了《关于创新自贸试验区税收服务10项措施的通告》，2016年制定了《中国（广东）自由贸易试验区深圳前海蛇口片区跨境电子认证应用管理暂行办法》等关于自贸区的规章和规范性文件。更多的制度与关于前海合作区相关的制度合一，在前海合作区相关规章和规范性文件中有相关条款。2015—2017年制定的关于前海合作区出台了数十个制度文件，其中，在税收服务方面，有企业所得税优惠产业认定操作指引等；在资金管理和产业资金扶持方面，有产业发展资金管理暂行办法、产业投资引导基金管理暂行办法、总部企业认定及产业扶持资金申报指南、现代服务业综合试点专项资金管

---

① 参见《中国（广东）自由贸易试验区管理试行办法》第3条。

办法、法律服务业专项扶持资金实施细则等；在土地管理方面，有土地使用权招标拍卖挂牌出让若干规定、土地租赁管理办法、临时用地管理办法、土地储备管理办法等，其他还有人才住房管理暂行办法、共同沟管理暂行办法、工程质量保修担保管理办法等制度文件。2017年还制定现代服务业综合试点项目验收指引。

## 二 法治机构持续增多

成立前海检察院。2016年，深圳前海蛇口自贸区人民检察院（以下简称前海检察院）获批复成立。与2013年成立的前海法院不同，前海法院的全称是前海合作区人民法院，而此次获批成立的前海检察院全称是前海蛇口自贸区人民检察院。前海检察院担负案件集中管辖的试点任务，统一负责全市基层法院的知识产权刑事案件的管辖以及对全市涉外、涉港澳台民商事案件的监督。

成立深圳知识产权法庭和深圳金融法庭。深圳知识产权案件量大，占广东省的一半、全国的十分之一，深圳在审理知识产权案件方面探索出很多有效经验。2014年全国人民代表大会常务委员会根据知识产权案件审判工作需要和知识产权案件特点，决定在北京、上海、广州分别设立知识产权法院，实行知识产权民事和行政案件集中管辖，但保留深圳中级人民法院和基层法院对本辖区知识产权案件的管辖权，并继续探索创新知识产权案件审判机制。同时，深圳法院在金融案件办理方面也进行了大量积极探索，积累了一系列经验，深感急需成立专门审判机构。在深圳的争取下，2017年12月，最高人民法院批准同意在深圳市中级人民法院设立专门审判机构，分别管辖知识产权案件和金融案件。同月，深圳知识产权法庭和深圳金融法庭在前海成立。深圳知识产权法庭负责办理由深圳中级人民法院管辖的知识产权案件，深圳金融法庭负责办理深圳市辖区内除基层法院管辖范围之外的第一审民商事金融案件、不服基层法院审理的第一审民商事金融案件的上诉案件。两个法庭的成立为之后办案创新提供了新平台。

成立前海公证处。经济的快速发展，特别是对外经贸的快速发展对公证提出了更高需求，因应市场和社会对公证服务的需求，深圳提出成立前海公证处。经广东省司法厅批准，前海公证处于2015年5月在前海自贸区挂牌成立。前海公证处成立以来，通过不断创新服务举措，更好地发挥公证职能，在维护社会信用，规范市场秩序，促进对外交流方面发挥了积极作用，成为前海自贸区的制度创新实验室。

域外法律查明平台的拓展。在2014年蓝海现代法律服务发展中心成立全国首个域外法律查明服务的专业平台之后，2015年9月，最高人民法院在蓝海现代法律服务发展中心设立"最高人民法院港澳台和外国法律查明基地"，负责依托蓝海域内外法律专家资源丰富的优势，开展港澳台和外国法律的查明工作；在前海法院设立最高人民法院港澳台和外国法律查明研究基地，负责加强法院系统内部的涉外审批业务交流，开展港澳台法律查明和适用研究，并完善涉外审判案例库。此后，前海法院制定了全国首个《域外法查明办法》和《涉港案件法律适用指引》《关于审理民商事案件正确认定涉港因素的裁判指引》等细则，推动了域外法律查明机制的完善。

此外，一批知识产权司法鉴定机构、知识产权保护中心、外国律师事务所驻华代表处等法律服务机构在前海自贸区设立，初步形成全链条法律服务体系。

### 三 多领域推进机制创新

前海合作区和前海自贸区除了发展经济外，还肩负改革创新为国家积累经验的重任。随着前海法治机构逐渐完善，各项改革创新逐渐展开。

推进审判改革。一是强化司法保障功能。2015年前海法院制定了《关于为中国（广东）自由贸易试验区深圳前海蛇口片区与深圳前海现代服务业合作区建设提供司法保障的意见（试行）》，从服务前海深港现代服务业合作区的改革探索和创新发展、构建良好的市场环境和营商环境出发，就深化司法改革、强化审判职能、提升司法公信、优化队伍素质等方面进行了规定，以更好发挥司法保障功能。二是推进涉外涉港澳台案件审判机制改革。推出港籍陪审员制度、港籍调解员制度以及纠纷多元化解机制等，促进当事人积极开展诉讼合作，更高效化解纠纷；优化法院诉讼程序管理，强化法院对诉讼程序的指挥和引导，提高司法效率；完善域外法查明与适用机制，建立涉外、涉港澳台案件适用域外法的指引机制，明确涉外、涉港澳台案件适用域外法的相关要件，提升案件审理效果。三是建立以审判精品化为导向的司法权运行新机制。健全统一裁判标准的制约与保障机制，增强裁判的可预期性。组建由资深法官组成的专业法官会议，定期召开，研讨案件和办案问题，充分发挥咨询建议功能。完善类案参考制度，探索建立遵循先例裁判的理念，通过专业法官会议达成共识的裁判的典型案例可作为类案参考，同时明确类案认定标准和程序。完善案例指引，及时研究总结辖区内案件的特点和规律，及时发布具有典型性的案例，为类似纠纷的处理提供裁判思路。出台新业态纠纷裁判指引，密切关注矛盾纠纷发展的新动向，特别是对新业态纠纷的裁判，形成裁判指引，从而统一法律适用标准，以高质量的审判增强投资者的信心。

推进检察改革。一是加强司法服务保障。2015年9月，深圳市人民检察院出台《关于加强服务保障中国（广东）自由贸易试验区深圳前海蛇口片区和前海深港现代服务业合作区建设的意见》，为前海自贸区和前海合作区提供司法保障。二是探索符合现代服务业发展的法律监督机制，实行检察官负责制。三是设立检察官监督委员会，探索新型的自身监督模式。四是探索提起公益诉讼制度，以生态环境和资源保护领域为重点，准确把握提起公益诉讼的范围，办案中以督促和支持行政机关依法履行职责为主要方式，把提起公益诉讼作为法律监督的最后手段，有效节约司法资源。五是探索特殊案件的跨行业管辖，统一负责全市知识产权刑事案件，并对全市涉外、涉港澳台民商事案件进行监督。

推进公安执法机制创新。推进警务裁处机制改革，探索了行政处罚"庭审式"裁处。利用前海是"特区中的特区"的优势条件，探索建立以"规范裁量"为目标的"庭审式"警务裁处机制，提升行政处罚裁量过程的透明度和结果的公正性，从而既全面保障行政相对人的合法权利，又强化执法监督，确保执法人员的廉洁。具体做法的创新包括：第一，建立案件审议部门和审议机制，以相对超脱的机构设置和机制保障行政处理结果的客观中立性；第二，公开行政案件处罚的认定和量罚过程，建立充分听取行政相对人陈述申辩的制度，保障公民权利；第三，引入非公安机关的人员参与案件审议，引入陪裁员参与监督评议，提升处罚裁量过程的公开与公正；第四，畅通当事人寻求法律援助渠道，扩大了公民获取法律服务的范围。为此，专门改造了审议场所，升级软硬件设备，形成相对固定的审议场所；与深圳市司法局、深圳市律师协会合作，由司法局和律师协会推荐邀请执业律师、法学教授担任案件评议员参与案件审议工作，指派援助律师为当事人提供法律援助服务等，确保社会监督和保障公民权利落地落实。

推进公证改革。一是前海公证处探索公证与法院对接，共同探索加强司法辅助事务集约管理。通过参与法院司法辅助工作，以公证服务司法审判事务，司法审判中的事务性工作以公证活动的方式完成，从而优化自贸区经济纠纷解决通道，让法院专注于司法审判，提高司法效率。二是开发前海融资租赁"业务+公证"平台，为融资租赁企业提供综合法律服务方案，以公证方式保护融资租赁企业物权和债权的安全，解决融资租赁企业发展的难点问题。三是开拓保理新型公证业务，为前海商业保理产业发展提供公证法律支持，通过公证增信支持，促进自贸区商业保理等新兴类金融业发展。前海公证处在公证中以"互联网+"思维重塑工作流程，开通在线预约、在线申办平台，37类公证业务实现可直接线上申办。加强公证审查设施建设，引进识别准确率达到99.99%的人证识别一体机，确保业务开展的可行性和可靠性；建设公证"大数据"系统，引进高拍仪，打造移动办公平台，实现现场受理、现场审查和现场出具公证书，提高工作效率。

创新仲裁规则。为提高仲裁解纷吸引力，2016年10月，深圳国际仲裁院发布了《深圳国际仲裁院关于适用〈联合国国际贸易法委员会仲裁规则〉的程序指引》，使《联合国国际贸易法委员会仲裁规则》(《以下简称《贸法会仲裁规则》》)首次在中国内地"本土化"，从而方便企业在海外投资条款中将争议约定为由中国仲裁机构仲裁，实现国际商事纠纷解决的主场战略。由于这也是《贸法会仲裁规则》解决跨境争议通用的仲裁规则之一，适用该规则往往被视为重要的区域法治指标，因此程序指引的发布和适用，标志着前海蛇口自贸片区在国际化方面又先行一步。为推进《贸法会仲裁规则》，深圳国际仲裁院还与有关部门联合创建"中国国际仲裁研究院"和"跨国投资与法律培训中心"，加强规则研究和培养通晓国际规则的高端法律人才，提高规则适用能力。深圳国际仲裁院重视与香港国际仲裁中心规则对接，两家机构2018年分别更新了仲裁规则，形成2019版《深圳国际仲裁院仲裁规则》和2018版《香港国际仲裁中心机构仲裁规则》，积极推进了大湾区仲裁中心建设。

此外，前海还创建自贸区知识产权保护新模式，试点推行新型执法模式，建立区域联合办案、同类型案件联合督办等大要案办理模式，建立集中统一的知识产权执法体系。设立一站式知识产权服务窗口，开展统一的知识产权保护服务。引入知识产权审判、仲裁、调解、公证和司法鉴定等机构，探索建立多元化、一体化、国际化知识产权保护维权服务体系。

## 第三节　服务"一带一路"倡议和粤港澳大湾区建设的法治探索

"一带一路"是习近平主席2013年在出访中亚和东南亚国家期间提出的合作倡议。2015年2月，国家成立推进"一带一路"建设工作领导小组。同年3月，经国务院授权，国家发展和改革委员会、外交部、商务部联合发布了《推动共建丝绸之路经济带和21世纪海上丝绸之路的愿景与行动》。"一带一路"倡议开始从理念提出转身向实践推进。"一带一路"倡议提出以后，得到100多个国家和国际组织积极响应和支持，联合国大会和安理会多次将其纳入相关决议，"一带一路"建设逐渐从理念转化为行动，从愿景转变为现实。

"一带一路"倡议提出以来，越来越多中国企业走出去，同时越来越多外国企业也到中国投资或与中国企业发生经贸关系。但是,"一带一路"沿线涉及国家众多,各国法律制度各不相同,无论是企业"引进来"还是"走出去",都面临一系列法律问题。深圳前海敏锐地捕捉到这一现象,积极开展服务"一带一路"倡议的法治探索。

### 一 汇聚"一带一路"法律服务资源

深圳涉外法律人才不多,发展"一带一路"法律服务所需要的本地法律人才极度匮乏。但深圳经济外向度高,企业走出去的意愿很强;同时深圳作为中国内地营商环境最好的城市之一,一直以来都是外商投资青睐的地方,外商投资企业多,涉外法律服务需求旺盛,但供给明显不足。从长远发展看,深圳必须加大法律人才培养和引进,补齐涉外法治人才不足的短板。但当前发展涉外法治只能借助外力,通过建设法律服务所需的基础设施,或通过搭建沟通交流、相互协作的平台,聚集全国和港澳法律人才共同为企业提供法律服务。事实上,不仅深圳如此,即使法律人才资源比较丰富的北京、上海,在很多领域方向也同样存在法律人才不足问题。特别是在"一带一路"沿线国家中,有很多国家的法律,国内仅极少数高校教师有所研究,与企业"走出去"的需要相比远远不足。搭建平台汇聚全国乃至全球法律专家资源和法律服务资源,为"一带一路"实践服务,是国家发展涉外法治的题中应有之意。

2015年以来,深圳前海通过建立"一带一路"法律研究和查明信息平台、建设"一带一路"法律数据库、建立法律服务联盟和法律服务联合会等方式,汇聚全国和港澳法律专家,乃至全球专家,共同为"一带一路"实践提供法律服务。典型的个案包括成立中国港澳台和外国法律查明研究中心、绘制"一带一路"法治地图、成立前海"一带一路"法律服务联盟、成立"一带一路"法律服务联合会等。

2015年9月,在最高人民法院、中国法学会和国家司法文明协同创新中心共同支持下,在深圳前海设立了中国港澳台和外国法律查明研究中心,其成立的主要任务是推进法律查明的公共服务,推动建立"一带一路"沿线国家和地区法律库,整理完善域外法适用的案例库,建立法律查明网络。该研究中心汇聚了中国政法大学外国法查明研究中心、西南政法大学中国—东盟法律研究中心、法律出版社以及深圳市蓝海现代法律服务发展中心等机构的法律专家资源。其中中国政法大学外国法查明研究中心、西南政法大学中国—东盟法律研究中心都拥有国内较为强大的国际法专家队伍,法律出版社拥有的作者名单其实就是一个强大的法律专家库,深圳市蓝海现代法律服务发展中心有一个拥有数十个国家法律专家的资源库,已经形成一定规模的法律查明网络。

成立前海"一带一路"法律服务联盟则是另一种方式的法律资源整合方式。2016年12月,在深圳市司法局、中国国际贸易促进委员会深圳市委员会、华商林李黎(前海)联营律师事务所牵头下,深圳本土多家律师事务所联合海内外20多个国家和地区的300余名律师、企业家,共同成立了前海"一带一路"法律服务联盟。该联盟以深港合作为基础,同时整合全球华语律师资源,共同为中国企业在"一带一路"沿线开展投融资活动提供法律服务。该联盟建立了以"互联网+"思维进行交互式运营的涉外法律服务平台,全球会员之间可以通过移动互联网进行互动交流,法律服务需求者也能够直接对接投资目的国的华语律师,从而大大降低了服务成本,提高了服务效率。

与"一带一路"法律服务联盟不同,2018年成立的"一带一路"法律服务联合会是一个集律师、公证、调解、仲裁、司法鉴定、法律查明、知识产权保护为一体的全链条法律服务保障体系。联合会由华商林李黎(前海)联营律师事务所、广东星辰(前海)律师事务所等前海社会主义法治建设示范区内的8家律师事务所发起成立,主要成员为全球华语律师,同时联合了仲裁、公证、鉴定等法律服务机构。跨境跨业跨法域是联合会的突出特点,是一个国际性法律服务交流合作平台,既为中国企业和公民参与"一带一路"建设提供法律支持,也为海外华语律师参与"一带一路"法律服务提供合作平台。

"一带一路"法治地图是整合专家资源形成的项目成果。"一带一路"法治地图是一个服务于"一带一路"建设的大型中文法律公共数据库，由前海管理局2017年启动建设。该数据库内容涉及5大法系、64个国家的3000多部商贸法规和判例，形成法律资源库。此基础上建立国际化公共法律服务信息平台，为政府和企业等提供"一带一路"宏观环境指南，为社会提供法律查明服务，也可成为法学研究、高端法律服务业的辅助工具。

## 二 建立"一带一路"争端解决机制和机构

随着"一带一路"建设的推进，在基础设施联通、贸易畅通和资金融通不断深化的过程中，关于国际贸易、国际工程承包、国际物流等跨境商事纠纷也不可避免地增多。为推动公正、专业、高效解决地国际商事纠纷，也为了加强国际法治合作，2018年1月中央全面深化改革领导小组通过了《关于建立"一带一路"争端解决机制和机构的意见》（以下简称《意见》），要求坚持共商共建共享原则，依托中国现有司法、仲裁和调解机构，吸收、整合国内外法律服务资源，建立诉讼、调解、仲裁有效衔接的多元化纠纷解决机制，依法妥善化解"一带一路"商贸和投资争端，平等保护中外当事人合法权益，营造稳定、公平、透明的法治化营商环境。

为落实《意见》的要求，也为回应"一带一路"沿线商事主体对商事纠纷化解的关切和需求，从国家层面到地方层面都迅速行动起来，积极探索创新相关机构和机制建设，落实共商共建共享原则，加强国际法治交流与合作。最高法院第一国际商事法庭在深圳成立、前海法院成立"一带一路"国际商事诉调对接中心、前海"一带一路"法律服务联合会发起创办深圳市前海国际商事调解中心等，形成从国家到地方、从官方与民间多层次的"一带一路"商事纠纷解决机构体系，构建起诉讼、仲裁、调解、公证相互对接，社会及市场参与，线上线下并行，中国和外国同步的多元化商事争议解决和法律服务体系。

（一）最高人民法院在深圳设立第一国际商事法庭

2018年6月最高人民法院在深圳成立第一国际商事法庭。第一国际商事法庭是最高人民法院专门处理国际商事纠纷的常设审判机构，受理案件的范围一是最高人民法院管辖且标的额为人民币3亿元以上的第一审国际商事案件，二是在全国有重大影响的第一审国际商事案件，三是符合条件的申请仲裁保全、申请撤销或者执行国际商事仲裁裁决案件。作为"一带一路"争端解决机制和机构的重要组成部分，第一国际商事法庭成立后，在积极探索创新审理机制、优化审理程序、促进国际商事审判体系和审判能力现代化的同时，也积极落实纠纷解决方式多元化，将深圳国际仲裁院等10家仲裁机构纳入"一带一路""一站式"多元化国际商事争端解决机制，建立对接机制，深圳国际仲裁院受理的国际商事纠纷案件在保全、执行等方面直接得到最高人民法院司法监督和支持，充分发挥其辐射力。第一国际商事法庭还积极参与建立"一带一路"法律研究和查明信息平台、中国港澳台和外国法律查明研究中心，携手深圳、粤港澳大湾区、全国的法治机构与力量，共同优化国际商事争端解决机制。

（二）前海法院成立"一带一路"国际商事诉调对接中心

早在2016年，前海法院就借鉴国际纠纷解决理念，联合深圳国际仲裁院、粤港澳商事调解联盟的13家社会组织成立了诉调对接中心。该中心将商事调解组织、行业调解组织及其他境内外调解组织引入法院，打造在法院主导下的国际化、专业化、社会化、多元化的纠纷解决平台。该中心推行诉前调解和诉中调解，并聘请港籍和外籍调解员参与调解，首期聘任了32名港澳籍和外籍调解员。另外还确立了无争议事实记载、涉港案件中立第三方评估等多项特色机制，促进涉港澳台涉外商事纠纷更加公正、高效、便捷地化解。

2018年1月，深圳前海法院成立了"一带一路"国际商事诉调对接中心，专门负责国际商事纠纷多元化解决工作。中心与深圳国际仲裁院、深圳律师协会、前海"一带一路"法律服务联合会、内地—香港联合调解中心等30多家境内外司法、仲裁和调解机构建立合作关系，通过系统化、规范化的诉调对接工作机制，为"一带一路"沿线商事主体提供了公正、便捷、高效的多元纠纷化解服务。该中心重视调解工作的国际化，吸收了国际商事调解规则，并推进调解员组成国际化。中心成立时已聘任外籍和港澳台籍专家调解员78名，在全部已聘172名调解员中占45%。通过加强与跨境商事调解仲裁的对接，发挥域外特邀调解员作用，为域内外商事主体提供便捷高效权威的纠纷化解服务。

"一带一路"国际商事诉调对接中心成立的同时还启动了"一带一路"法律公共服务平台，推动调解工作信息化，实现可在线咨询、在线调解，极大地方便当事人。平台同时向国内外开放的线上法律信息服务，免费向外提供"一带一路"沿线国家和地区的法律法规、案例等文献查询服务，以及提供咨询帮助商事主体分析选择合适的解纷方式，满足当事人多元解纷需求。

"一带一路"国际商事诉调对接中心的成立为社会参与商事调解提供了平台。为更好整合资源和实现机制对接，提升国际商事调解的效率和专业化水平，2018年3月，深圳前海法院与北京融商"一带一路"法律与商事服务中心签订了合作协议，共同探索建立"常驻调解员+资深调解员"的联合调解模式，并于5月18日成立了"一带一路"国际商事调解中心前海法院调解室，国际商事争议诉调对接、多元化解、无缝衔接机制从概念转化为具体实践。

（三）深圳国际仲裁院的发展

深圳国际仲裁院在发展过程中陆续在北美设立海外庭审中心（位于洛杉矶），与非洲共同建设了中非联合仲裁中心深圳中心，与联合国贸法会、国际商会仲裁院（ICC）、世界银行国际争端解决中心、世界贸易组织上诉机构、香港国际仲裁中心（HKIAC）、新加坡国际仲裁中心（SIAC）等重要国际争端解决机构建立了不同形式的合作关系。到2017年，深圳国际仲裁院与深圳仲裁委员在我国仲裁机构受案金额统计中，分别排在全国第5位和第6位，争议解决总金额达人民币1100亿元，所服务当事人来自113个国家和地区，成为国内市场和国际市场化解商事纠纷的重要途径。

为统一仲裁规则和实现资源整合继续做大做强深圳仲裁机构，2017年12月，深圳两个仲裁机构整合合并为深圳国际仲裁院（深圳仲裁委员会）。通过合并，实现资源整合、优势互补、融合创新，新的深圳国际仲裁院业务范围更全面，业务规模也可比肩世界主要仲裁机构。

随着"一带一路"建设的加快推进，2018年9月，深圳国际仲裁院、深圳市援疆指挥部与新疆喀什协同在新疆喀什创建了深圳国际仲裁院喀什庭审中心暨"一带一路"（新疆喀什）争议解决中心，与新疆喀什共享深圳国际仲裁院成立以来三十多年的公信力和所积累的国际国内法律专业资源，将深圳经济特区国际化、法治化、市场化营商环境延伸至新疆，以国际仲裁援疆、营商环境援疆，实现援疆模式创新升级。同时以喀什为支点，将深圳国际仲裁业务辐射相邻的中亚、西亚、南亚等"一带一路"沿线国家。推进"一带一路"国际合作，依法妥善化解"一带一路"建设过程中产生的商事争端，平等保护中外当事人合法权益，为新疆发展营造公平公正的营商环境。

2020年深圳出台了关于仲裁的第一个地方人大立法《深圳国际仲裁院条例》，将深圳国际仲裁的改革成果予以法定化，从而进一步完善了深圳国际仲裁院法定机构治理模式，保障仲裁院独立、规范运作，提升深圳仲裁国际公信力和竞争力。与此同时，深圳国际仲裁院业务国际化再迈新步，在香港注册成立华南（香港）国际仲裁院（SCIAHK）暨深圳国际仲裁院大湾区仲裁中心。这是内地在港设立的首个独立裁判机构，大湾区仲裁中心建设再向前推进一步，仲裁国际化水平也得到进一步提升。

（四）探索建立国际商事调解机构

2020年由深圳市前海"一带一路"法律服务联合会发起创办了深圳市前海国际商事调解中心。该中心以解决粤港澳大湾区和"一带一路"建设在贸易、投资、金融、工程建设等领域的跨境及国际商事争议为重点任务，并加强与司法和仲裁工作的衔接，探索建立健全商事调解与商事诉讼、商事仲裁的对接协作机制，特别是程序、时效方面的衔接，建立受托调解和联合调解机制。从提升商事调解公信力出发，探索调解协议转化为仲裁裁决或法院调解协议、调解协议司法确认、调解协议公证等提升调解可执行效力的方式。该中心对标港澳和国际商事调解规则，规范调解程序，创新调解方式方法，面向国内外企业、机构等商事主体提供市场化商事纠纷调解服务，成为国际商事争议多元化解决机制的组成部分。

## 第四节　前海社会主义法治示范区的最新探索与展望

### 一　前海社会主义法治示范区的新要求新探索

为了进一步加快社会主义法治示范区建设，2017年4月深圳前海发布了《前海中国特色社会主义法治建设示范区规划纲要（2017—2020）》，要求高标准对接国际规则，通过改革创新在各具体领域制定出更多、更合适的"前海规则"，打造国际化司法保障，建设法律服务高地，合力推进法治系统工程建设，打造完备的法治建设生态体系，使前海成为法治中国的首创之区、首善之区。2019年，《粤港澳大湾区发展规划纲要》出台后，前海第一时间制定出台《前海落实〈粤港澳大湾区发展规划纲要〉法治建设行动方案（2019—2022）》，提出了打造成为国际法律服务中心、国际商事争议解决中心、知识产权保护高地，率先建成深化依法治国实践的先行示范区的目标。

在粤港澳大湾区建设背景下，在建设中国特色社会主义法治示范区的目标引领下，前海持续推进法治创新，各领域各环节均有创新。例如，审判服务质效不断提升，2020年前海法院应用区块链技术和移动5G功能，建设"金融审判+区块链"审判体系，解决金融案件证据不易保存、分散复杂等痛点与难点，取得高实效。又如，对法律服务行业的吸引力增强，不断有新的法律服务机构进驻，港澳联营律师事务所达到6家。再如，知识产权保护机构持续集聚，2019年10月国家版权创新发展基地落户前海，2020年4月国家海外知识产权纠纷应对指导中心地方分中心落户前海，2021年前海出台了《关于建设前海知识产权保护工作示范区的行动方案（2021—2025）》，探索建设知识产权保护示范区。

2020年，《深圳经济特区前海深港现代服务业合作区条例》实施已经8年多，修法的提议在此前一段时间已被提起，并开展了深入调研。一方面，前海合作区成立以来，在一些重大领域实现重大突破，形成了一批引领性创新成果，积累了一些行之有效的经验和做法，需要通过总结、完善并通过修法将其法定化，以立法保障持续推进不断发展；另一方面，近年来，在中央的统一战略部署下，前海的发展定位有了明显的进一步变化发展，特别是2019年以来，《先行示范区意见》和《粤港澳大湾区发展规划纲要》相继出台，在深圳建设中国特色社会主义先行示范区和在粤港澳大湾区建设发挥引擎作用的背景下，作为"特区中的特区"的前海，在深圳先行示范区建设、粤港澳大湾区建设和深港合作中肩负创新体制和机制的重任，要在深化改革开放、推进创新发展方面探索新路径、新经验。为适应新形势、新变化和前海的新定位、新任务对立法的需求，2020年，深圳市人大常委会对前海条例进行了修订。修订重点围绕促进前海合作区产业多元化发展，推进投资贸易便利化、多元化发展、金融开放、法治等领域持续探索与创新，以期形成具有可借鉴、可推广的"前海模式"。在法治建设方面，通过变通性立法，允许在前海合作区注册的港澳台及外商投资企业协议选择民商事合同适用的法律；增加依法在前海合作区设立专门的商事审判机构，审理有关商事纠纷案件的规定；对实践中已经开展的深港仲裁机构合作、香港仲裁机构为前海合作区企业提供商事仲裁服务、深港民间调解组织合作等，通过修法予以确认、鼓励。

2021年9月，中共中央国务院印发《全面深化前海深港现代服务业合作区改革开放方案》，强调"开发建设前海深港现代服务业合作区是支持香港经济社会发展、提升粤港澳合作水平、构建对外开放新格局的重要举措"；要求"前海在'一国两制'框架下先行先试，推进与港澳规则衔接、机制对接，丰富协同协调发展模式，打造粤港澳大湾区全面深化改革创新试验平台，建设高水平对外开放门户枢纽，不断构建国际合作和竞争新优势"；并从推进现代服务业创新发展、加快科技发展体制机制改革创新、打造国际一流营商环境、创新合作区治理模式等方面提出打造全面深化改革创新试验平台的具体要求，从深化与港澳服务贸易自由化、扩大金融业对外开放、提升法律事务对外开放水平高水平参与国际合作等方面提出建设高水平对外开放门户枢纽的具体要求。新任务也是新机遇，深圳和前海人一如既往地以敢闯敢试、开放包容、务实尚法、追求卓越的精神，勇挑重担，开始新的改革创新，努力为中国特色社会主义建设积累"深圳案例""前海案例"，并形成可复制可推广经验。

## 二 前海社会主义法治示范区建设的主要特点

前海合作区成立12年来，基础设施和公共服务设施建设逐渐完善，现代服务业蓬勃发展，深港合作水平显著提升，创新性、开放型经济体系加速形成。以前海为平台的法治创新也是密集推出，取得显著成效。在前海合作区的治理结构方面，建立了实行法定机构管理模式的前海管理局、中立且具有综合监督职能的廉政监督局；在法治机构建设和机制创新方面，设立了前海法院、前海检察院以及知识产权法庭、金融法庭等被赋予改革创新使命的司法机关，一系列具体创新举措为国家司法改革积累了经验；在法律服务方面，汇聚了一大批法律服务机构，以创新方式提供丰富的法律服务，在保障和推动前海合作区改革创新和经济发展的同时，也为前海合作区发展打开新空间。前海在建设中国特色社会主义法治示范区过程中，有两个显著特点，一是坚持立法先行，二是机构建设与机制创新协同推进。

立法先行，表现在前海合作区成立后，深圳市人大即启动制定《深圳经济特区前海深港现代服务业合作区条例》，并于2011年6月通过这个前海基本法，对前海合作区的治理结构、开发建设、产业发展、投资促进、社会建设、法治环境等作了框架性规定，使前海合作区建设、发展、管理、改革创新各方面均有法可依。2020年，根据前海合作区改革发展现状以及新时期前海的新使命新任务，深圳市人大修订了前海条例，再次为前海合作区未来发展和改革创新制定制度性框架。前海合作区成立12年来，正是在前海条例的规范、保障下，推动一项项改革创新。既给改革授权，又保证改革不偏离方向，在鼓励改革、宽容失败的制度保障下，前海在开发开放、深港合作、参与"一带一路"和粤港澳大湾区建设等方面取得突破性进展，市场化、国际化、法治化营商环境不断优化。

机构建设与机制创新协同推进，表现在一批法治机构陆续设立，以机构为平台推动机制创新。宏观方面，在国家有关战略背景下，整个前海合作区在法治引领下，探索粤港澳大湾区协同、深港协同发展，"引进来"与"走出去"相互推动，提升经济和法律服务国际化水平；中观方面，前海政法机构与国家机构、各类法律机构协同，连接国家资源、各地资源、各类法律机构资源，共同探索创新、推动发展；微观方面，通过科技应用推进法治法律机构协同，各领域搭建平台、创新工作机制、聚合各种相关资源，法院、检察院、公安、司法、市场监管、其他执法部门、律师协会、公证处、鉴定机构、知识产权管理机构、代理机构、行业组织、研究机构等各类机构通过各种平台相互连结，形成诉讼、仲裁、调解有效衔接的多元化纠纷解决体系，知识产权授权、确权、维权"一站式"协同保护体系，集律师、公证、调解、仲裁、司法鉴定、法律查明、知识产权保护为一体的全链条法律服务保障体系等，建立适应国际化发展的国际国内司法体系和法律服务体系。宏观开拓法治发展空间，中观连接法治资源，微观完善法治工作机制，法治在促进经济发展、推进城市法治体系和治理能力现代化中的作用越来越明显。

### 三 加快推进前海社会主义法治示范区建设

前海作为国家唯一批复的中国特色社会主义法治示范区，2021年9月中共中央国务院印发的《全面深化前海深港现代服务业合作区改革开放方案》对前海法治发展提出了新任务新要求，并分别提出了到2025年、2035年的发展目标。要达到这一目标和完成这些改革任务，前海必须继续在协同上做好文章，特别是协同港澳，推进产业联动、市场联通，集聚创新要素，提升创新能力和区域对全球资源的配置能力，实现高质量发展。要达到这一目标和完成这些改革任务，还必须加强配套法治建设，继续发挥法治对改革创新的保障、引领和推进作用，并以深港法治协同为重点，加强粤港澳大湾区法治协同。

香港特区法治指数排名一直居于全球前列[1]，在法治建设方面

---

[1] 世界正义工程的法治指数排名，香港特区2019年、2020年均居世界第16名。

有很多值得深圳及前海学习借鉴。而且深圳的法治很大程度上是在学习借鉴香港特区经验基础上快速发展起来的，虽然深圳已经建立比较完善的法治体系，但在国际商事、金融等很多具体领域，香港特区的国际化程度很高，有着适应国际化发展的规则体系，这是深圳前海在建设深港现代服务业合作区中顺应国际化潮流而需要学习借鉴的。香港特区是亚太地区国际商事争议解决中心，目前正面临新加坡的挑战；前海合作区要建设国际法律服务中心和国际商事争议解决中心，但前海的法律服务业国际化程度还不高，国际商事争议解决刚刚起步。前海与香港协同，可以帮助香港开拓内地服务市场，巩固亚太地区国际商事争议解决中心地位；前海也可以在协同中借力香港，提高法律服务国际化水平和国际商事争议解决能力，实现合作共赢。

加快推进前海社会主义法治示范区建设，要提高与香港法治协同的广度和深度，特别是在现代服务业创新发展、贸易自由化、金融业对外开放、科技发展以及参与国际合作方面，要学习借鉴香港法律，研究对接机制，进行制度创新，在服务港澳的同时，全面优化前海合作区相关制度，营造一流的市场化、国际化、法治化营商环境。以完善的法治、一流的营商环境，推动前海建设成为全国现代服务业的重要基地和具有强大辐射能力的生产性服务业中心，为我国构建对外开放新格局和经济高质量发展发挥示范带动作用。

# 结语　全面提升公众的法治获得感

从 2012 年到 2022 年，在习近平新时代中国特色社会主义思想和习近平法治思想指引下，在全面依法治国战略部署下，深圳市委陆续提出了建设一流法治城市、建设法治中国示范城市、建设中国特色社会主义法治先行示范城市的目标，统揽全局、协调各方，带领全市人民从自己先行建设一流的法治城市，到为全国提供示范；从主要从深圳自我发展需要出发解决法治发展中的现实问题，到积极为国家法治体系完善积累经验，做好先行示范，法治创新举措和成果密集推出，法治化建设水平不断提高。

从 2012 年到 2022 年，深圳法治各领域改革发展均取得重大进展。立法方面，从主要关注解决有法可依问题，到追求良法善治，着力于完善立法体制机制，通过完善立法技术和立法程序，进行一系列开门立法的探索，推进立法精细化，为建立良法体系打下制度基础。法治政府建设方面，从以自我规制为主转向以公开透明促规范、提效率，持续清职权、明职责、强监管、优服务，在数字政府建设加力下向透明、有限、服务型的法治政府迈进。司法方面，司法改革全面推进，法官检察官职业化改革、审判权检察权运行机制改革、司法责任制改革和司法体制综合配套改革等在智慧法院、智慧检务的技术支撑下，司法公正、效率、透明度大幅提升。社会法治方面，普法和法治文化建设持续推进，社会领域立法不断完善，公共法律服务内容持续增多，基层治理法治化趋势明显，法治与智治、共治融合互促，社会法律信仰正在形成，社会共建共治的和谐图景正在展现。

从 2012 年到 2022 年，深圳法治建设越来越重视回应人民的需求和吸纳公众参与。立法方面，探索增加法规制定中公众参与的制度，广泛设立法联系点和立法调研基地，并形成每年制订立法计划时向社会公开征集立法项目的制度和每项法规制定过程中就法规草案、法规审议稿向社会公开征求意见的制度，越来越聚焦公众需求制定法规，主动听民声、聚民意、汇民智，努力按人民需求立法，努力使立法反映人民意志。十年间，深圳新制定法规50多部，修订或修正法规200多部次，社会关心关注的社会建设、平安建设、安全管理、民生保障、生态环境保护、知识产权保护、营商环境优化等方面的立法得到完善，填补了自主创新、数据利用、智能技术等方面的立法空白。法治政府建设方面，持续推进"放管服"改革，主动根据公众诉求和期待简化办事程序、提高办事效率，推进执法规范化、标准化、透明化、文明化，在严格执法同时探索柔性执法，既有效保障秩序，又有一定温度，努力满足人民对优质政务服务和良好经济社会秩序的需求。率先编制"三张清单"并不断完善，率先推行执法"三项制度改革"并不断完善，率先推进商事登记制度改革并不断完善准入退出机制，率先进行"让数据多跑路，群众少跑腿"一系列简化审批办事程序改革，群众对政府办事效率、执法规范和服务质量满意度大幅提升。司法方面，通过立案登记制改革，基本解决了立案难问题；通过加强类案指导，基本解决了"同案不同判"问题；通过智慧法院、智慧检务建设，优化了诉讼服务，提高了办案效率，强化了司法责任制和司法公开，"移动微法院""E送达"等成为新冠疫情期间司法工作的重要平台，当事人、办案律师和公众对司法工作的满意度明显提升。法治社会建设方面，建立起市、区、街道、社区四级公共服务平台，法治文化建设、社区法律顾问、法律援助、人民调解等的快速发展，公共法律服务逐渐体系化、普惠化、便利化；律师、公证等行业快速发展，市场法律服务向专业化、高端化发展，满足多层次法律服务需求；社会组织多渠道、多方式参与法治工作，法治融入生活细节，基本实现企业和市民身边有法，遇事找得到法，一般法律问题出门就可以依法解决，群众的法治获得感逐渐增强。

当前，我国进入全面建设社会主义现代化国家新阶段，向着国家治理体系和治理能力现代化、健全全过程人民民主、建设法治国家、法治政府、法治社会的目标迈进。深圳作为先行示范区，肩负法治先行示范的重任，必须始终坚持党的领导，坚持社会主义法治发展道路，坚持以人民为中心，按照法治建设为了人民、依靠人民的要求，不断为完善社会主义法治体系提供深圳样本、深圳经验。

主动回应人民的需求是过去十年深圳法治建设取得成就的重要原因。进入全面建设社会主义现代化国家新阶段后，人民对法治的新需要新期待仍会持续增多，深圳必须以更积极的姿态和更科学的方式回应这些需求和期待，满足人民在新的背景下获得更充分的权益保障、享受更优质方便的法律服务、取得更多参与法治活动的机会等方面的需要，全面提升公众法治获得感。实现这一目标，必须直视世界之变、时代之变、历史之变，以高度的智慧在复杂国际国内环境中推进利长远的新的改革创新举措，在庞杂的海量信息中准确捕捉到社会公众的重要法治需求，在利益多元化背景下准确筛选出需要优先满足的利益并平衡好各种利益，在价值多元背景下凝聚共识，充分调动人民群众参与法治建设。

第一，要增强改革与法治实践的协同，以法治保障科学理性推进改革创新。改革开放是当代中国发展进步的必由之路，是实现中国梦的必由之路。深圳因改革而生，在改革中快速发展，改革创新是深圳的根、深圳的魂。"改革不停顿，开放不止步"是习近平总书记的要求，也是深圳近年来一直坚持的工作信念。深圳作为先行示范区，进入全面建设社会主义现代化国家阶段，必须继续在改革创新方面争先引领、先行示范。同时，当今世界正在经历百年未有之大变局，位于改革开放前沿的深圳，正面临中美贸易战、科技战对经济的冲击，俄乌冲突等国际局势突变的激荡，自身发展空间不足对发展的制约，社会建设短板对民生幸福的影响，各种因素交织交错，社会的需求和期待呈现多元性、多样化，经济社会发展中什么问题由什么原因引发，显得模糊不清[①]，使改革创新面临前所未

---

① 有人称当今世界为乌卡（vuca）时代。vuca 是 volatility（易变性），uncertainty（不确定性），complexity（复杂性），ambiguity（模糊性）四个英文首字母的缩写，主要是在全球化、科技革命、互联网浪潮以及经济危机、地区冲突等各种因素的共同作用下，使经济社会变化呈现易变、复杂和不确定性等，而这种变化的直接原因不容易发现和判定，存在一定模糊性。

有的困难。在这种背景下，要注意避免急躁盲动，不要为改革而改革，为创新而创新。要牢记初心使命，将人民对美好生活的向往作为一切工作，包括法治创新的出发点和归属点，科学理性地进行改革、推动创新。要比以往任何时候更注意增强改革与法治的协同，完善重大行政决策程序，科学研究论证、充分听取公众意见，做好风险评估和合法性审查等，从而更好平衡各种利益关系，排除各种意外产生的风险，形成相对科学的决策，最大限度保证推进的改革、作出的重大行政决策符合最广大人民的利益、经济社会健康以及可持续发展的需要。特别是涉及市场调控政策调整，有时牵一发而动全身，一个看似小小的举措可能引发市场巨大波动，影响市场经济秩序；有些涉民生政策看似小调整，却可能引发大范围利益再分配，影响社会的稳定。因此要注意防止改革与法治的协同在实践中的具体环节上出现脱节现象，研究制定重大改革之"重大"、重大决策事项之"重大"的具体识别标准，避免一些改革提出者实施者自认为是小环节小事情，实则牵涉面广的事项游离于重大决策程序管理之外，引发系统性经济或社会风险。真正做到在法治下推进改革，在改革中完善法治，让企业、社会组织和市民真实感受到改革和法治带来的发展，享受到改革和法治发展带来的制度红利。

第二，要加强法治建设的统筹，增强法规和政策制度的安定性①。制定法律的目的是建立稳定的社会秩序，并使人们根据法律规定对自己的行为做出合适的安排，包括市场主体合理安排生产经营活动、市民个人和家庭合理安排工作和生活等。政府作为法律的具体实施机构，在经济和社会管理中作出的具体政策制度安排，是法律的延伸，构成具体的经济秩序和社会秩序的一部分。法和政策制度内容明晰、具有稳定性、能够得到切实实施，是经济社会秩序稳定有序和社会安宁的基础，也是人们信仰法律和信任政府的基

---

① 法的安定性原则是建构法律秩序的内在要求，是信赖利益保护的基础，是法治国原则的核心内容，包括法律关系或法律状态之安定性和法律所规定的权利义务之安定性两个方面，其根本在于国家行为的安定性，要求法律规则具备明确性、稳定性、权威性和公信力，彰显着法律的秩序价值和公民基本权利保障。参见戴建华《论法的安定性原则》，《法学评论》2020年第5期。

础，是法治国家、法治政府、法治社会的基本要求。当然，法律并非一成不变，随着经济社会的发展和客观环境的变化，法律可能出现不相适应的情况，人们的认识也可能发生变化，原来的法律或政策制度的合理性可能受到质疑，并出现变革的呼声。当这种质疑和呼声不断增多时，从满足人民对美好生活向往的愿望出发，修改法律和政策制度不可避免地被列入议事日程。在这一过程中，本着法律和政策制度安定性原则，是否需要修改或者怎么修改，不应是制定部门说怎样就怎样的事，而是应当通过严格的法定程序来决定法规和政策制度的何去何从。进行法律或政策制度制定前和实施后评估应当成为重要选项，特别是要对不同利益主体之间的分歧与冲突、法律制度本身所体现的不同价值追求等进行深入调查和分析研究，进行权衡和选择。事实上，任何法律和政策制度本身都是对不同利益和价值追求进行权衡和选择的结果，这种权衡和选择，不应局限于事物本身当前直接相关主体的意见和利益考量，还要考虑可持续发展以及与其他政策制度的协调性，以做出利长远、稳根本的制度安排。要防止未经法定程序随意调整现有秩序，破坏法的安定性，动摇法治基础。当前，深圳正在全力建设法治先行示范城市，法规规章的立改废释工作加快推进，法治领域改革创新不断，要加强法治建设的统筹，提高立法工作和政策制度制定及调整的系统性，防止法规出台后短期内反复修改，政策制度调整"东一榔头西一棒子"不协调，或"朝令夕改"反复大翻转。要完善立法和政策制度制定修改程序，增强立法以及政策制度的协调性、稳定性、精细化，确保经济秩序和社会秩序的稳定、可预期性。要统筹法治改革创新工作，避免各自改革创新出现千姿万态，导致不同区域制度要求各异，让人无所适从；要重视制度的延续性，减少颠覆性改革，在微改革微创新中提高制度的适应性，维护法律的权威性和公权力的公信力，增强法治的生命力，保证社会的良好秩序与安宁。

第三，要关注数字鸿沟问题，照顾不同群体基本权利和利益。随着信息和智能技术的快速发展和应用，不同群体之间形成的信息不对称现象越来越严重，发声的机会差异也越来越大，民意产生的基础受到严峻挑战。在新媒体背景下，如何在喧嚣的网络声音中识别多数人的意见，如何辨别网络热搜热议是代表人多还是只是声音大、是真关注还是被动接收、是理性表达还是盲从附议，如何获取沉默的大多数的意见与倾向，都是亟待解决的问题。而随着智慧城市、数字政府建设的深入推进，政府及各行各业推出线上便利化办事方式的同时，传统办事途径逐渐关闭，导致一些老人及其他数字化学习能力不足或不拥有数字化设备的群体，出现办事困难、基本生活受限的"数字化弃儿"现象与问题。如何更好保障不同群体享受基本公共服务，乃至基本生活需求成为需要关注的问题，也是在法治发展中需要在制度中做出安排的问题。深圳作为先行示范区，一是应当充分利用城市自身科技优势，包括互联网所提供的跨时空交流和智能技术提供的强大分析能力，率先探索拓宽公众参与和民意征集渠道，完善政府与社会互动机制，加快推进公众参与从形式参与向实质参与转变。同时针对互联网上可能存在的民意假象，根据事项所涉主体特点针对性开展线下调查，可以依托相关的社会组织或专家开展更广范围、更长脉络的调查研究，还可以通过文献检索了解更多相关专家看法，实现征求意见、收集民意途径和方式多样化，充分集聚社会力量共同推进法治建设；二是应当率先通过立法明确要求公共服务提供机构和基层组织在推进数字化过程中，必须根据不同群体的实际情况，照顾特殊群体需求，保留能够满足特殊群体惯常需求的服务方式，确保在数字化给多数人带来便利和效率时，不给另一部分人增添麻烦和增加成本；三是要关注智慧城市、数字政府建设和智慧法治发展过程中出现的技术治理非均衡性社会参与问题[1]，探索在技术治理中普遍处于边缘和弱势地位的个体的知情权、参与权和个人基本权利保障的具体路径，提升数字化时代公众的法治获得感。

第四，要完善政府内部治理，确保依法高效履行法定职责。经

---

[1] 相对于信息技术在不同国家之间以及同一个国家内部的不同区域、不同人群中的普及和使用中的不平衡（横向数字鸿沟），信息技术在社会治理中的应用带来的技术治理扩张加剧了政府、技术公司与个体在参与上的不平衡（"纵向数字鸿沟"），在国家主导的技术治理框架中，相对于科技企业与政府的密切合作，个人参与技术治理甚为薄弱，管理部门掌握的信息资源越多、管控手段越强大，个人在技术治理中的参与地位可能就愈发边缘和弱势。参见单勇《跨越"数字鸿沟"：技术治理的非均衡性社会参与应对》，《中国特色社会主义研究》2019年第5期。

过这十年"放管服"改革和法治政府建设，政府各部门、各层级的职权逐渐清晰、履职监督逐渐加强，权力运行的规范性和行政效率都大幅提升。在政府内部改革中，绩效管理对转换政府管理理念、转变政府职能、提高政府行政效率发挥了重要作用。绩效考核评估对工作推动的明显效果，引发越来越多工作的推进搭载进绩效考核指标体系，考核标准越来越细密，考核的维度越来越广泛。面对这一情况，要警惕绩效目标越来越多元导致的主要绩效目标模糊化现象，以及由此导致的主责主业的开展情况对绩效评价结果影响度越来越低的问题[①]。要关注法治建设中用于监督权力运行的留痕要求被扩大化运用到所有工作领域的苗头，政府绩效考核演变成过程考核、留痕考核的倾向[②]，以及政府工作人员及其他相关人员大量时间精力消耗在细节留痕上而无暇顾及工作核心内容的问题[③]，甚至手忙脚乱未能有效依法履职。要重新审视对不同类型和规模机构一刀切的工作要求和层层叠叠扣分设置的科学性，以及对政府运行和社会治理的影响。要防止过度考核内卷，产生内部信任危机，影响工作协同，产生新的职责壁垒。作为第一批法治政府建设示范地区，深圳在未来的法治建设中，应当进一步着力于清晰政府职责、规范行政和执法行为、完善部门协作机制、提升公共服务质量，政府绩效考核评价也着重于提高政府公共管理和公共服务能力的初始目的，制定政府绩效考核管理办法，提升绩效考核的针对性，杜绝事无轻重、事无巨细地设置指标纳入考核指标体系的现象，使各部

---

① 政府绩效考核评价的目的是提高政府公共管理和公共服务能力，主要针对政府履行职责的效率。在实践中，很多地方出现认为某项工作重要，就将其纳入考核指标体系，以促使各单位认真执行。这类事项越来越多，出现各部门之间相互设指标现象，机构组织内部管理的很多事项也成为绩效考核的内容，甚至成为影响考核结果的主要方面，背离了政府绩效考核的初衷。

② 政府绩效主要指政府在管理活动中的结果、效益及其管理工作效率、效能。绩效考核应以结果为导向，政府行为的效率效果是主要考核对象。但由于绩效考核指标设置过多过滥，有些指标难有效果评判，或者要得出效果情况需要进行调查，但又不想投入时间、精力和资源进行调查，于是就以过程考核代替效果考核，甚至仅以是否有记录为考核标准，出现有留痕即为合格、无留痕即扣分的现象。

③ 有些考核对留痕的要求非常详细严格，需要大量资料相互印证，缺少一个元素即被扣分，以至于具体工作人员需要花大量时间准备价值不大的书面材料和整理归档。出现事情做得好不好无人关心，留痕留得全不全才是最重要的现象。

门及工作人员从繁琐的考核指标中解脱出来，专心专注于提升依法履职能力水平和解决实践中存在的问题，增强部门协作的积极性主动性，不断提高整体依法行政水平和公共服务质量效率，更好地满足人民不断提高的对政府行政、执法和公共服务的期待。

第五，要进一步凝聚共识，更充分调动人民群众参与法治建设。在先行示范区建设中，处于改革开放前沿的深圳面对这个充满挑战又充满希望的时代与环境，要继续以"敢闯敢试、开放包容、务实尚法、追求卓越"的新时代深圳精神引领推进法治先行示范城市建设。要一如既往地解放思想、敢闯敢试，用足用好特区立法权，根据改革创新实践需要，进行创新性立法；要一如既往地以开放的视野、包容的心态，向外学习借鉴一切有益的经验成果，向内听取一切可以听到的意见声音，广开言路，听民声聚民意汇民智，努力使法治建设既与国际接轨，又近民心民意，在国际化背景下推进法治，并把中国特色社会主义法治建设经验和成果推向世界；要一如既往地以务实的态度，实事求是，从世情、国情、市情、民情出发，正视法治建设中面临的问题，科学制定法治发展阶段性目标和路线图，而后踏踏实实推进，向法治理想的目标迈进；要一如既往地以对卓越的追求，在法治建设各领域各环节精益求精，不断在细节上完善法治，主动根据世界之变、时代之变、历史之变调整具体法律制度，主动应用最新信息和智能技术为法治建设提速增效，使法治运行越来越顺畅，让社会主义法治引领社会新风尚。

"全面依法治国最广泛、最深厚的基础是人民，必须坚持为了人民、依靠人民"，要继续加强社会主义法治文化建设，弘扬中华优秀传统法治文化，坚定社会主义法治信仰，充分调动广大人民群众积极参与到法治建设中来，不断完善对立法建议和执法司法社会监督的回应机制，加强法治建设中政府与市场、社会的协同，激发社会公众的积极性、能动性和首创精神，共同推进法治高质量发展，共享优质的法治发展成果，使广大人民在稳定公平透明、可预期的国际一流法治化营商环境下，在彰显公平正义的民主法治环境和安全稳定的社会环境中，创新创业、生产生活、成长发展，一起迈向社会主义现代化强国。

# 参考文献

## 一 著作

北京大学法治研究中心编著：《全面依法治国新战略》，中信出版社2019年版。

崔亚东：《人工智能与司法现代化》，上海人民出版社2019年版。

窦衍瑞、王建文：《行政法治与政府绩效评估法制化研究》，中国政法大学出版社2016年版。

冯玉军：《全面依法治国新征程》，中国人民大学出版社2017年版。

公丕祥：《区域法治发展的理论分析》，法律出版社2020年版。

公丕祥主编：《新中国70年法治发展的历程、成就与经验》，法律出版社2020年版。

胡建淼：《法治政府建设：全面依法治国的重点任务和主体工程》，人民出版社2021年版。

江必新：《国家治理现代化与法治中国建设》，中国法制出版社2016年版。

江国华：《法治政府要论——程序法治》，武汉大学出版社2021年版。

姜明安：《行政法》，北京大学出版社2017年版。

柯阳友：《民事公益诉讼重要疑难问题研究》，法律出版社2017年版。

李林、莫纪宏：《全面依法治国 建设法治中国》，中国社会科学出版社2019年版。

李明征主编：《法治政府建设新成就：党的十八大以来全面推进依法行政成绩单》，中国法制出版社2017年版。

连玉明主编：《数权法1.0：数权的理论基础》，社会科学文献出版社 2018 年版。

林莉红：《行政诉讼法学》，武汉大学出版社 2009 年版。

柳正权：《法治类型与中国法治》，武汉大学出版社 2015 年版。

罗思主编：《深圳法治发展报告（2018）》，社会科学文献出版社 2018 年版。

罗思主编：《深圳法治发展报告（2019）》，社会科学文献出版社 2019 年版。

罗思主编：《深圳法治发展报告（2020）》，社会科学文献出版社 2020 年版。

罗思主编：《深圳法治发展报告（2021）》，社会科学文献出版社 2021 年版。

马怀德：《法律的实施与保障》，北京大学出版社 2007 年版。

马俊驹、余延满：《民法原论》，法律出版社 2010 年版。

深圳市人大常委会办公室编：《深圳法规汇编（1992—2018）》，海天出版社 2018 年版。

深圳市人大常委会法工委：《深圳市人民代表大会及其常委会立法统计报告（1992 年 7 月 1 日—2015 年 7 月 29 日）》，海天出版社 2017 年版。

深圳市中级人民法院编：《深圳法院年鉴·2018》，人民法院出版社 2019 年版。

深圳市中级人民法院编：《深圳法院年鉴·2019》，人民法院出版社 2020 年版。

宋远升：《技术主义司法改革与法治现代化》，上海人民出版社 2017 年版。

苏力：《法治及其本地资源》，北京大学出版社 2015 年版。

孙佑海：《司法体制改革创新研究》，中国法制出版社 2017 年版。

田成有：《立良法——地方立法的困局与突围》，法律出版社 2019 年版。

田禾主编：《法治中国的地方经验：广东样本》，中国社会科学出版社 2015 年版。

王利明：《法治：良法与善治》，北京大学出版社 2018 年版。

习近平：《论坚持全面依法治国》，中央文献出版社2020年版。
习近平：《习近平谈治国理政》，外文出版社2014年版。
习近平：《习近平谈治国理政》（第二卷），外文出版社2017年版。
习近平：《习近平谈治国理政》（第三卷），外文出版社2020年版。
习近平：《习近平谈治国理政》（第四卷），外文出版社2022年版。
熊哲文：《法治视野中的经济特区：中国经济特区法治建设创新研究》，法律出版社2006年版。
颜运秋：《公益诉讼理念与实践研究》，法律出版社2019年版。
杨临萍：《司法体制改革与智慧法院的实践与探索》，法律出版社2019年版。
应松年：《从依法行政到建设法治政府》，中国政法大学出版社2019年版。
俞可平：《论国家治理现代化》，社会科学文献出版社2015年版。
张清：《区域法治文化比较研究》，法律出版社2021年版。
张骁儒主编：《深圳法治发展报告（2015）》，社会科学文献出版社2015年版。
张骁儒主编：《深圳法治发展报告（2016）》，社会科学文献出版社2016年版。
张骁儒主编：《深圳法治发展报告（2017）》，社会科学文献出版社2017年版。
张旭东：《环境民事公益诉讼特别程序研究》，法律出版社2018年版。
赵岚：《美国环境正义运动研究》，知识产权出版社2018年版。
郑成良、高志刚、王波、马斌：《法治政府的理念、制度与决策》，上海人民出版社2018年版。
中共深圳市委党史研究室、深圳市史志办公室编：《深圳大事记：1978—2020》，深圳报业集团出版社2021年版。
中共深圳市委党史研究室、深圳市史志办公室编著：《深圳改革开放四十年》，中共党史出版社2021年版。
中共深圳市委政法委员会编：《深圳法治建设大事记：1979—2017》，法律出版社2019年版。

中国政法大学法治政府研究院编：《中国法治政府奖集萃：第一至四届》，社会科学文献出版社2018年版。

中共中央宣传部、中央全面依法治国委员会办公室编：《习近平法治思想学习纲要》，人民出版社、学习出版社2021年版。

周杰编著：《中国特色社会主义全面推进依法治国建设问题研究》，人民日报出版社2016年版。

周旺生：《立法学教程》，法律出版社2006年版。

周旺生：《立法学》，北京大学出版社2006年版。

朱新力等：《中国法治政府建设：原理与实践》，江苏人民出版社2019年版。

《深圳政法年鉴》编辑委员会编：《深圳政法年鉴·2017》，海天出版社2019年版。

《习近平法治思想概论》编写组：《习近平法治思想概论》，高等教育出版社2021年版。

### 白皮书与研究报告

中共深圳市委全面依法治市委员会办公室：《深圳市法治建设年度报告（2019）》，2020年9月。

中共深圳市委全面依法治市委员会办公室：《深圳市法治建设年度报告（2020）》，2021年8月。

中共深圳市委依法治市委员会办公室编：《深圳经济特区40年法治建设创新案例选编》，2021年8月。

### 论文

白田甜：《个人破产立法中的争议与抉择——以〈深圳经济特区个人破产条例〉为例》，《中国人民大学学报》2021年第5期。

陈柏峰：《中国法治社会的结构及其运行机制》，《中国社会科学》2019年第1期。

陈晓春、肖雪：《社会组织参与法治社会建设的路径探析》，《湖湘论坛》2019年第4期。

陈云良、寻健：《构建公共服务法律体系的理论逻辑及现实展开》，

《法学研究》2019年第3期。

丁明方：《深圳经济特区法治政府的制度建设》，《特区实践与理论》2020年第6期。

封丽霞：《人大主导立法的可能及其限度》，《法学评论》2017年第5期。

冯秀成：《深圳探路商事制度改革》，《决策》2013年第6期。

付子堂、张善根：《地方法治建设及其评估机制探析》，《中国社会科学》2014年第11期。

顾培东：《人民法院司法改革取向的审视与思考》，《法学研究》2020年第1期。

何家华、高頔：《经济特区立法变通权的变通之道》，《河南师范大学学报》（哲学社会科学版）2019年第2期。

季卫东：《人工智能时代的司法权之变》，《东方法学》2018年第1期。

江必新、李洋：《习近平法治思想关于法治中国建设相关论述的理论建树和实践发展》，《法学》2021年第9期。

柯旭、吴章敏：《地方性法规立项论证若干问题研究》，《地方立法研究》2017年第4期。

廖健、宋汝冰：《加强党对立法工作领导的路径分析》，《红旗》2015年第5期。

刘艺：《论我国法治政府评估指标体系的构建》，《现代法学》2016年第4期。

龙婧婧：《检察机关提起刑事附带民事公益诉讼的探索与发展》，《河南财经政法大学学报》2019年第2期。

卢超：《行政诉讼司法建议制度的功能衍化》，《法学研究》2015年第3期。

卢纯昕：《粤港澳大湾区法治化营商环境建设中的知识产权协调机制》，《学术研究》2018年第7期。

马怀德：《我国法治政府建设现状观察：成就与挑战》，《中国行政管理》2014年第6期。

马长山：《从国家构建到共建共享的法治转向——基于社会组织与

法治建设之间关系的考察》,《法学研究》2017 年第 3 期。

莫于川:《政府法律顾问的时代使命与角色期盼》,《广东社会科学》2017 年第 1 期。

石佑启:《论地方特色:地方立法的永恒主题》,《学术研究》2017 年第 9 期。

汪全胜、卫学芝:《人大工作机构起草法案析论》,《地方立法研究》2018 年第 3 期。

王贵松:《行政裁量基准的设定与适用》,《华东政法大学学报》2016 第 3 期。

王建学:《改革型地方立法变通机制的反思与重构》,《法学研究》2022 年第 2 期。

王利明:《法治:良法与善治》,《中国人民大学学报》2015 年第 2 期。

习近平:《坚定不移走中国特色社会主义法治道路 为全面建设社会主义现代化国家提供有力法治保障》,《求是》2021 年第 5 期。

谢天:《完善立法后评估制度的若干建议》,《人大研究》2017 年第 3 期。

徐显明:《论坚持建设中国特色社会主义法治体系》,《中国法律评论》2021 年第 2 期。

杨凯:《论现代公共法律服务多元化规范体系建构》,《法学》2022 年第 2 期。

应松年:《加快法治建设促进国家治理体系和治理能力现代化》,《中国法学》2021 年第 6 期。

张竞丹等:《我国政府信息公开存在的问题及解决对策》,《法制与社会》2019 年第 1 期。

周叶中、闫继刚:《论习近平法治思想的原创性贡献》,《中共中央党校(国家行政学院)学报》2021 年第 6 期。

邹平学、冯泽华:《改革开放四十年广东在粤港澳法律合作中的实践创新与历史使命》,《法治社会》2018 年第 5 期。

# 后　　记

法治先行示范城市建设是在深圳经济特区成立40多年来法治建设成就的基础上提出的目标。党的十八大以来，深圳从提出建设一流法治城市、法治中国示范城市，到法治先行示范城市，不断推出立法、政府法治、司法、社会法治等各方面的改革创新实践，法治发展朝着公众期待的方向快速推进。无论是官方考评还是第三方评估，均显示深圳法治建设水平居于全国前列，这是营商环境优化的重要体现，也是吸引投资创业和人才的重要因素。

深圳法治创新实践如此丰富，法治在深圳发展中又发挥着如此重要的作用，但关于深圳法治建设总体情况的研究却少之又少，相关成果鲜有所见。作为一名在深圳工作生活27年的研究者，亲历了诸多深圳法治事件，见证了深圳法治先行示范城市建设目标的提出和形成过程，也参与了其中一些具体工作，一直观察并记录着深圳法治发展的点点滴滴。作为法治城市建设的观察者、记录者和参与者，我也一直思考着这些问题：深圳这座城市的法治建设是如何整体推进的，法治何以成为深圳这座城市的核心竞争力，尚法何以成为深圳这座城市的内在精神，以及怎样更好发挥法治固根本、稳预期、促发展、保民生的作用，进而实现法治先行示范城市建设的目标。于是在本书的构思过程中，我尝试跳出具体法律问题的研究，通过梳理众多法治事件，呈现深圳法治建设的过程及其背后的机理，最终形成本书。但由于能力所限，本书仅初步勾勒出深圳法治发展和法治先行示范城市建设的概貌，希冀为社会各界了解深圳法治建设总体情况提供帮助，同时也为各位同人的相关研究提供线索和视角。